人生風景・全球視野・獨到觀點・深度探索

27

給未來世代的人生備忘錄
100位典範人物，暢談形塑人生的關鍵時刻

發想編輯　The Big Issue & 珍・格雷安（Jane Graham）
插　　圖　林登・海斯（Lyndon Hayes）
譯　　者　謝靜雯
執 行 長　陳蕙慧
總 編 輯　曹　慧
主　　編　曹　慧
美術設計　Encre Design
內頁排版　楊思思
行銷企畫　陳雅雯、尹子麟、張宜倩
社　　長　郭重興
發行人兼出版總監　曾大福
編輯出版　奇光出版／遠足文化事業股份有限公司
　　　　　E-mail: lumieres@bookrep.com.tw
　　　　　粉絲團：https://www.facebook.com/lumierespublishing
發　　行　遠足文化事業股份有限公司
　　　　　http://www.bookrep.com.tw
　　　　　23141新北市新店區民權路108-4號8樓
　　　　　電　　話：（02）22181417
　　　　　客服專線：0800-221029　傳真：（02）86671065
　　　　　郵撥帳號：19504465　戶名：遠足文化事業股份有限公司
法律顧問　華洋法律事務所　蘇文生律師
印　　製　成陽印刷股份有限公司
初版一刷　2021年6月
定　　價　480元

國家圖書館出版品預行編目資料

給未來世代的人生備忘錄：100位典範人物，暢談型塑人生的關鍵時刻 / 珍・格雷安（Jane Graham）, The Big Issue 編輯；謝靜雯譯. -- 初版. -- 新北市 ：奇光出版, 遠足文化事業股份有限公司, 2021.06
面；　公分
譯自：Letter to my younger self : 100 inspiring people on the moments that shaped their lives

ISBN 978-986-06264-7-6（平裝）

1. 人生哲學　2. 自我肯定

191.9　　110006196

線上讀者回函

—— 100 位典範人物，暢談形塑人生的關鍵時刻 ——

給未來世代的人生備忘錄

LETTER TO MY YOUNGER SELF

100 INSPIRING PEOPLE
ON THE MOMENTS THAT SHAPED THEIR LIVES

The Big Issue & 珍・格雷安 Jane Graham —— 發想&編輯
林登・海斯 Lyndon Hayes —— 繪　謝靜雯 —— 譯

Lumières
奇光出版

獻給所有曾經販售或購買 The Big Issue 雜誌的人

Contents

前言

二〇〇七年，我突發奇想。我以記者身分做過不少訪談，長久以來一直在思考要怎麼鼓勵受訪人，以發人深省的坦誠方式談自己的人生。我想到，我們試著不欺不瞞、看著我們歷經巔峰和谷底的那個人，就是我們自己。我納悶，飛黃騰達的人回顧自己的大夢想在實現之前的樣子，會有什麼感受；他們是否認為，年少的自己會對後來的成就備感得意，或是有些事情他們希望不必告訴這個滿懷希望的天真孩子？

十二年前我初次提議寫「寫信給年少的自己」專欄，起初在蘇格蘭版的The Big Issue藝術版以單一的專欄運作。我和編輯很快領悟到，我們找到了鑰匙，可以解鎖戒心最重的大人物。這份專題在篇幅上成長雙倍，然後再增加兩倍，填滿了英格蘭版的The Big Issue頭兩頁，至今每週依然刊登不輟。

這些年間，我訪問過五百多人，對人性以及我們如何回應名氣、財富和權力，有了諸多學習。許多受訪者告訴我，我們的對話挑起了埋藏多時的回憶，有些人則說，訪談親密地聚焦在難堪的真相以及個人價值觀上，使它變得有如治療。訪談期間陸續有人掉了不少眼淚。

最發人深省的是，這些形成性格的年少時光如何根本地形塑我們面對未來和估量過去的方式。有些受訪者，像是保羅．麥卡尼爵士（Sir Paul McCartney）和南非總主教戴斯蒙．屠圖（Archbishop Desmond Tutu）以溫暖的眼光看待不羈亢奮的年少自己，當時對人生打算拋給他們的變化球一無所知。有些成就非凡的人士，像是雷諾夫．范恩斯爵士（Sir Ranulph Fiennes）和艾迪．伊薩（Eddie Izzard）覺得十六歲的自己依然棲居於內心深處，偶爾會讓他們湧現滿懷的憂鬱或不足之感。

約翰．克里斯（John Cleese）、伊美黛．史道頓（Imelda Staunton）和多明尼克．魏斯特（Dominic West）都讓我覺得他們對世俗的虛榮興趣缺缺，而更在乎在家人心中留下什麼記憶。有些受訪者就是令人印象深刻——誰能不愛上有趣、堅毅、浪漫的奧莉薇雅．柯爾曼（Olivia Colman）、出格淘氣的韋納．荷索（Werner Herzog），或心胸寬大、熱力十足的威廉（will.i.am）（他說過的話對英格蘭銀行總裁馬克．卡尼〔Mark Carney〕帶來極大啟發，後者在二〇一八年的一場專題演講裡加以引用——這肯定是威廉、The Big Issue和重要金融領袖頭一次一起出現在具指標意義的演說裡！）。

我聽到的故事裡有些令我相當吃驚，從米莉安．馬格里斯（Miriam Margolye）向母親出櫃的震撼經驗，到莫．法拉爵士（Sir Mo Farah）和雙胞兄弟哈珊因殘酷情勢被迫分離十二年後，在吉布地的激動團圓。每個失去父母的人，想念他們的程度幾乎都超過原本的預期。威可．強森（Wilko Johnson）描述自己的婚姻時所喚起的熱情與忠誠，是我所聽過最動人的。

我常常跟朋友和記者同仁艾椎安．羅布（Adrian Lobb）談到——有些訪談由他負責——能夠跟這本選集裡那些了不起的人物對談是多大的殊榮。他們當中有些人領導國家、贏得奧林匹克金牌、征服世界最高峰、真正踏上月球再回來。最後，他們幾乎全都同意，以作家F．史考特．費滋傑羅的話來說，愛是「一切的開端與終點」。這就是這本書為何以一些涉及關鍵的人性基調、富含智慧且切中要害的話語收尾。我希望那些話語可以在你心中留下深刻的印象，有如它們之於我。

珍．格雷安（Jane Graham）

書籍編輯，The Big Issue

二〇一九年五月

約翰・柏德勳爵　Lord John Bird

The Big Issue 共同創辦人

我會給年少自己的建議是「別被逮到」。我十六歲的時候進了矯正機構——我痛恨所有的機構、討厭被迫跟男生共處。我討厭男生；我討厭他們的生活、他們的氣味、他們關注的事物。我愛女生愛到苦惱的地步，不是因為我做錯了什麼事，而是因為我讓自己置身於沒有女生的環境裡。

我也因為男生愛欺負人、生性懦弱，而且會成群結黨彼此對槓，而不喜歡他們。他們會打比較弱小的男生。他們之間永遠沒有任何平等可言。我有時候會被痛打，因為我挺身反對霸凌。可是最後我報復的方法是讓自己變得更強大，或是結交甚至比我壯碩的男生。我和另一個也拒絕霸凌的男生，曾經聯手策畫了幾次驚人的報復攻擊。

十六歲時，我因為詐騙金錢，在少年感化院待了三到五年。我在十六歲生日之前逃走，跟另一個男生偷了一輛 Austin-Healey Sprite 雙座小跑車，以一百四十公里的時速把它撞爛。警察說我們的車速高達一六四公里，我當時信了他們，直到我認識一位車迷，他說時速一百四十公里，方向盤會難以控制地抖動，說我應該向誇大其辭的警方求償。

我被送到艾許福德少年監獄，在那裡的幾個月，我的生命有了轉變。獄警明白我的閱讀能力不足，給了我一本書。他要我用鉛筆把不懂的字全都畫出來；他很驚訝我知道哪些字眼，同樣驚訝那些賦予句子意義的傻氣小字，我竟然都不懂。

我帶著幾週內大幅提升的閱讀能力回到了感化院，因為我之前有勇氣承認自己不懂眼前讀到的東西。打從我十歲開始就被帶到伍頓男爵夫人（Baroness Wootton）面前，陸續因為順手牽羊、闖空門、曠課和偷單車等罪行而被判刑，我何其幸運。我回來以後狂熱地閱讀，從那之後我持續用心閱讀，而不是假裝閱讀。可是十六歲的時候，我至少還得監禁幾年，身邊全是男生，看盡他們惹人厭、小心眼的作風。我又能怎麼辦？

我決定畫畫，不是油漆工和裝潢工那種——我畫素描、彩繪，以便遠離那些蠢蛋，他們老把女生當成肉塊那樣討論。滿嘴都是跑車、足球和那些男子氣概的狗屁。為了維護弱者的權益，我會挺身抵抗可恨的惡霸小團體。不消說，我被踹比踹人的機會多，但成為一身閃亮盔甲的騎士似乎是個值得追求的目標。身為虔誠天主教徒也給了我啟發——我的人生裡，耶穌無所不在。我要成為皮耶羅．德拉．弗朗切斯卡（Piero della Francesca）那樣的教士畫家，他是曾經提起畫筆的最偉大畫家之一。

我要給年輕約翰的建議不只是別被逮到，還有一開始就別做壞事，這樣他就沒有理由害怕恢恢法網。或者就不必害怕那些可怕、臭烘烘、滿是屁味的男子機構，那裡的男生只想比賽吹牛或自慰。

我也會告訴年少的自己，試著別被自己對他人的恨意所吞噬。不要做壞事，然後懊悔一生。試著不要為了跟人打架而打架。持續揮動畫筆——唯有透過實地運用，你才能成為自己心目中的天才。

我也想給年少自己的另一個忠告，我母親不會活到老。她在我二十出頭就過世了，那可能是我這輩子最大的逆轉。即使是現在，當大家跟我抱怨父母為他們帶來的負擔時，我的心都會畏縮一下。我常常說，我希望還有父母可以念念我，說我在人生中捅出了多大的簍子，或是給我我認為錯得離譜的建言。

我自己有了兒子以後，對男性的輕蔑隨之消失。我很想告訴年少的自己，我們所有人的內心都有深度，但有時候你必須往深處挖掘，即使面對男生也一樣。我也會告訴年輕的自己，女性讓約翰．柏德超越他所犯過的錯誤總額：我三個妻子教化了我，我的丈母娘公平無私對待我。可能也要把安妮塔．羅迪克（Anita Roddick）算進去，她啟動了薄荷護足霜革命，幫助我和她丈夫哥登得以讓 The Big Issue 成真。

總結來說，我會告訴年少的自己：「你會在眾人的陪伴下平步青雲，沒有男人或女人真正是一座孤島。」同時，我也想對自己說：「別再嘗試擔任別人的嚮導和地圖。」唯有現在我才明白，大家必須真正擁抱自己的技藝和能力，而不要等待下一個「倫敦地鐵富勒姆大道站的德蕾莎修女」帶領他們走出困境。

Chapter 1

Ambition

抱負

比莉·珍·金　Billie Jean King

美國職業網球選手

二〇一八年二月五日

我一直想改變世界。我十二歲的時候有個頓悟，當時我注意到我這項運動的每個人都穿白衣白鞋、玩白球——而打球的全是白人。我問自己：「其他人都到哪去了？」所以那天我向自己許下承諾，餘生會致力於爭取人人平等。我知道我會因為網球而擁有機會。我當時不明白握有平台的概念，但我知道如果真正想改變情勢，就得先當上世界第一。

其實我一開始很愛彈琴，但我沒那麼有天分，而且很快就明白這一點。但是上帝給我弟弟和我絕佳的手眼協調力，我們都跑得很快。打從我十一歲第二次拿起網球拍，我就想成為世界第一。所以，到了十六歲，我已經投入了這項任務五年，開始在成人賽事有出色表現。溫布頓感覺距離南加州非常遙遠，但當我打輸安·瓊斯（Anne Jones）三盤時，哈洛德·紀弗（Harold Guiver）主動說要幫我進軍溫布頓。我拒絕了。我還沒準備好。一年後，我十七歲，覺得自己有資格了，就回頭找他。當時打網球沒什麼錢。打網球純粹是因為喜愛。當時我們打業餘是一天十四塊美金。職業網球自一九六八年開始，但我們得要努力爭取公平酬勞，那也是我們創立WTA巡迴賽（WTA Tour，國際女子職業網球巡迴賽）的原因。

我爸媽經歷過大蕭條，而我爸爸曾經在二次世界大戰期間服役，他們教我們如何規避風險。「如果沒有，就不要花。」母親在我十歲時要我坐下，讓我看他們的預算。那是她做過最棒的事情之一，因為我原本不知道打開電燈開關就等於花錢，或是每趟車程都要花汽油錢。我爸是消防員，所以家裡經濟一直很拮据，但我從父母身上學會怎麼理財，我很感激。

我會很想跟馬丁．路德．金恩一起遊行，但我的時間都花在打網球上。他一九六三年舉行那場「我有個夢想」的演說時，我十九歲，那場演說非常轟動。然後我二十歲生日時，甘迺迪被暗殺，接下來金恩遭到謀殺，再來是羅伯．甘迺迪。這些人都在六〇年代被害，而我愛他們每一個。要是當時有機會——要是當時有勇氣，我會做更多。因為我注意到很多現象，所以開始關心政治。我們試著改變網球時，我真的非常投入。我試著協助推動「教育法修正案第九條」（Title IX）通過，那在美國是一項追求平等的重大法案。到了一九六〇年代後期，我釐清了一些事情，有機會出力幫忙，但我還是忙著打網球。希望隨著網球的每一擊，自己的聲量也會跟著擴大一點。但我依然覺得滿愧疚的。我想做的不只如此。我想改變事情。

我現在不怎麼常想到網球，但年少的我一定會很得意自己贏得了溫布頓，而且不只一次站上世界第一。比起單打，我更愛雙打，因為我成長期間都是參與團隊運動。我弟弟以前在舊金山巨人隊打職業棒球。我們熱愛壓力並因此茁壯。我總是說壓力是種殊榮，而優勝者會懂得調適。我的意思是生活中的優勝者，而不只是運動員。

身為領導者有時非常寂寞。當初我們九人創立了WTA巡迴賽，我們真正團結一心，卻受到其他球員的排擠。那段時間很難熬，一點都不有趣。我每天都想像，要是我打輸鮑比．里格斯（Bobby Riggs）[1]會發生什麼事。他跟著我跑了兩年，我總是拒絕他，但一等瑪格麗特．寇特（Margaret Court）跟他對打輸了，我便知道我必須做什麼。我知道到時一定會很轟動，我知道會很瘋狂。不管你去哪裡都無所謂，這場比賽都會是大家熱議的話題。而我知道我打贏有多麼重要。

我一直到五十一歲才覺得放鬆自在。前後花了好久時間。所以我會告訴年少的自己，「妳會因為性向經歷一段煎熬的時光（她會說：「蛤？什麼？」），可是一切都會否極泰來。」我母親以前總說：「要忠於自我」，但忠於自我何等困難啊。我母親嚴重恐同，所以我思索怎麼做才好的那段時間還滿有趣的。我爸比較快想通。我母親比較吃力，花了不少時間。我試著弄懂自己是誰，認識各種不同的人，但我不是追求一夜情的那種類型。有了穩固的關係，我便漸入佳境。我和伊萊娜在一起三十年了，我們交往以後我終於覺得安定了下來。

1 1973年知名的「性別之戰」（Battle of the Sexes）。

我有點令人困惑——我偏好男人的身體。如果我們在派對上，我會打量男人的身體和女人的臉蛋。重點在於情感和連結。現在，我是個蕾絲邊。我是酷兒。現在的小孩都說「酷兒」。以前這個字眼可是再糟糕也不過，可是我總是會向年輕一代求教，如果他們說酷兒，那我就只需要知道這樣。能夠跟上時代腳步是很重要的。年輕人正在帶頭行動。我以前忙著打網球，無法像我想要的付出那麼多時間協助LGBTQ社群。當時我還在摸索自己是誰，所以有點太慢才投入。

我爸媽都過世了，可是我每天都跟他們談話。我不知道他們聽不聽得到，可是我就是會跟他們說話。我會說：「你們覺得這件事怎樣？」我通常知道我父母會說什麼。他們非常嚴格，總會要我誠實、正直、做對的事。「妳必須要先面對自己，然後心平氣和。」噢我的天，我父母真是寶貴。

我的人生發展得好過我原本的想像。如果有人要我坐下，告訴我我會有幾年時間位居世界第一，會有兩部電影拍我的故事——先是荷莉．杭特（Holly Hunter），現在又有艾瑪．史東（Emma Stone）飾演我——還有一首歌寫到我，其實不只一首，你想我會相信嗎？絕不可能。

每個世代都必須為平等而奮戰。你從來不曾贏過。川普擔任總統是令人震驚的事，我們等於是倒退走。鐘擺效應就是這樣，是我們的錯。但對於社會包容，千禧世代和現今的孩子是態度最正面的幾代人，他們可以促進這件事的發生，所以那就是我的盼望。

他們辦得到的。他們未來會有很大的進展。我希望我能回到那個年紀，因為我一定會大放異彩！他們有機會真正讓這個世界變成更好的地方。比我們夢想過的都要好……

梅拉・沙爾 Meera Syal

英國喜劇演員&女演員

二〇一二年九月二十四日

十六歲的時候，我的世界狹小又令人昏昏欲睡。我住在小鎮，家庭關係緊密，讀的是女校。我擔心的事情主要是怎麼應付普通中學教育文憑考試、能不能被選入無板籃球隊。我上的學校還不錯，鼓勵女生接受良好教育、發揮個人所長。男生在當時沒什麼份量，這點對我來說很棒——沒有他們的干擾，我可以在情勢複雜起來以前，將時間花在摸索自我上。

我那時體重超重、個性害羞，老活在自己的世界。不曾有男生正眼看我或約我出去。男生如果真的跟我講話，頂多只是抬槓打屁或抱怨他們的女朋友。我很清楚自己周圍淨是旺盛的荷爾蒙在作用，我的朋友有些有了性關係，但我想我當時把關於男生的憂慮收進某處的盒子裡，只向上帝祈願，總有一天有人會看穿表面的一切，喜歡上我的本貌。

我生活還算過得開心，但內心也滿挫折的。我有自己的問題。全校有三個印度裔女生，我只是其中一個。我對寫作和演戲抱有野心，但埋藏在心裡隻字不提，因為像我這樣的女生一般不做那樣的事。我內心交戰不已，一邊是這些藝術相關的夢想，另一邊是實際又理性的我。這種狀況以前總讓我心力交瘁。我知道我內在有什麼急著想逃離這個小小世界，但又不知道從何下手才好。所以我有一種無法實現自我的恐懼，而不是對世界感到憤怒。

如果我現在遇到年少的梅拉，單憑第一印象，只會看到某個矮矮胖胖和裝扮乏味的人，可能懶得進一步認識她。可是如果我能讓她敞開心房，我想我會喜歡她。她的內在有幽默和想像等著要釋放出來。我會要她別對自己這麼嚴苛——她還有那麼多時間。我會說，「事情不會很快發生，原本就是如此。妳有很多事情要先經歷，但要對自己懷抱信心。」我會告訴她，擁有男友就能讓自己獲得成功並得到接納——這個想法對現在的我來說多麼詭異。先能喜歡自己、能夠快樂獨處，才能吸引到別人。我會溫柔地告訴她，她並不會嫁給奧斯蒙家族（the Osmonds）的成員。我曾經真的以為這種事可能發生。

對我來說，關鍵時刻就是我在曼徹斯特大學最後一年所做的單人秀。那是一齣暗黑喜劇獨白，關於印度裔女孩逃家成為演員的故事。我扮演了大約十二個角色，男女皆有。那是我所感受到的一切，灌注在五十分鐘裡。諷刺的是，我表演的時候甚至不怎麼緊張，因為我想我沒什麼好損失的。這是我曾經懷抱的創作夢想的絕唱，因為到了當時，我已經接受那些夢想永遠不會實現。我要先把那些夢想驅逐出去，心才能夠安定下來。沒人認識我——要是出醜又怎麼樣？其實就是那股愚勇改變了一切。我表演的時候，感受到觀眾的反應，體會到劇場的魔力。那場秀引起不少注目，最後我帶到愛丁堡去演出，在那裡贏得幾座獎項，然後我被皇家宮廷劇院（Royal Court）的人相中，對方給了我表演工作。我大可在學術圈繼續發展，或者我可以跳出去。我跳了。

我會向年少的我保證，她會遇到志同道合的人，但要等到三十出頭歲的時候。那時我跟《唉唷我的天》（Goodness Gracious Me）喜劇團隊搭上線。要讓那個節目播出並不容易，但整個過程非常神奇。身為第二代移民，成長期間在腦海的所有祕密、逗我們自己笑但周圍的人都笑不出來的所有事情——突然間，噢我的天，我不是唯一的一個。我們都能心領神會，根本無須開口解釋。我們以我當年那種愚勇來面對這個節目——我們事前不知道其他人能不能領會，但我們知道自己以真實為依歸。但這節目帶來不少衝擊、得到獎項的肯定，做了大型現場巡迴——是我最接近搖滾的時刻。

我會告訴年少的自己，社交網絡和建立業內關係比她想的還重要。我以前老是相信作品會替自己說話。我完成一份工作時，交到的朋友是負責化妝的女生，而不是導演。但是這個世界是順著部族關係運作的；大家傾向聘僱並重複雇請屬於自己圈子的人。我依然不真的屬於哪個圈子，而現在也可能已經太遲。也許我在年輕點的時候，應該對耕耘關係更敏銳才對，雖說我會覺得很勉強。這種事情來得不會很自然——我總不能直接說「給我一份該死的工作吧」。我後來變得有點像《阿爾法爸爸》的角色艾倫．帕翠吉（Alan Partridge）那樣口無遮攔。我還是不知道下一份工作之後要做什麼，但我已經接受自己的事業永遠都會像那樣。我不太容易被選角；這點有時讓我失望，我畢竟累積了不少作品。

年少的我不會相信我的人生後來會這麼發展。只有一小部分的她會想，「噢我的天，真的假的？我真的可以靠我夢想要做的事情維生嗎？」你會變得害怕抱著希望，但在這一行，你同時又必須有點樂觀才行。

如果我告訴十六歲的自己，有一天唐尼．奧斯蒙（Donny Osmond）會到節目客串演出，而我會扮演八十五歲老太太——聽到這裡，年輕點的我一定會暈倒。妳會打扮成八十五歲印度裔老太太，在沙發上對著他——妳牆上海報的那個男人——大開玩笑。太棒了。

艾利斯・庫柏 Alice Cooper

美國樂手

二〇一一年十月二十四日

十六歲的時候，我的時間都花在訓練或排演上。我在學校是個長跑選手，我也參加一個叫「蜘蛛」的小樂團——最初形塑艾利斯・庫柏的樂團。所以我的時間要不是受訓不然就是排練。我只是沒什麼時間做功課。樂團成員總是有女朋友會替我們寫功課。你看過《蹺課天才》(Ferris Bueller's Day Off) 那部電影嗎？我就是主角菲里斯・布勒 (Ferris Bueller)：班上的小丑、班上的騙子。

如果我遇到十六歲的自己，我知道我會喜歡那個小鬼。他是我的人格先生，我會告訴他，「永遠追隨自己的本能，它們真的很好」。我還小的時候，有不少好點子，我將它們貫徹到底。我會環顧四周並想：「沒人想當搖滾的反派」。所以我就將艾利斯創造成反派。我不想跟其他人一樣：我想跟別人完全不同。我想，那一點，加上懂得欣賞真正好的搖滾樂，還有知道怎麼演出好的搖滾樂，就可以讓你走得很遠、很遠。我們如此不同，其他樂團說我們不會有出頭的機會。到今天，那些樂團大部分都消失了，而我還在，前後出了二十七張專輯、做過四十次世界巡演。

我爸是個個性剛硬的牧師，但他也喜歡音樂，先是辛納屈，然後是早期搖滾。他從來不覺得那是惡魔的音樂，他說那只是音樂，為什麼大家想把它變成宗教問題？他喜歡我們在做的事，明白我們的幽默感，當時我在扮演庫克船長。而且我們從來沒跟對方大呼小叫過，我們一直是好朋友。但他無法寬恕的是生活風格——每天喝酒、活得像搖滾明星，那不是他希望我過的生活。

我想年少的我會很驚訝我的事業這麼長青。我記得創始樂團團員都在場，當時我大概二十二歲，我們剛發行〈School is Out〉，有人走進房間並說：「你們的唱片剛剛衝上排行榜第一名。」我們面面相覷，放聲大笑。好荒謬——原本永遠不該持續下去的樂團竟然有了第一名的唱片。我們不敢相信，這個人人討厭的高中小樂團竟然登上榜首。

儘管如此，我一直深信自己會成為搖滾明星。我毫不懷疑。在成為搖滾明星以前，我們絕對不會停下腳步。我們的態度非常堅決。你是長跑選手的時候，絕對不會停下來。你會抱著這種心態：這場賽事直到我贏了或越過終點線，才算結束。我也認為，這跟我們看待自己音樂事業的方式有關。滾石樂團的米克．傑格（Mick Jagger）說過，他希望自己到了三十歲不會還在唱〈Satisfaction〉——唔，他六十七歲了還在唱那首歌。我處之泰然。如果有人要我主持葛萊美獎，我內心也不會起波瀾。我是天生要吃這行飯的。舞台就是我最自在的地方。

如果可以回到過去，我會奉勸那個孩子避開酒。我一直到二十一歲左右才開始碰酒，當時不明白自己會變成酒鬼。我的職涯大多時間都是功能性酒鬼，酒後也不會變成妖魔鬼怪。我喝醉的時候很開心，不是有破壞性、卑鄙、殘酷、愚蠢的那種。我以前就跟我現在一樣，只除了當時有酒精正在體內殘害我。我和太太結褵三十五年，頭五年可能是我喝酒喝得最兇的時候，但從來不曾影響我們的關係。當酒精開始毀掉我，我們上了醫院。那樣很糟糕，可是能夠戰勝酒精也是我人生非常重要的部分。能夠熬過去並勝出，依然讓我學到東西。既然酒精現在已經離開我的生活，就沒有什麼好擔心的事了。

至今我已經拍了十八部片。改行演戲對我來說很簡單；我覺得艾利斯．庫柏的舞台資歷，等於累積了不少做百老匯秀的經驗。我必須在電影學習的是技巧——我得做更小的動作。但就表演角色來說，多年來我一直在扮演別人，而不是自己。艾利斯是個可怕、傲慢的壞傢伙。扮演他很有趣，幾乎像是治療，他跟我天差地別。真正的我是個丈夫，婚姻幸福，三十五年來忠貞如一。我會跟孩子一起上教堂，跟他們瞎混。我們會一起去聽演唱會，比方說，史奴比狗狗（Snoop Dogg）或瑪麗蓮曼森（Marilyn Manson），然後事後會聊一聊。我女兒可能會說，「他們一定要罵那麼多髒話嗎？」我會說，「噢不，我想不必那樣就能當藝人。」

我很高興我回歸基督教的時候，當時我爸還在世。我想那對他來說是個重大時刻。他看到我浪子回頭，離開之後再回來。在我戒酒之後，我跟我太太都說我們必須想想什麼才重要，我們必須回歸教會。當個搖滾明星只是份職業——不會比你的靈魂、你的信念更重要。你必須對上帝負責。戒酒之後，我真正明白搖滾明星只是份職業，不會比你的靈魂更重要。可是我想，我的DNA一直都明白那一點。我的演出從來沒有褻瀆神的內容——我只開撒旦的玩笑。而我想上帝不會介意我嘲弄撒旦。

詹姆斯・布朗特 James Blunt

英國流行樂手

二〇一四年三月二十四日

我十六歲的時候在寄宿學校。我們必須頭戴草帽、身穿西裝外套，看來就很好欺負的樣子。在校外，我總是打著赤腳，盡可能一副邋遢樣。我十六歲還不會開車，就先學開飛機了。我也有一輛機車，我熱愛那種自由奔放的感覺。

學校有時會把大家變得百依百順，可是我一向都很獨立。我爸在軍中服役，所以每兩年我們就會遷居其他國家。每兩年我就得結交一群新朋友，這會讓你成為很有主見的人。我會告訴自己不要因為女生而覺得有壓力——心意這檔事，時候到了自然就會發生。你也許可以從我的歌曲看出我對未來懷抱不少信心，但當中也有不安。

我必須加入陸軍，因為他們供我上中學和大學。我跟認識的每個人說，我以後要成為職業樂手。我把自己逼進角落——你不得不這樣，要不然就只是亂吹牛。一直到我去洛杉磯簽下唱片合約，才意識到有成千上萬的人想跟我做同樣的事。

當今，成功意味著賺進足夠的錢。壓力在於：賺了錢，女性才會考慮跟你結婚生子。我會告訴自己，你辦得到的，而且遠遠超過你原本的預期。

離開陸軍就是為了追尋野心，讓人生變得有趣，而不是依循我爸替我設好的道路。重點在於做我夢想要做的事，而且面帶笑容。能把自己的嗜好和熱情化為工作，就是一種很棒的生活方式——我真是該死的幸運。

我正在世界巡迴，從沒料到自己會說出這句話。能在格拉斯頓柏里（Glastonbury）草地音樂藝術祭的主舞台上演出，令人驚奇。我也從沒想到自己會在艾爾頓強（Elton John）的婚禮上演出。

我在自家花園盡頭有個夜店。十六歲的時候，我有種傻氣的野心，就是要以奇特和美妙的方式來過生活。我講過要在伊比薩半島買棟房子，在滑雪勝地弄間小木屋，所以當我闖出一片天時，我想說我最好說話算話，因為我老早就跟朋友宣布過了。

在軍中，你會對你喜歡的人粗聲粗氣。我用嘲弄對方和自己的方式來面對推特上的辱罵，一點都傷不到我。那只是個窩在臥房、褲子脫到腳踝，自以為是的傢伙，而我可是面對上萬人演出啊。那個傢伙不願到演出場地當面告訴我，他不喜歡我；他只是躲在暗處打字。要是聚光燈照到他，他肯定會嚇到拉屎。

我人生最神奇的一天，就是我們在科索沃（Kosovo）轟炸行動之後簽署了那項和平協議。當時我帶領三萬名北約縱隊到普里斯提納機場，跟俄羅斯軍隊抗衡。在音樂上，我最精采的一刻就是聽到〈You Are Beautiful〉這首歌將酷玩樂團（Coldplay）擠下了排行榜首。

衝到第一名不是我原本意料或想要的事情。在那之後，重點就不再是音樂了。我的其中一首歌反覆播放過度，當大家開始說那首歌很煩人的時候，就會將藝術家本人跟那個字眼聯想在一起。雖然世界各地都有支持我的人，但你當然會希望自己的國人喜歡你。

強·朗森 Jon Ronson

英國作家

二〇一一年六月六日

十六歲時我住在卡地夫（Cardiff）郊區，過得很悽慘。那段時間很難熬。我毫不起眼，不是很受歡迎，而且增加不少體重。我不大喜歡中學，表現得普普通通，沒有突出之處。對我來說，那可能是人生中最低潮的一段時間。我只是在卡地夫的街道上遊蕩。我想我只有少少幾個朋友。不過，我後來遇到一個以前在學校就認識的小鬼，他人生過得並不順遂，他說都怪以前在中學太受歡迎。他花了好多年才拋下自己曾經是卡地夫中學之王的執念。要是能回去跟年少的我說這件事該有多好；所有的悲慘——都有好處的。

卡地夫有家戲院叫「篇章」（Chapter），專門播放獨立電影。我記得自己到那裡看雙片連放《變色龍》（Zelig）和《喜劇之王》（The King of Comedy）。上星期我遇到金髮美女樂團（Blondie）的黛比·哈利（Debbie Harry）和克里斯·史坦（Chris Stein），我告訴他們，為年少的我帶來希望的許多東西，都來自紐約，如金髮美女樂團、路·瑞德

（Lou Reed）、伍迪・艾倫、馬丁・史柯西斯。大約在同一時期，我發現了馮內果，還有《私家偵探》、《*Time Out*》和《衛報》。

我媽強迫我到當地廣播電台當志工。起初是處理社區的無聊東西，幫忙那些跟地方議會起了糾紛的人。可是有幾個特立獨行的DJ，他們會讓我上線，我開始在他們的節目分到小小時段。我想他們一定在我身上看出什麼了吧。

十六歲左右，我單槍匹馬北上參加愛丁堡藝術節。我在馬克・湯瑪斯（Mark Thomas）和喬・布蘭德（Jo Brand）那些喜劇演員附近流連，就像個悲哀的追星族。我記得馬克訓了我一頓，說：「看看你，你只是坐在那裡看，什麼時候才要做點事？」當時我只是以為他在羞辱我。可是他可能正在給我極好的忠告，雖然我還要再等五年才接受。可是那份經驗對我來說非常重要，因為我離開了悲慘的卡地夫，盡情享受生活。

十六歲的我不會選擇寫作當事業；他會推想那樣的工作寂寞又無聊。他滿心只想做他接下來五年所做的事——一事無成。我十八歲上倫敦，非法占據空屋。我過著享樂主義的生活，將身上的卡地夫完全沖刷乾淨。我的人生從我媽放我下車的那一刻就神奇起來：我減了體重，開始跟女生約會，生出自信，受到歡迎。我的夢想成真了。

如果我現在遇到那個青少年，我想我不會喜歡他。他有點惹人厭，笨拙而且彆扭。我近來（其實在我的青少年時期，我們就見過）碰到詹姆斯樂團（James）的提姆・布斯（Tim Booth）。他說，「你以前渾身不自在。」那就是為什麼只要有人願意呵護我，真的都是善舉一樁，因為當時的我並不討人喜歡。

可是年少的強會因為我做過的所有事情而感到驚奇。他是有點膚淺的白痴，所以當喬治．克隆尼（George Clooney）要將我的一本書改編拍成電影，會讓他欣喜若狂。如果他知道他有一天會見到黛比．哈利，他會亢奮至極。我上星期上「每日秀」（The Daily Show），心想「如果那個愛做白日夢的強可以看到我現在的樣子……」就好了，真希望能夠回去告訴他，格格不入、被找碴、受排擠只能旁觀、以不同的方式觀看世界——這些體驗在他追求事業的時候都有幫助。

當我成為父親，他們把寶寶遞給我，我說：「我現在要怎麼辦？」等我兒子喬伊三四歲的時候，我會更拿手，不過常得由我太太扮黑臉——這部分我不大擅長。我兒子是個不尋常的有趣小傢伙。我記得得意洋洋地告訴別人，兒子年紀小點的時候，真的很懂得嘲諷，他們看著我的表情像在說：「那種事不見得好吔。」

我十六歲的時候，我世上最愛的人就是克萊兒．葛洛根。我想告訴年少的強，有一天他會有機會認識她，而她會對他很好，甚至在他臉頰上輕吻一下，而且二十年來，他對她的愛顯然勝過對任何人。

梅蘭妮．C　Melanie C

英國樂手

二〇一一年九月十九日

十六歲的時候，我正準備離開中學，離開北方，往南部去，踏上追尋夢想的旅程。我要到倫敦上表演藝術學校。一想到我女兒十六歲要做那樣的事，可把我嚇壞了。雖然離開朋友和家人身邊讓我卻步，但我非常興奮能夠開啟人生下一篇章。

我想我覺得年少歲月相當棘手，但這就是事實，對吧？我當時做了點自我反省。我現在這群密友跟當年是同一批人，多年以來我們共度精采時光，一起發掘一切，頭一次一起酒醉、大談男生的八卦。可是我們同享一股熱情，我們都愛藝術。我們一起去看戲和舞蹈表演。我在中學時期交過兩三個男友，有過一個長期男友，分手和心碎過不少次，希望我因此早早學到一些教訓。

我回顧並想：「我以前一定很煩人。」我以前野心勃勃，真心想成為流行明星歌手，我跟每個人都這麼說了。說我要去倫敦追尋自己的夢想。我想我成長的地方沒有多少人這麼做。我的朋友大部分都繼續第六學級，然後上大學，但我企圖心很強。我愛安妮．

藍妮克絲（Annie Lennox）——她是絕佳的主唱——但讓我想當流行明星的是瑪丹娜。她是我對流行明星的第一份體驗，她會做大型的秀，有舞者的龐大製作。我看到她，心裡想，「那就是我想做的事。」她的第一張專輯在一九八四年推出，當時我大概十歲，她在我年少時期一直都很流行。

我想我有雙重人格。我念中學時可以很安靜，害羞的一面會在上課浮現，面對男生時也是。可是說到戲劇或當地的舞蹈學校，那是我最快樂的時候，我就會展現外向的那一面。我碰到名人還是會緊張，而且會臉紅。我記得辣妹合唱團（Spice Girls）和史提夫．汪達（Stevie Wonder）會面，他就是我們當時可以見到最了不起的人。我媽一直是他的大歌迷。我們在義大利跟他同場演出，當時拍了張我和艾瑪嘴巴開開的合照，我們真的說不出話來。

我對年少的自己懷有深情。當你年輕，天真無邪，當時我毫不懷疑自己會有精采的表現、會認識出色的人。我願意努力工作，但我心裡不存一絲懷疑。當辣妹合唱團成軍，雖然我們的個性迥然不同，但我們都非常確信我們會成功。有時候想想我們當時的模樣，我不禁有點畏怯——只希望我們當時那種自信是有魅力的。

也許那是實現夢想所需的特質之一，就是百分之百確定自己能夠夢想成真。那是你必須牢牢抓緊的信念，因為很快就會被摧毀。我十九歲時試唱，等我們發行第一首單曲時，我已經二十二歲，而我依然有那種感覺。全都發生了——第一首單曲、第一張專輯、排行榜第一。那份成功一直延續下去。直到我們解散，我們人生的下個階段才開始，而我意識到你不會永遠都得到第一名。

我現在有點懊悔，在情勢一片大好的時候不總是活在當下。我單飛時，對世界得抱著更實際的看法，當你過去曾經屬於如此非凡的團體，會很難接受這點。所有的媒體矚目表示我會被別人對我的看法團團包圍，而那開始影響我。我因應的方式就是控制飲食和運動的方式，直到身體無以為繼，最後我失控了，覺得自己就要瓦解。我花了好長一段時間才復原。

我這一生都想當媽媽。我有好長一段時間都單身，從來不覺得困擾，只寄望在未來。然後，大約四年前，我感覺身體的老時鐘滴滴答答響不停。我跟我男友談過這件事，但我突然間從說我總有一天想要孩子，變成說「我現在就想要個寶寶」。我生下女兒那一天，儘管這份經驗帶來創傷——但那是我的終極之日，是我這輩子最美好的一天。

莫・法拉爵士 Sir Mo Farah

英國長跑運動員

二〇一六年十二月五日

十六歲的時候，我不怎麼專注。我只是輕鬆過活，上上學、見朋友。我沒認真看待跑步這件事。身為青少年很難，有那麼多令人分神的事情。我不是在抱怨，但我想如果當初我多聽教練的話，可能可以更成功，也許可以贏得更多獎牌。

我的雙胞兄弟哈珊先出生，他以前總會修理我。他話很多，遠比我受歡迎，也比我聰明得多。我考不過的試，他一次就過。因為他的病，我們搬到英國時，不得不把他留在家鄉。我當時才八歲，我們分隔兩地長達十二年。我記得在倫敦時心想，「明天他就會來。」隔天這麼想，再下一天也是。想到我們就要團圓，我就興奮不已，但腦袋後方總有個聲音說，「這種事永遠不會發生」。我試著把那個念頭，把心裡那份疑慮擋開，但一年年過去，他遲遲沒來。當我們終於在索馬利亞再次相會，感覺什麼都不曾改變。望著他，感覺就像看著自己……他甚至比我還瘦——這不可能啊！我說：「我跑步，你又不跑，你怎麼會比我瘦呢？」

搬到倫敦我很興奮，我覺得那裡很美。我記得走進機場，門一打開迎面就是電動手扶梯，對我來說很新奇。這是個新世界，就像我到迪士尼。那就是我家人所在的地方，所以那裡就是家。索馬利亞不一樣，父親從來不在身邊。那就是我們來到倫敦的主要原因——要全家一起生活。

適應倫敦起初很吃力，可是當你八歲，自然會找到方法。你會交朋友。我總是得到接納，我想那是因為我從來不覺得自己跟別人不同。我有白人朋友和黑人朋友，我很好相處。我只是選擇不去聽偶爾有人拋來的評語。我很擅長跑步，小鬼們因此喜歡我。要是我不喜歡跑步，我就不會交到朋友、認識那麼多人、那麼快就學會這個語言。

我的體育老師帶我到當地的跑步社團，我開始一週去兩次。我代表密德薩斯（Middlesex）去跑，然後代表英格蘭。我那時甚至不知道奧運。等我代表英格蘭參賽過後，我問：「下一步是什麼？」然後他們說：「大布列顛。」我就說：「好，我表現得不錯，已經替英國跑贏了——下一步呢？」「歐洲。」我開始做了點調查，得知塞巴・柯伊（Seb Coe）、史蒂夫・奧韋特（Steve Ovett）等選手……我十八歲時看雪梨奧運，海爾・格布雷塞拉西耶（Haile Gebrselassie）對上保羅・特卡（Paul Tergat）。那時我告訴自己：「我想成為奧運冠軍。」

我向來是個快樂的孩子，喜歡找樂子，愛搞笑。總是掛著一抹厚臉皮的笑容。要是惹出麻煩，通常可以靠著笑容安全脫身。我常常拿這招來對付我媽。比起跟我爸，我跟我媽親得多——其實我是個媽寶。跟人熟識後，我還滿迷人的，但一旦面對陌生人或鏡頭，我就會非常害羞。我以前的見識並不多，你知道吧？可是現在我已經周遊過世界，結識不少人，學會怎麼跟他們對話。我現在再也不害羞了。

我在十二年後回到索馬利亞，在村莊的街道上快跑。大家的反應是：「噢，我的天，有個瘋子在跑耶！」因為那裡沒人跑步。要是你看到有人拔腿狂奔，就表示有人偷了東西，不然就是有人要逃離麻煩。我現在一回家鄉，就會被團團圍住，老太太們會走出來說：「你還小的時候，我就認識你了。」我碰到的每個人幾乎都說是我表親。他們會說：「嘿，表親，嘿，表親。」我的反應是：「真的假的？我到底有幾個表親啊？」

我不知道我的決心打哪來的，也許是與生俱來的。我看著我的雙胞胎女兒，她們如此不同——一個意志堅定，另一個悠閒放鬆。這是沒辦法傳給孩子的，完全是天生的。在個別的運動項目上表現優異的每個人都有點特別的什麼。對我來說，我只知道我真的很討厭輸，我會竭盡全力避免這件事。每次輸掉比賽，我就回家分析。我做錯了什麼？你什麼都會想到。我有沒有好好配速？我努力得夠不夠？

信仰讓我維持在正道上。如果我沒有信仰，狀況可能有所不同。覺得命運會決定一切——那類的想法，有些事情不是你能控制的，我成長期間所受到的薰陶就是那樣，我想把它傳給我的孩子，讓他們做他們必須做的事，然後盡量做個好人。

我跟肯亞人一起訓練，這樣我就能向他們學習，那時候我明白我可以成為世界第一。我想，「我可以打敗這些仁兄。」他們不知道自己在跟誰打交道，對吧？要是他們知道，就不會讓我加入了。

二〇〇八年在北京奧運跑輸，是我經歷過最棒的事。在我們的信仰裡，我們相信發生的所有壞事都可能是好事。就像有一桶冷水朝我臉上潑來。等於有個聲音說：「做點事情。」有很多的自我懷疑，我有好幾個星期都眼眶含淚。有兩種可能的發展：一個就是我說：「我完蛋了，我不能再跑下去了。」另一個是：「我不會再讓這種事情發生。我要怎麼修正？」我就這麼做了。

真希望可以回到二〇一二年的倫敦奧運，再跑一次五千公尺比賽。我會倒轉整場賽跑，享受每個步伐。我繞過邊邊的時候，會停頓一下，只是為了聽聽群眾的聲音。就是很不可思議。要不是因為那批群眾，我想我不可能贏。百分之一百。那個眾人將你抬起，供你一點額外的精力，最後推你一把。你有沒有看過足球？主場比賽的最後十分鐘？你可以看到觀眾替球隊撐腰。那就是我在倫敦的實地經歷。

二〇一五年十月十二日

湯姆・瓊斯爵士 Sir Tom Jones

威爾斯樂手

我十六歲時很快就長大成人。我的十五歲女友梅琳達懷孕了，我的姑姨叔舅來到我家，針對該怎麼收拾這件事議論了一番。我跟小琳坐在角落，眼裡只有對方。我母親注意到我們並說：「看，我們忙著規畫他們的人生，可是小倆口根本聽不見我們在說什麼。兩個小鬼擺明了泡在愛河裡，反正等他們夠大了就會結婚，阻撓他們又有什麼意義？」一等小琳十六歲，我們就結了婚。我們搬到我丈母娘家後面的房間，大家出錢出力一起幫忙。我找了份工作，所以我們其實什麼都不缺。那段時間還滿快樂的，沒什麼負面的事情。

多年後回顧當時，我才明白身為年輕的丈夫和父親並未限制我的發展，只是加強我為妻兒追求成功的決心。唯一的問題是我當時在製紙工廠輪班，有時讓我無法經常到酒吧和俱樂部演唱。可是我知道我只是在等待時機，我衝勁十足。

如果我遇到十六歲的湯姆・伍沃德（作者本名Tom Woodward），我會非常喜歡他，因為我的價值觀不曾改變，連我的音樂品味都沒變過。〈Great Balls of Fire〉我聽了依然會很亢奮；〈Rock Around the Clock〉給我莫大的養分，令我熱血澎湃。後來我聽了貓王，然後心想，「我的天，我可以像那樣唱歌！」我們有同樣的音域。

在威爾斯的勞工階級大家族成長，是非常美妙的事。那樣的基礎會給你一種想追求成功的感受，而且會學習勞工階級生活的價值，我想那是一種資產。我知道有人啣著銀湯匙出身，可以**看見**勞工階級，可以進去酒吧和勞工階級的人稱兄道弟，可是永遠無法**成為**他們的一份子。我是他們當中的一個，至今依然。

我總是準備好要追求成功。現在有時我會開著車在龐特浦里德（Pontypridd）的街道上閒逛，心想，「我的天，我以前肯定膽大包天，以為自己可以實現那一切。」我記得在當地的酒吧演唱，他們說：「你是個了不起的歌手，湯姆。」我說：「對啊，總有一天我會見到貓王。」他們說：「對啦對啦對啦。」

有件事真的會讓年少的我深感佩服，是我連作夢也想不到的，就是受封為爵士。唱片紅遍天，我沒問題。電視系列節目，我沒問題。在美國大有斬獲，我也沒問題。可是受封爵士……我向來支持君主制度，而由世上最偉大的君主賜封爵士，對我來說可是件天大的事情。

我不曾說過自己沒有背景。老實跟你說，我看了洛史都華（Rod Stewart）在洛杉磯的特別節目，他說，「我沒有任何背景。」我當時心想，「你哪裡沒有背景。我在紀錄片看過你父母，他們是勤奮工作的人。」說你沒有背景……我並不同意。我們都源自某種背景。

我從來不曾反對體制。我只是反抗當時發生的事情。我知道〈Rock Around the Clock〉這首歌可以把那些狗屁事情一掃而空，確實如此。它淹沒了其他的音樂。後來，我欣賞像法蘭克．辛納屈（Frank Sinatra）和艾爾．喬遜（Al Jolson）這樣的歌手。我知道很多美國人因為他模仿黑人而對他不以為然；可是對我們來說，他只是個喜歡黑人唱歌方式的白人，甚至願意模仿黑人。這並不是有損品格的事，而是對黑人的頌揚。

我對音樂界的大多面向都有心理準備，可是當我遇到製作人喬．米克（Joe Meek），我有點困惑，因為他是同性戀。我想，「等等，倫敦的圈子，就是英國經營演藝事業的那些人，裡面有很多同性戀參與嗎？因為如果是的話，我要回卡地夫去。」所以當我跟迪卡公司（Decca）簽約，彼得．蘇利文（Peter Sullivan）成為我的經紀人之後，他說：「叫那些小伙子把裝備收一收，我想私下跟你談一談。」我說：「你該不會是那些怪咖的一個吧？」他說：「你在說什麼鬼啊？」你看，我變得疑神疑鬼。我真心納悶，難道得是同性戀，才做得出熱門唱片。可是當我真正投入工作，才明白替我錄音的第一個傢伙只是恰好是同志。等我的震驚退去之後，才明白不是這樣的，大多人都很正常。唔，我不應該這樣說。同性戀很正常——不是說他們不正常。他們天生就是這個樣子。

女人、性——常常被拿來談論，可是那不是我的本質，不是定義我的東西。〈It's

Not Unusual〉這首歌在大家看到我以前就已經很紅了。重點在於我歌聲的力量。媒體老是會提到女人，他們說：「對你太太有什麼影響？」面對每個名人，不只是我，媒體總是會把性帶進話題裡。當然，性是人生的一部分，但重要的是你有什麼特殊之處、有多獨特。我什麼都不後悔。總而言之，不管發生什麼事，我的婚姻依然堅固如昔，我兒子依然愛我。我這輩子從未做過壞事。

我依然住在洛杉磯，但我對英國有癮頭，常常回家去。我上次入境的時候，有個傢伙對我說：「你一九七六年就有綠卡了！為什麼沒成為美國公民？」我說：「讀讀我護照上的名字。」他說，「湯姆．瓊斯爵士。啊，女王不會喜歡的，對吧？」我說：「沒錯。」

我會想回到過去，跟爸媽相處一天，跟他們說我有多愛他們。也許我會回到翠佛瑞（Treforest）的羅拉街四十四號，再次變回小男孩。傑瑞．李．路易斯（Jerry Lee Lewis）錄了一首歌，我在舞台上唱過，叫做〈The Things That Matter Most to Me〉。歌詞說：「我希望能夠回頭重溫昨天，再當我媽媽的小男孩一會兒。」那是真的。如果能用那種方式重溫一天，會很好。

Chapter 2

Creativity

創意

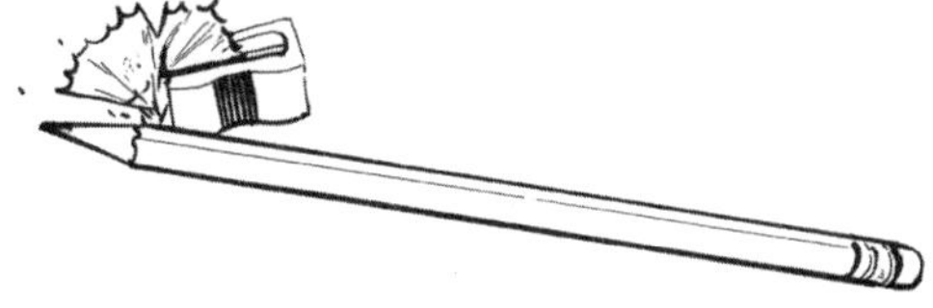

琳達・拉普蘭提 Lynda La Plante

英國作家

二〇〇九年二月九日

我十六歲時，剛離開利物浦前往皇家戲劇藝術學院（RADA）就讀。我其實不大清楚自己想做什麼。我只去過劇院一次，從沒看過蕭伯納或易卜生的劇作。中學的戲劇老師推薦這所學校給我，但說真的，我並沒有演戲的雄心。我抵達那所世界頂尖的戲劇學校時，原本懷抱的幻想全部蒸發殆盡，因為我發現在那裡壓力很大。我年紀太小，才十六歲。為了進那所學校，我謊稱自己十八歲。因為那裡有很多成熟的學生，年紀三十和四十幾歲，所以很有壓力，覺得自己格格不入。

我不知道我對皇家戲劇藝術學院有什麼期待；我六歲就開始學芭蕾，所以當他們試著教我怎麼擺動肢體時——「一、二、三，彎膝蓋」——我心裡想，「哎唷，好無聊。」我自幼就受過不少演說和發音表達的訓練，所以對我來說沒有新鮮感。我也不覺得那些老師能激勵人心。我無意間聽到一個老師說，「我們需要長相不起眼的人扮演女傭」，另一個老師說：「可以找琳達。」所以我在那裡經歷如無限迴圈般的日子。那是一段很不尋常的時光。

我會要年少的我放心，雖然皇家戲劇藝術學院可能不適合我，但在那裡的體驗可能是我寫作獲得成功的部分原因。有了演員訓練的底子，表示你有信心跟任何對象交談並好好做研究，像是進監獄和罪犯談話。身為作家，不管名氣多大，都必須針對委託工作進行提案，這時候演戲技巧就能派上用場！

我想十六歲的我依然還有不少成長空間——我當時還很天真、不諳世故。我沒有什麼生活經驗。我記得有個年輕演員伊恩．麥克夏恩（Ian McShane）問我知不知道「gay」的意思。我說當然了。「不，我是指性的方面？」這我就不知道了，所以他鉅細靡遺告訴我，我在皇家戲劇藝術學院的死黨就是同性戀，還告訴我箇中的含義。我甚至不知道有蕾絲邊這種族群。我很震驚。

我花了好久才找到身為演員的認同。我沒有指引或導師，不知道經紀人的事，更不曉得怎麼打扮或上妝。我耗費好長時間才學會掌握人生，並且好好發揮自我。有一陣子我表演鬧劇，直到有人告訴我，雖然我很會抓時機，但如果我想扮演海達．嘉布樂（Hedda Gabler），就應該離開鬧劇。所以我離開，在專業劇目劇團成了女主角。我扮演過奧菲莉亞（Ophelia）和苔絲狄蒙娜（Desdemona）[2]，也得以飾演海達．嘉布樂。

我早早離開了皇家戲劇藝術學院，但直到快三十歲才開始寫作。我一直在做演員的工作，也陸續接演不錯的角色，但是走到一個階段，既沒有名氣，也不再是二十出

2 編按：《海達．嘉布樂》，挪威劇作家易卜生的劇作。奧菲莉亞，莎士比亞戲劇《哈姆雷特》的悲劇角色，與哈姆雷特相戀，卻因其復仇計畫而精神錯亂失足溺水而死。苔絲狄蒙娜，莎士比亞戲劇《奧賽羅》的威尼斯美女，與奧賽羅私奔而惹得父親震怒。

頭歲，你便知道生活會很艱難。當時我跟吉兒．葛斯科因（Jill Gascoine）合作警探影集《溫柔的碰觸》（The Gentle Touch），劇本差勁透頂，我問能不能讓我試寫看看。我的構想遭到否決，但有人在我的稿子上寫了「精采」，而在一九八三年那就成了《寡婦》（Widows）。

我並沒有非寫不可的想法，但一旦開始動筆，竟然覺得滿輕鬆的。我有閱讀障礙，可是打字機讓我可以透過肢體來寫作；一旦開始，便不再停下。我有時會想，要是當初早點開始寫作，而不要在一個文類固定下來，會發生什麼事；如果我現在寫時代劇，我想不會有人想要改拍。我很想寫各式各樣不同的東西，但我總要考慮生計，而大家只想要我寫犯罪劇碼。

進行《寡婦》時，我有個超強的老師蘿西．蘭伯特（Rosie Lambert），她當時經營泰晤士電視。她精於編輯，教我編輯技巧。現在我鼓勵製作公司的年輕寫手時，甚至發現自己會提起她以前教過我的事。簡單的東西，像是強調男主角要到四十八頁才現身。另一件關於蘿西很棒的事情就是，她鼓勵我讓女性得逞。她總是希望女人能夠勝出。

我從沒想念過演戲。說真的，我生錯了時代——我是社交名媛莉莉．蘭特里（Lillie Langtry）類型的人，愛的是音樂劇場。要是在一八八〇年代，我可能會是個超級大明星，但我既不骨感，也不漂亮，頭髮塌軟。我離開皇家戲劇藝術學院時，有個老師告訴我，我要到了四十五歲才會以演員的身分打響名號。跟年輕女孩說這種話，聽了很令人沮喪。

我總是認為我可以把每樣東西都寫得更好。寫作有時很孤單，但一等劇本完成，就會有好多隻手伸出來爭搶。我很享受寫作的過程，我很幸運，作品很少被退件，給我持續寫下去的動力。我記得我們因為《頭號嫌疑犯》(Prime Suspect)而獲頒艾美獎時，我簡直難以置信。格拉納達電視(Granada TV)將獎項從我這裡拿走，說獎項其實並不屬於我，這時我便知道，我必須製作自己的節目。於是我就這麼做了。現在我有CBE(大英帝國勳章)，讓我非常引以為傲。

瑪麗・布萊姬　Mary J. Blige

美國樂手

二〇一七年七月十日

我這一生都與音樂為伍。我還小的時候，父親是樂手，母親是歌手。到了四、五歲，我會聽母親唱靈魂和福音老歌，她的歌喉好得就像唱片。我爸是貝斯手，也彈鋼琴。你想得到的唱片他們都有，所以生活裡充斥著音樂。

我要對十六歲的我說的頭一件事就是「別再貶低自己，因為妳會成為大家喜愛與仰慕的人。我知道妳現在不相信，但請相信我。不要為了取悅別人而裝笨，因為妳永遠無法取悅每個人。只要相信。相信妳自己。」

我只是個典型的少女，不聽母親的話，不做對的事。十六歲時除了唱歌，我什麼都不想。我的夢想是唱歌，但在那個時間點上，那只是夢想。我只是試著存活下去。

音樂會成為我的逃生之路和我的家庭。你當然會希望馬上如願以償，尤其生活在我們那樣的環境[3]。你會希望那件事趕快實現，可以把媽媽和家人帶離社會住宅。你想賺錢，好讓大家離開那個惡劣環境。你希望事情快快發生，不想錯失任何機會。

3　布萊姬1970年代成長於布朗克斯。

身在我們那樣的環境，音樂為我們帶來快樂，在家裡或在街區派對上唱歌。重點就是音樂。當時很難拿到你愛的歌曲和街區派對上DJ播放的歌曲。「我們要怎麼找到那首歌？那首歌超讚的！要怎麼查出是哪一首？」現在你隨時要什麼有什麼。當時沒有Spotify線上音樂串流服務平台，讓你可以只聽專輯裡的一首。你必須去找整張專輯來認真聽——除非出的是單曲。我們當時真的很用心欣賞。

音樂拯救了我們。我想我們並未刻意去尋求，是音樂主動找到我們。我五歲第一次聽到史提夫．汪達的《Songs in the Key of Life》。我聽那張專輯時，音樂找到了我。不管史提夫唱了什麼歌詞，聽了就是通體舒暢。

我覺得那就是我的音樂。感覺並不像是我父母那代的音樂；感覺就是我的音樂。擄獲我心的多半是歌詞和歌喉。那就是為什麼《Songs in the Key of Life》對我來說那麼重要。專輯裡附了一頁歌詞，我和妹妹會把〈Knocks Me Off My Feet〉、〈Pastime Paradise〉、〈Summer Soft〉的歌詞熟記起來。後來，我聽到安妮塔．貝克（Anita Baker）的〈Caught Up in the Rapture〉，那是我聽過最美的情歌之一。夏卡．康（Chaka Khan）的〈Everlasting Love〉也是。我成長期間，是音樂主動找到我。

我在家總是在唱歌。我會拿梳子當麥克風，對著浴室鏡子大唱婷娜．瑪莉（Teena Marie）的歌曲。我自小就愛對著鏡子唱歌，就像很多小女生現在會跟著碧昂絲一起高歌那樣。我會隨著安妮塔、夏卡和梅莉莎．摩根（Melissa Morgan）大唱特唱。我猜我當時就是個表演者，或者說實習中的表演者。我熱愛表演。

我七歲參加小學才藝表演。我唱了蜜桃香草樂團（Peaches & Herbs）的〈Reunited〉，敦促我參加才藝表演的是音樂老師史威尼小姐，因為我從來就不想站在前排，我總是想躲在後頭。功勞都來自那些曾經敦促我的人。朋友總是要我唱、唱、唱。唱歌是我必須培養自信去做的事。

唱歌會讓你成為更好的人。張開嘴發出聲音，就會讓你覺得自信美好，讓你成為另一個人——更好的人。會給你信心。我年輕時，我可以唱得比我現在好，那時我誰都模仿得來。任何人。不管是男歌手或女歌手。這點為我帶來信心，給了我力量，給了我自由。

我的叛逆真正搞砸了我的教育。我在十一年級輟學了。我萬分懊悔。我真心希望當初完成教育。不過話說回來，我想了想，如果讀到畢業，我還會是現在這個我嗎？我會是今天這個瑪麗．布萊姬嗎？

我對輟學並不覺得丟臉或難為情，那只是我犯下的錯誤。我會跟試圖闖蕩樂壇的人，尤其是年輕人或想進入業界的人說，要先完成教育再說。如果你沒辦法好好讀契約、不能好好跟你的經紀人談話，或跟人好好打交道，就不可能進入業界的頂層。我承認自己的錯誤，並不覺得難為情。那只是個錯誤，就是這樣。

我會跟年少的我說，不是每個人都想走你走的路。你無法跟每個人分享一切，不是人人都會為你開心。我早早學會了那一點。

我學會謹慎對待音樂——音樂可以建立，也可以摧毀。我在職業生涯做過十三張唱片，它教會我，音樂是溝通的最重要形式之一。你可以用音樂建立什麼，也可以藉音樂摧毀什麼。我們的話語是非常有力量的。我必須小心自己推出什麼作品，因為有人在家裡聽音樂，而音樂可以幫助他們活下去，或脫離惡劣的關係。即使我經歷了負面的事情，覺得很想好好宣洩，我也要確定不會傷害到任何人。我必須祈禱並確定我傳達的訊息是強大的。

奧斯瓦・柏騰 Ozwald Boateng

英國時裝設計師

二〇一二年三月十九日

我年少時期快樂又有自信。我常會逗大家笑，我這人還滿有趣的。我擅長運動；賽跑、足球、板球，但不是運動健將型的人。我很放鬆，並不為了運動而活，運動不是我的全部。我在學校是個風雲人物；我從來不是「擅長運動的奧斯瓦」，就只是奧斯瓦。有一陣子，我認真考慮踢足球維生，我是不錯的翼鋒，後來成為前鋒。不過到了十六歲，我進了學院，發現女性，那個想法就跟著無疾而終。

我十六歲在學院攻讀計算科學，堅信電腦就是未來。但我對服飾一直很有興趣，我媽在我五歲生日時買了我的第一套西裝，是雙釦紫色毛海。那一年，父親告訴我，我以後會在世界上大放異彩。所以我自小就抱有這樣的期待。有很多事情如果能夠重來，我會用不同的方式處理——從我共事的人到我在設計上做出的選擇。可是做錯事情的經驗教導我許多。我會比今天的我更成功嗎？會，但我之所以累積了大量經驗，有一部分跟不是每次都做對事情有關。

我是課堂上唯一的黑人，中學時期也幾乎是唯一的黑人小孩。一般來說，黑人男孩沒有多少角色模範——我記得在電視上看到拳王阿里，影集《上升的濕氣》（Rising Damp）和《愛你的鄰居》（Love Thy Neighbour）有個黑人。那是我記得的唯一有色人種。但在我成長期間，那種狀況稀鬆平常。我並不擔心，因為我不知道其他事，我只知道我有才華。既然有門為我而開，我就全力以赴。

對年輕黑人來說，當時的時裝界並沒有參考基準，但我滿早就獲得成功，知道自己做的沒有錯。雜誌刊登第一篇關於我的文章時，我才十七歲。我二十四歲成立第一間工作室，二十八歲在倫敦薩佛街開了第一家店。那家店帶來文化衝擊，我看出了這一點，但我的膚色從來不是我優先考量的事，而是擺在很後頭。我優先想到的是，「我要做很棒的西裝，我要活化這項古老的傳統，而我打算啟動這個我預計是個全球化的過程。」現在我的服飾常常被選用在重要時刻穿上——婚禮或頒獎等的大日子。這件事對我來說很重要，我很喜歡聽到這類消息。我最初起步時，就是想替男人創造特別的東西。我想讓每個男人看起來都很美。

我父親對我影響很大。父母在我年幼時就離婚了，所以我並未反抗過父親，我跟父親相處的時光，就是我想聽聽他想說什麼的時候。他向來打扮得很俐落，總是西裝畢挺。對我來說西裝代表體面和成功。它創造了一種信心。他是校長，很會表達自己。他從我很小就告訴我，如果你百分之百相信某件事，而不是只相信百分之九九點七，你就會實現那件事。如果某件事你做來很輕鬆，那可能就是你應該做的事。唔，我十六歲時發掘了時裝。父親的反應是「你在幹嘛啊？」他希望我上大學，成為醫生或律師。所以我說：「等等，我只是接納了你的建議。」他並不高興。我花了很多年才說服他，我做的決定很正確。他起初很難接受，但最後他終於接受了。現在他總是對我說，要是他現在蹺辮子也了無遺憾。我告訴他，離他要蹺辮子可還有好一陣子。

我會跟年少的我說，他應該多聽別人的意見。要是我當初聽更多人的意見，也許能避開很多錯誤。我可能不會在二十三歲結婚，我會告訴年輕的自己等到三十歲再說！不過就另一方面來說，我一直意志堅決，很有主見——我想如果你有那樣的性格，就會很容易受到誤導，尤其在年少輕狂的時候。我總是覺得有什麼大事會發生。我無所畏懼，膽子比我現在還大。隨著年紀增長，你會意識到可能會橫生什麼枝節，但當你十六歲，不覺得會出什麼差錯。我如此投入，以前總會徒步走個三、四公里，橫越倫敦去買我要的布料，再為了省公車錢步行回家。

年紀漸長，我越來越意識到身為年輕黑人，我的所作所為在業界所帶來的文化衝擊，我體認到我可以為他人帶來啟發。成功有時會讓你內心產生矛盾；會有這麼一刻，你覺得自己應要有所回饋。我很幸運當初起步有個很好的支持網絡，但不是人人都有這樣的東西。我可以回饋別人，提供他們我爸教會我的那種人生守則。

如果我可以回到過去、重溫某個時刻，就會是我二〇〇二年在薩佛街舉行的時裝秀。當時整條街都搭了遮篷，站滿模特兒。我記得當時的興奮感。那時，唯一可以像那樣封起整條街的人，就是披頭四了。我們做完那場秀之後，所有模特兒群聚在一個美麗的房間，大概有五十個傢伙，他們為了剛剛那份經驗激動莫名，放聲歡呼。我記得那個房間的能量——彷彿有電流竄過一般。我只是站在那裡，忖度明天要帶來什麼。

菲利普・葛拉斯 Philip Glass

美國作曲家

二〇一八年一月二十九日

我十六歲已經到芝加哥大學就讀，正要開始作曲[4]。那所大學很不錯，但在那個年代，它的音樂系陣容並不強，那所學校更偏重學術研究。為了提升音樂能力，我會到音樂圖書館抄寫樂譜，竭盡所能吸收學習。當時，芝加哥是個接觸音樂的好地方，爵士圈非常活躍。我在那裡聽過各式各樣的演出，像是比莉・哈樂黛；芝加哥有個很優秀的交響樂團，所以我會去聽巴爾托克的新作。那裡是個流連的好地方。

我對音樂的愛好自幼就開始。家裡總是有音樂。我爸在巴爾的摩開了家小樂行。那個年代沒有超級商店這種營業模式。我爸的店就像糖果店，小不隆咚。他會把唱片帶回家，我們聽完之後，他再帶回店裡。就是那些七十八轉老唱片。那個年代，只有透過那種方式可以聽到新音樂——廣播上聽不到。所以我們聽了形形色色的東西，從爵士樂聽到交響樂，再到當代音樂，無所不包。我放假回家，會到店裡幫忙，後來成了買家。我不以類型來思考音樂，而是以品質好壞。直到今天，我的音樂品味還是很多元。

4 葛拉斯因為大學跳級制度於15歲進大學。

5 數學和哲學。

在大學，我比大家都小三歲；我十五歲，他們至少十八歲，但最大的那些孩子多少都會照顧我；他們都知道我家人遠在巴爾的摩。我有不少朋友，可以在圖書館和學生餐廳找到他們，他們無所不在。我在那裡有很多樂子，十九歲就修完所有學科[5]，所以我可以前往紐約的茱莉亞學院，單純攻讀音樂。

到了二十幾歲[6]，我去巴黎進修，研習巴哈和莫札特。音樂語言在研究巴哈和莫札特創作期間，有了大躍進，音樂因此成了非常有力的形式。沒有任何流行音樂能夠超越古典音樂的和聲——就是沒有。我三十歲時從巴黎回到紐約，沒有去教音樂。我已經在作曲了。如果必須做商業音樂，我不會花太多時間。事實上，我會給自己兩小時的時間限制，這樣才能靠寫商業音樂營生[7]，同時創作歌劇、電影配樂或劇場配樂。因為受過訓練，我得以駕馭音樂的語言。

年少的我並不會訝異我不常出門，雖說他比現在的我更愛往外頭跑。可是即使在年輕一點的時候，我也不常參加派對——我明白如果我在外頭待到太晚，隔天早上便無法工作。我記得我在九〇年代來到倫敦，當時有很多浩室音樂（house music）。浩室音樂圈的問題是往往要到凌晨一點才開場，而到那時我寧可上床睡覺。可是我照樣熬夜去聽，因為那是當時聽音樂的唯一方式。這樣做給我帶來諸多樂趣，也得以跟各式各樣的人合作，比方說，替表現（S-Express）舞曲樂團這樣的團體編曲。可是現在我的工作時間對我來說無比重要，而且我有很多孩子，我喜歡花時間跟他們相處。我必須早點上

6 葛拉斯得到獎學金，可以師事受人敬重的作曲家／作曲老師娜迪亞．布蘭傑（Nadia Boulanger）。

7 包括電視廣告和《芝麻街》的提示音樂。

床——午夜左右——六點左右起床，工作一整天。很少有人會看到我踏出家門。

年少的菲利普會很驚訝，我竟然可以靠創作音樂維生，而且一年會出門演出三十到四十場音樂會，遍及世界各地。我一直到四十二歲前[8]都有一份白天的工作。我會搬具三天，接下來四天待在家裡編曲。那個年代是可以這樣的，有一天不再需要那麼做的時候，我非常驚訝。

年輕的菲利普會很佩服我有機會認識印度西塔琴先驅拉維・香卡（Ravi Shankar）並且與他合作。我當過他的助理一陣子。他是我衷心佩服的人——他不只作曲，也出外演出，都是我想做的事。我和他前後維持聯繫四十年之久，直到他過世前的兩三天。如果我必須去洛杉磯，我會提早到，在他家吃午餐。他身邊總是圍繞著年輕人。他天生好為人師，就是無法停止教學。午餐過後他會說：「咱們到音樂室去。」我們四五個人就會下樓去那裡，坐下來，然後他真的就會開始上課——他就是情不自禁！那些拜訪對我來說彌足珍貴。他真是個不可思議的人。

我認識很多了不起的人，他們當中有好多都已經離世。我認識多麗絲・萊辛（Doris Lessing）[9]三十年；艾倫・金斯堡（Allen Ginsberg）[10]是長年的知交。我現在都比他們過世的年紀大了。李歐納・柯恩（Leonard Cohen）[11]——我認識他很多年。上一次跟他講話，我問他什麼時候要來紐約。我好一陣子沒見到他了。他說，「這輛老車不會再離開車庫了。」當時我沒弄懂他的意思。我想他其實是在道別。我再也沒見到他。一週後

8 葛拉斯和表親經營一家搬家公司—《時代》雜誌藝評家羅伯特・修斯（Robert Hughes）曾經驚愕地發現葛拉斯正在替他裝設洗碗機。

9 編按：多麗絲・萊辛（Doris Lessing，1919-2013），英國女作家，代表作有《金色筆記》等，2007年獲諾貝爾文學獎。

他過世了。

我希望有更多時間認識我父親。他六十七歲時車禍過世，年紀不算大。他當時閃避不及，一把被撞倒。可是一般來說，我並不回顧自己的人生。我只會想自己下週要做什麼，而不會透過後視鏡觀看。我可能錯失了不少財富、錯過了不少已經離去的人——關於那點沒什麼好說的。我還有很多事情想做。我總是早早起床，投入工作一整天。我時間快不夠用了。我都八十了。如果想再寫十二首交響曲，我最好趕快動工。

10 編按：艾倫．金斯堡（Allen Ginsberg，1926-1997），美國作家、詩人。「垮掉的一代」文學運動的核心。

11 編按：李歐納．柯恩（Leonard Cohen，1934-2016），加拿大創作歌手、詩人。代表作有《I'm your man》等。

洛福斯・溫萊特　Rufus Wainwright

美國樂手

二〇一六年三月二十三日

我十六歲時徹底無藥可救，有著瘋狂的拚勁。我極度缺乏安全感，以致反而表現出很有安全感的樣子。說實在的，我長得還滿好看。我很引人注目。如果我現在可以跟那個男孩聊聊，我只會恭喜他存活下來了。想想我以前對世界運轉的方式有多深的妄想，形勢實在不利於我。可是也許妄想替我省掉很多麻煩。我相信不存在的東西，以為自己會成為人人喜愛的獨特產物。我會擁有一切的解答。我會征服整個業界。沒有人會介意我是同志。但實情恰恰相反，幾乎每一點都是。但我只是堅持不懈。

我可能會稍微斥責年少的自己，因為我百分之百投入自己的事業和藝術，一心想要征服演藝界。也許為了達成目標有必要那樣做，但我想在過程中可以多停下來感受生活。只要享受當下。但我當時總是忙著設定目標。你也知道，年少者不懂得品味青春韶光。

我在十八歲正式向父母出櫃，但我從十三歲就知道自己是同志，他們也曉得。我會悄悄溜出家門，一身奇裝異服，而且會接到奇怪的電話。那是一段動盪時期。我父母原本可以處理得更好，但回顧過去，我現在的心態比較寬容了。當時是八〇年代晚期，愛滋病猖獗，屠殺著每個人。但我父母都不曾道歉。母親幾年前過世，我想父親永遠也不會向我道歉。但父母就是父母，他們本來就沒有責任讓你更好過。我的祖母——願她安息主懷——來自南方喬治亞州，有點種族歧視，也不是腦袋最靈光的一個。但她很有愛心，說她知道我是同志，但不要緊，她依然愛我。所以我這個心思單純、種族歧視的南方小老阿嬤對我反而最有幫助——想不到吧。

我不想聽起來像個老派的同志，但我會奉勸年少的自己立刻上健身房。我一直要到三十五歲才去健身。這一路以來很棒，但如果二十歲開始，會簡單得多。不過那也不大符合我當時的角色設定——我當時是個抽著菸、生性浪漫的花花公子，我不確定自己想不想回頭改變那一點。但那會替現在的我省下很多錢。

我想我還是會很喜歡少年洛福斯。他有種火花。關於那個十六歲孩子，我最愛的部分就是他永遠很積極。他什麼都願意嘗試，不管是一齣戲或唱歌，穿著奇特的服裝或將頭髮染成紫色。我什麼都樂意嘗試。我現在就是喜歡那樣的孩子。即使他們很調皮、有顛覆性，至少他們全心投入人生。

我會要年少的自己聽祖母的話。有一度，她將我抱到膝上說：「洛福斯，你是個特別的孩子，以後會有很多機會。你很受恩寵。有些人會因此討厭你，所以你必須準備好面對那種狀況。大家會想辦法打垮你。」

要是沒有那段吸毒時期就好了[12]，但你該走的旅程就是得走。回顧過去，我想小時候家裡的人喝太多酒了。我母親人雖然好，但老是酒不離身。

如果我真的想打動十六歲的我，我會告訴他我現在在寫第二齣歌劇。我十三歲就對歌劇很狂熱，那個音樂是我的信仰、我的救星、我的安息之地，對我來說就是一切。我跟母親因為有這項共同的愛好而變得非常親近。所以我現在著手寫第二齣歌劇；第一齣相當成功，而新的這齣備受期待——那個小傢伙不能有更好的發展了。

年少的我可能會被結婚[13]和有孩子[14]這個想法嚇傻。他不會有興趣。我以前並不想要有男友，我想獨來獨往。可是人生會改變。我一直想要的，就是再來一場更大更好的冒險。青春年少，那就是毒品、酒精和搖滾樂、跟瘋狂的朋友鬼混。再來就是建立事業。等那件事完成以後，就會想「還有什麼比這個更大？」也許就是一場認真的關係。再來就是孩子。我們現在站在有趣的關口上——也許下一件大事就是死亡。但對十六歲的我來說，我的丈夫、我美麗的女兒——他們對他來說不會有任何意義。我必須用歌劇的案子來讓他放心。

在我人生中所有的關係裡，跟我父親之間的關係改變最大。有很長一段時間非常艱難。但我們似乎走到可以愛對方與尊重對方的穩定期，雖然我們還是有點在意各自過去的傷口。我想他一直都很以我為榮，但又加上深深的妒意，因為他的事業在我的事業起

12 溫萊特在2000年代初期藥癮纏身。

13 和德國藝術指導雍恩．韋斯伯特（Jörn Weisbrodt）成婚。

飛時早已終結。他必須退下，但他至今都拒絕這麼做，而他並不擅長遮掩自己的怨懟。持平來說，我們成長期間，母親對他不大好。她對他的評價並不高，而那是父母對待彼此最糟的方式之一。但我完全原諒她，因為他是她人生的摯愛，而她心碎了。

我人生有四分之三的時間都在公眾目光下生活；當你到了四十歲，會變得很難捱。不管你把自己照顧得多好，時時刻刻都有人審視你。我有時會很沒安全感，但我覺得，就音樂來說，我做的選擇很正確——歌劇有點取代了其他一切，讓我在每個層次上徹底實現自我。所以我只需要蓄個鬍子，就不會有事了。

今年底我會再做「重現茱蒂嘉蘭卡內基劇院經典現場秀」(Judy Garland Carnegie Hall show)。我上次做這個表演是在十年前。那時我母親還活著，而且我終於有了真正的關係。當時可能是我這輩子最快樂的時光，是我的第一段茱蒂嘉蘭時期。所以，祝我好運，第二段即將到來。

14 他有個女兒薇拉．凱薩琳（Vira Katherine），由他和「代理父親」雍恩和生理母親蘿卡．科恩（Lorca Cohen）共同扶養，後者是李歐納．柯恩的女兒。

仙妮亞・唐恩 Shania Twain

加拿大樂手

二〇一七年八月二十一日

我青少年時期過得很辛苦。父母仳離之後，我和我媽借住受暴婦女收容所。我們在那裡待了一年，是我這輩子最難熬的時光。在動蕩不安的家庭成長在我身上帶出不少防備的特質。我總是在等待下一場爭執或衝突，也對母親有很強的保護欲——我常常直接捲入那些衝突；有時在學校覺得被逼急了，我也會變得很具侵略性。

我以前非常害羞，不擅社交。我也很沒有安全感——我跟其他孩子的共同點不多，因為我只知道音樂。而且我對自己的家庭背景很難為情，我們勉強才能維持生計，支付帳單都很掙扎，所以我很少帶朋友回家。音樂很早就成了治療我的方法，是我可以前往並得到庇護的地方。我想那就是我存活下來的方式，也是我現在沒變成毒蟲或瘋子的原因。

我從小就是家裡的小歌手。從八歲起，週末我都會到夜店唱民謠和鄉村歌曲。有時上學的週間晚上甚至會唱到凌晨兩三點。我一點都不喜歡待在那些地方，最後變得常常怯場。有時候在我之前會有脫衣舞者先上去，等到我上台，夜店的人都喝到茫了。這種環境並不適合小孩。我確實熱愛音樂，對音樂有無比熱情，但我只想在自己的房間弄音樂，自己一人寫寫歌，唱給自己聽。我喜歡獨處，安安靜靜。我不想到公開場合表演。但我母親試著替我製造曝光機會，以便未來成為專業歌手。

一等我十六歲發育成熟——非常成熟——就觀眾來說就有了轉變，但我從容以對，因為到那時我已經很習慣表演。我從來不跟觀眾打交道，所以就那方面來說我很安全。但我身體上的改變，讓我覺得非常難捱。我以前是個男人婆，在家裡也絕不是個嬌滴滴的女兒。我非常有運動細胞，但突然間我不想繼續在學校跳來跳去、跟男生們打籃球了。我上台時，男生們投在我身上的目光讓我更自覺、更不自在。一直要到我進了音樂圈，我才真正感受到別人性別歧視的眼光引發的脅迫感。

我人生的重要轉捩點發生在我二十二歲那年，當時我父母雙雙過世[15]。說來奇怪，但最後我善加利用了這件事。那一年我有很多領悟。其中一個就是我意識到，表演有大半都是為了我母親而做，我其實並不真的需要。但是那時，我朋友都去上大學了，覺得自己錯失了做點有建設性事情的機會，做點實際有形的事情，比方說受教育。突然間，我不只沒有了父母，除了音樂事業之外別無所有，而我成功的機會低得不可思議。所以我真的非得測試自己的能耐高低不可。當我終於在沒有雙親的壓力下投入音樂世界，我覺得自己有了非常正向的改變，最後成就人生中收穫最豐碩的二十年。

15 1987年，傑瑞．唐恩和雪倫．唐恩在安大略死於一場車禍。

我的事業一旦起飛，世界變得更容易理解。我並未迷失在藝術家這個身分裡，我自我教育，很會激勵自己，而且嚴守紀律。我常常跑步。寫了很多東西，讀了不少哲學和心理學。我總是有無比的好奇心，跟我類似的人自然會吸引我。我認識第一任丈夫[16]就是另一個轉捩點，對我人生的下一個十五年來說至為關鍵。我們在言語上有很好的交流，時常天南地北暢談。他很能夠激發人的想法，而我需要有人激發我。我從那段關係學到好多。現在我又嫁了一個很愛思考的人。我還滿需要的。

我想我一直到跟馬特．朗做了第一張專輯《The Woman in Me》[17]，我才有自信自己會成功。起初我不確定會成功，因為那次合作的方式非比尋常。剛開始時，我覺得我們正在創造的東西相當不錯；但等我們真正一炮而紅時[18]，我對未來的信心才隨之高漲。發行〈Man, I Feel Like a Woman〉之後，事業一飛沖天。我在想，「哇，沒想到會這麼轟動」。一切都開始拚命快轉。我過度工作，感覺非常瘋狂。

如果可以回到過去，在婚姻開始觸礁時，我會放自己一馬。有陣子我跌入黑洞，陷入震驚狀態。有點像是我父母過世的時候。但是我很氣自己無法趕快釋懷。我應該對自己說，有陣子覺得難過也不要緊，不必為此道歉。我只是想快點看開，我想那是個錯誤，但我終究熬過來了。我有個兒子，所以能夠幫我堅持下去。等我換過氣來，就能再次創作。那就是我逃離的方式。有的女人會為了減壓、為了獨處去做spa水療——對我來說，寵溺自己就是將自己關在房裡寫歌。我寫歌的時候毫無顧忌——可以咒罵、可以

16 搖滾製作人馬特．朗（Mutt Lang），他製作並合寫她具突破性的第二張專輯。

17 1995年。

18 全球銷售兩千萬。

宣洩，可以徹底坦誠。在最黑暗的時光能夠那樣做，是很有幫助的。

到了四十幾歲，我不大擔心變老或相貌改變。到了五十歲，地心引力真的開始有顯著的影響。我想你走到一個時間點，就會成熟到足以接受那就是人生中無法掌控的事情之一。我無法控制雙親的死亡，無法控制分崩離析的婚姻，無法控制罹患萊姆病並失去聲音。我無法控制衰老。到了五十多歲，你就必須接受有些事情就是不在自己的掌握中。嘿，是時候將那些舊胸罩拋開，你就是再也穿不住了。

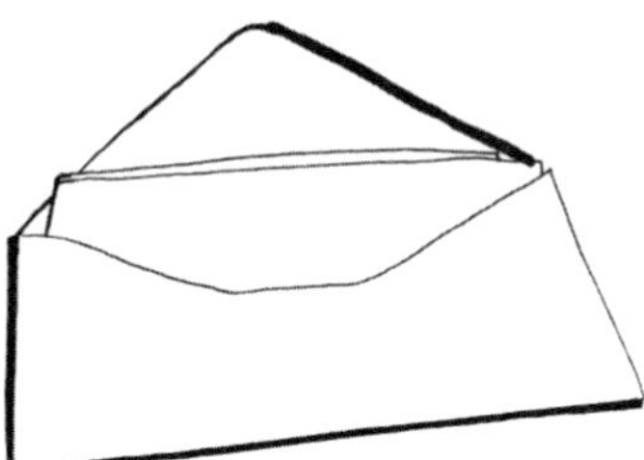

韋納・荷索 Werner Herzog

德國電影導演

二〇一七年二月十三日

十六歲的時候，很明顯的我就是要拍電影，但當然的，我一點進展也沒有。我領悟到我必須成為自己的製作人，否則永遠拍不成電影，所以我開始在一家小鋼鐵廠值夜班當焊工。我第一部電影的資金就是這樣籌措而來的。可是白天我當然還得去上學，所以那兩年半我睡得很少。

我上的高中是一所古典學校。我們要花九年讀拉丁文、六年讀古希臘文，最後則讀一些英文。這些我全都討厭。所有一切。獲得知識這個想法確實吸引我，但我從來不相信教科書，我也不信任老師。我完全是自學，包括電影。我不曾讀過任何談拍電影的書。

我還小的時候，甚至不知道電影的存在。我成長在巴伐利亞阿爾卑斯山脈最遙遠的山谷裡。我十一歲看了平生第一部電影，可是不怎麼喜歡。巡迴投影師到了我們單間教室的校舍，連放了兩部片子。兩部都滿糟的。一部拍愛斯基摩人打造冰屋，那些拿錢演出的臨時演員根本不知道怎麼處理雪和冰。我看得出來，因為我就在雪地成長。

我年少受到音樂老師的騷擾，而自絕於音樂之外。足足四年，我斬斷了自己跟音樂之間的聯繫，因此出現我亟欲填補的空缺，可是永遠填補不了。那就跟書本一樣。你讀了一本精采好書，然後相信那堆未讀的書本會變小。但恰恰相反，你每讀一本精采好書，那些未讀的書堆就會變越大。

我年少從未看過精采的電影。我看過一些平庸的片子，像是《泰山》（*Tarzan*）和《蘇洛》（*Zorro*），就是五〇年代的廉價版本。可是我很清楚我是某種詩人，而我會運用那種特質來拍與眾不同的片子。我總是有種感覺，就是我是電影的發明人。可是我也寫詩並創作散文，如《征服無用者》、《冰上行走》，我想因為質量跟水準，那些散文會比我所有的電影存活更久。這個年代沒人像我這樣寫散文，我寫得比其他人都好。但我總是認定拍片就是我的命運。

我不是神經質的男生，過去不是，現在也不是。我只是跟那個年紀的其他人一樣笨。可是我並不想要記得年少的自己。老天爺，我才不想見到他。我不想花太多時間想自己——我從來不做那種事。看著自己讓我很不自在。我不喜歡照鏡子看自己的臉。我不喜歡自我審視。

年少的我並沒有野心，但確實有些故事和構想排山倒海而來，所以我必須應付這種狀況。我從來沒有任何事業。事業代表計畫接下來的步驟並且建立什麼，我從未做過那種事。我對世界總是充滿好奇，因為我成長的世界非常狹隘，我想知道山脈和山谷之外有什麼。我很好奇我們通常看不到的風景，像是北韓[19]。因為我的拍片計畫，我去過很多地方。我才拍了部關於火山的片子《鹽與火之歌》（Salt and Fire），我到玻利維亞去看鹽沼，那種東西不屬於我們星球。它們就像科幻小說——迥然不同的風景。但我不是旅人或探險家。我彷彿完成了人生的雪地迴旋賽，而一路以來都表現得不賴。

我不喜歡任何關於探險的想法，這概念至少在一個世紀前就過時了。當你可以出門找旅行社，預約一趟探險旅程到新幾內亞探訪食人族，談論探險早已不合時宜。現在已經變得令人厭惡了。我拍片時，如果有明顯的風險，就會替那些合作對象評估風險。這點我很拿手。謠傳說我肆無忌憚、鋌而走險，沒有這回事。我一向非常、非常謹慎。有些迷思說，我陷那些合作對象的生命於險境，說我將大家逼到絕境。可是統計數字站在我這邊；我拍的七十部片子裡，沒有一個演員受過傷。一個也沒有。

我做過的一切都很美妙。不，我沒有諷刺的意思。我真心熱愛我每一部片。它們不可能更好了。有時候，作品有點不順或帶點瑕疵，我反倒更愛。你總不能問一個母親：「七個孩子裡，妳最愛哪一個？」

年輕人蜂擁而來，有如巨大的突襲、龐然的雪崩，拚命想對我提問，讓我不得不解釋關於拍片的事情。我盡量提供有系統的答案。我經營的「浪人電影學校」（Rogue Film School），跟你們在世界各地看到的電影學校恰好相反。是採游擊戰的風格，是一種生活

19 荷索為了2016年的紀錄片《深入火心》（Into the Infernp）探索了北韓的活火山。

方式，而不是一串實用的建言。你在我的學校不會學到實用的東西，除了兩件事：撬開鎖頭和假造文件。這個經歷幾乎翻轉了我所有學生的人生。我要他們到處集結祕密浪人小組。他們會結黨成群，做出非常優質的作品，在電影節贏得獎項。近來他們當中有一個青出於藍，入圍了奧斯卡金像獎的短名單。看吧，我從來不曾入圍奧斯卡的短名單。我的學生超越了我，我覺得這點完美極了。

當然了，我年歲漸長，繼續前進，但我電影的本質不曾改變。如果我可以回到過去，我就不會拍《天譴》(Aguirre) 2、3、4、5、6，但我每部電影都來自同一家庭。如果你在半夜醒來，打開電視，十二秒內就會知道是不是我的電影。你第一件意識到的事就是它們好過其他電影。不，我說得很輕浮；是一種刻意的挑釁。

我的大兒子五歲時，我有一副很好的望遠鏡。有天晚上滿月高掛。我們一起望著月亮，你可以分辨山脊和坑洞的邊緣。看到他發掘月亮上的山脈——真是美好的時刻。那就是電影所來之處。永遠的敬畏之感。那就是電影的誕生地。讓你年幼的兒子看看月亮上的山脈——那就是我在我所有電影裡做的事。

Chapter 3

Self-belief

自信

薇兒·麥克德米 Val McDermid

蘇格蘭作家

二〇一六年八月十五日

我十六歲時正在準備牛津入學考試。我非常有衝勁，在每件事情上都努力敦促自己。我打曲棍球時，是蘇格蘭東部前十一大選手。我在民謠俱樂部彈吉他唱歌。我贏得辯論比賽。不管做什麼，我都想做到很好。

我出身勞工階級世代，認為教育是發達人生的鎖鑰。父母很聰明，通過上高中的考試，卻不得不在十四歲輟學，因為家庭負擔不起。他們從來沒有機會徹底發揮潛能，所以鼓勵我不要受形勢所困。可是父母對於我上牛津五味雜陳。牛津距離柯科迪(Kirkcaldy)很遠，我們去英格蘭的唯一一次，就是到黑潭(Blackpool)過週末。智性上也相距遙遠。所以我想他們真的替我有點緊張，同時也很以我為榮。但我想他們明白我就是要走自己的路。

我在牛津時意識到自己在過去和未來之間劃了一條線。我十六歲時無法明白點出這點，但我想我因為自己的性向，一直想開展自己的人生。六〇年代在法夫(Fife)沒有蓄絲邊。我知道也覺得自己跟別人不一樣，滿寂寞的。獨自聽著李歐納．柯恩、瓊妮．密契爾（Joni Mitchell）的歌，感覺疏離、不快樂。我以前以為自己跟別人不同，是因為我想當作家。如果蕾絲邊在自己的文化是隱形的——電視、書本和電影裡都沒有，就很難靠自己領悟這件事。我花很多時間沿著海岸牽狗散步——那些日子什麼都沒有，只有我、我的狗和書本。

我確實跟男生出去過，因為大家都這麼做。我參加派對、違法喝酒、抽點大麻。表面上看來，我很會帶動氣氛，但我知道我只是虛應故事。我聽的音樂更能反應我的真實感受。我在民謠俱樂部演唱，在那裡會認識在後頭活動的人，像比利．康納利（Billy Connolly）和傑瑞．拉福提（Gerry Rafferty）。一點都不光鮮亮麗，但我跟那些認真看待自己表演的人一起演奏。如果我沒踏上寫作之路，就會想當樂手。

能到牛津上聖希爾達學院是很幸運的事。比起很多男性的學院，這裡感覺平等得多。我近來去參加四十屆同學會，其中一個老朋友說，「我們以前都覺得妳好有異國情調。」就因為我來自蘇格蘭！我當時確實認為自己水土不服——我必須學習怎麼講英文，因為沒人聽得懂我的法夫口音——但從來扯不上異國風情。同時，我從不覺得自己矮人一截。我從父母身上學到的重點就是，沒人比你更好。我父親是個崇仰詩人羅伯特．伯恩斯（Robert Burns）的人，我抱著自尊自重的理念長大。不要讓別人主宰你。

大學邁入最後一年時，我開始學習關於女性主義的事。讀了凱特．米列（Kate

Millett）的女性主義經典《性／別政治》（*Sexual Politics*）就像腦袋上方有顆燈泡亮起——給了我全然不同的觀點。我開始和女性主義團體打交道，我在那裡得知蕾絲邊的事，這才意識到那是我所屬的地方。不久之後，我的心在第一段真正的關係中狠狠受了傷。那是一段命運多舛、注定失敗的關係，最後結束得很狼狽。我必須在情緒上強悍起來。當時找誰談這樣的事情，必須萬分小心。到處都有強烈恐同的人，會碰上不少敵意。所以我只得振作起來，繼續走下去。但那次的心碎經驗糾纏我好久，影響我一生。

老實說，我對這個世界還是有點防範，依然有所保留。很多女性掙扎著要擺脫冒名頂替症候群，等著別人轉過身來說：「我們想要的其實不是妳！」我去牛津考試時，女考官問我住昔得蘭（Shetland）多久了。我的心頭一縮，心想，「他們找錯人了，坐在這裡的應該是昔得蘭過來的某個姑娘，而不是我。」我差點大喊：「我沒去過昔得蘭！」她說：「可是這裡寫妳上費爾島小學。」我說：「那只是個名稱！」那個時刻真是可怕至極，我至今都還忘不了。

我想十六歲的我對自己後來擁有的生活會很吃驚。我一向野心勃勃，但最後的發展超過原本的夢想。我覺得自己有點像是醜小鴨——「我，變成天鵝？啊，少來了！」我想向正要到聖希爾達學院的年少的我炫耀，告訴她：「總有一天妳會成為這所學院的榮譽院士。」如果我告訴她，她的書[20]會改編拍成火紅的電視影集，她會認為我在鬼扯。那樣的事情不會發生在我們這樣的人身上。我依然這麼想。坐在棚子裡，因為寫作而接受

20 ITV電視網的《心理追兇》（Wire in the Blood）。

蘇格蘭首席部長的採訪！真荒謬！

如果可以回到過去，我想跟我爸相處更多時間。他在我三十二歲時過世，就在我第一本書即將問世的前一週，所以他沒真的拿到那本書，雖然他知道書就要出版。他會是很棒的爺爺。我上牛津後有段時間和父母產生距離感，可能是因為我有了這份他們無法享有的重大體驗。可是我想等我年紀增長，又恢復原本的狀態，領悟到感情上的親密比智性上的親密更為重要。

如果我可以返回人生的任一時刻，我想會是我兒子出生的時候。他跟我沒有血緣關係；我當時正在跟他母親交往。他出生以前，我滿擔心要怎麼跟這個沒血緣羈絆的寶寶起共鳴。因為生產過程並不順利，他呱呱落地之後，先被放進我的懷抱裡。我望著他的臉，他仰頭看我，就這樣了，我的心完全獻了出去。那是無條件的愛，永永遠遠。那個時刻的絕對感受至今不曾動搖，即使他從未讀過我的任何一本書！

安德列・波伽利 Andrea Bocelli

義大利歌劇演唱家和作曲家

二〇一八年十二月十日

我年少的時候朝氣蓬勃，甚至有些調皮，總是想開玩笑、找樂子。就像我家鄉的人會說的那樣，我「總是滿腦子鬼主意」。我失去視力[21]的時候，我哭了，但為時不久。我將任何形式的自憐都擺在一旁，決定自己必須抱持正面和樂觀的人生態度，找出探索人生的方法。這件事對我的音樂訓練毫無影響。大家可能會覺得這是我的主要問題，但從來不是，以後也不會是。

我不會說自己年少時期有什麼焦慮不安，但我靜不下來，永遠對一切深感好奇，也滿倔強。也許有時候，家庭生活偶爾會有些問題，跟父母或兄弟起爭執，但整體來說，我們一家團結又和諧。愛總是勝過一切，對彼此的喜愛會軟化任何可能出現的摩擦。

我想我以前是充滿企圖心的青少年和夢想家。我想靠音樂維生。從中學開始，直到大學期間，我一直心存這樣遠大的抱負。我這椿美夢受到嚴苛的考驗，歷經種種障礙和多次拒絕，但多年之後，年過三十五的我終於獲得成功。

21 運動意外的結果，時年12。

父母惠我良多。父親山卓和母親艾蒂形塑了我的人格，讓我接受對我一生來說寶貴無價的教育。在我得到的諸多教導中，我想特別強調永不放棄的決心。那是父母在懷我期間所展現的精神，當時醫生勸我母親墮胎，因為這寶寶生下來可能會有嚴重疾患。她不理會他們的勸告，在我父親的扶持下堅持下去。如果沒有他們的勇氣和信心，我今天就不會在這裡說這個故事。

我和父親在性格上很相似。我們主見很強，常常爭辯。雖然家裡從未反對我對音樂的熱情，但父親不認為我可以單靠歌喉獲得成功並養活自己。他以前總說，「如果你喜歡，就唱吧，可是你一定要先受教育才行！」他以前也會以父愛和家長典型的掛慮，試著遏制我的年少輕狂（以及有時的魯莽）。我只有在後來當上父親才明白當時的情況。

我第一次上台是在八歲左右，是學年末尾的音樂會。我記得禮堂的木頭小舞台，那所學校是我人生頭五年就學的地方。我當時焦慮激動，唱了〈我的太陽〉。那是頭一次從家族之外的人得到掌聲。我十二歲時還穿著短褲，叔叔堅持要我參加維亞雷焦（Viareggio）[22]的瑪格麗塔咖啡館舉辦的夏季競賽。我贏了，那是我第一次成功，也是我首度體會到聽眾的深情。許多年後，我在聖雷莫音樂節（Sanremo Music Festival）上台，感受到觀眾的熱情，明白也許我的事業終於起飛了。

如果我今天碰到少年安德列，整體來說我想我會喜歡他。也許我們兩人的差別在於：我這些年來學會緩和原本衝動的性格、過往在運動上鋌而走險的魯莽，在我培養出

22 托斯卡尼的海濱度假勝地。

責任感之後，已經學會克制。我會羨慕少年安德列的青春，但是年輕的安德列可能會羨慕隨著中年而來的喜悅。

年少的我是不可知論者。小安德列可能無法理解，現在的我相信信仰、重大價值以及天天需要敬神。經年以來，我逐漸相信信仰無法輕鬆垂手可得；就像其他學門，都需要投入、堅持和犧牲。要投入信仰就表示我們必須遵從看似乏味的簡單作為。如果我們想提升信仰，就要認真禱告。小安德列當時可能無法體會這件事。

我做過的演出裡，可能會讓小安德列看看中央公園的那場音樂會，或是我在世界各地詮釋過的某齣歌劇——這一直是我的夢想，帶著不少熱忱但些微希望所懷抱的夢想。也可能挑選和帕華洛帝，或卡列拉斯，或多明哥的二重唱。

身為少年很難完全理解，但隨著個人成長，逐漸清晰起來的，就是惡名昭彰本身並不是一種價值，而名氣可能會阻礙人得到真正的人性。能夠夢想是合理且美妙的事，但身為成人，一定永遠都不要脫離現實，除非我們穩穩腳踏實地，要不然就可能有迷失方向的危險。

稍早我說過，小安德列以前總說他是不可知論者，但那是躲避真正議題的策略。成人時期，會有些關於存在的迫切問題冒出來。讀托爾斯泰寫的美妙小書《懺悔》，然後再讀他的其他傑作，在信仰之路上對我助益頗大。相信人生由機緣所決定，不只不恰當，不合邏輯，也不大合理。走到第一個根本的十字路口時，讓我們能夠踏上正確道路的基本原因是：相信或不相信。對我來說，這是個選擇，別無替代方案。

如果可以跟某人進行最後一場對話，我想找我父親——我要謝謝他。能夠有他在身邊，感受他的笑容，就已經足夠。任何話語都是多餘的。

我試著專注在當下此刻，在每一天上。我從不回顧過去，也不想知道明日的計畫。就拿評論來說，我完全尊重他人的意見——人不可能取悅每個人！藝術家的生涯本來就會得到好評與負評，那就是人生。我跟你說過我對名氣的想法，我並不認為那是一種價值。至於輕重緩急，孩子總是排在第一位。從我成為父親以來，我就很清楚這點。如果我可以回頭重溫人生的某一刻，那就是我第一次將新生兒摟在懷裡的時刻。

黛安娜・艾勃特 Diane Abbott

英國工黨政治家

二〇一三年六月二十四日

雖然我在大家眼中是個淘氣女生，十六歲的我滿腦子卻都是普通中等教育證書考試（GCSEs）。我肯定不是老師的最愛。我想現在的我可以跟年少的我說，當時的狀況跟我是班上唯一的黑人女生很有關係。那件事會影響老師怎麼看我，而我花了好些年才想通。

我肯定會告訴年少的我，對於自己的尺寸不是六號、外表看起來不像超模崔姬（Twiggy），也沒有及腰的金髮，不要這麼憂慮。我真希望當時明白美有各式各樣。我當時誤信許多關於美的迷思。當我看著以前的舊照片，發現自己根本不胖，而且比我記憶中的還美。

我父母離婚時鬧得不可開交。母親不得不離開我們，遠遠搬到約克夏去，因為她想離父親遠一點。我一直對母親很忠心，也明白她為什麼覺得自己非得離開不可，不過我弟覺得被她拋棄。我準備考試的當兒，也必須兼著煮飯和打掃——父親可沒聽過現代女性主義。這個角色讓我掙扎不休。我並不質疑我是否應該扮演這個角色，但壓力很大而且很吃力。

我當時的目標很明確，就是上牛津或劍橋。沒有特別的原因——我父母沒上過大學，都在十四歲離開學校。沒有人特別鼓勵我，但我就是下定了決心。我讀的小說角色都去上牛津或劍橋。我記得中學曾經帶我們一遊劍橋，我大為驚豔。兜著條紋圍巾的大學部學生，在我眼裡他們看來就像男神女神。我想如果我上劍橋，也會變成特別、出色的人。事實上，當我到劍橋，置身在那些優渥的白人中，感覺好孤單，起初我以為自己犯下大錯。

我從小就是意志堅定的人，不確定這個特質是哪來的。我最初談到議會，就像談到劍橋那樣——大家都不覺得那樣切乎實際[23]。只有在我成為工黨在哈克尼（Hackney）的候選人之後，事情才有所變化。

我並不痛恨變老。我四十多歲和五十幾歲時，討厭被人稱作女孩——覺得被看不起。我擔心身體健康，但不大擔憂相貌變老。不過，我確實認為年紀大到一個時間點，男人就不再看得到妳。中年女性會變成隱形。身為公眾人物，大家會注意到我，但男人不知道我的身分時，對他們來說我是透明的。

我最快樂的回憶之一就是兒子受洗。地點在下議院的禮拜堂，家人團聚在身邊。我記得坐在禮拜堂，崔佛・菲利普（Trevor Phillips）湊過來說：「通常當這裡有這麼多黑

23 1987年，她成了西敏的第一個女性黑人國會議員。

人，他們就會報警！」那天很美妙。保守黨議員喬納森．艾特肯（Jonathan Aitken）是教父，我擔任國會議員以前替他工作過，也不是說我們處得很來，但當時我以為由他擔任我兒子的教父滿適合的——以為在日後的生活他或許能拉我兒子一把。結果他後來卻坐牢去了。人選何其多，我卻偏偏挑錯了人。

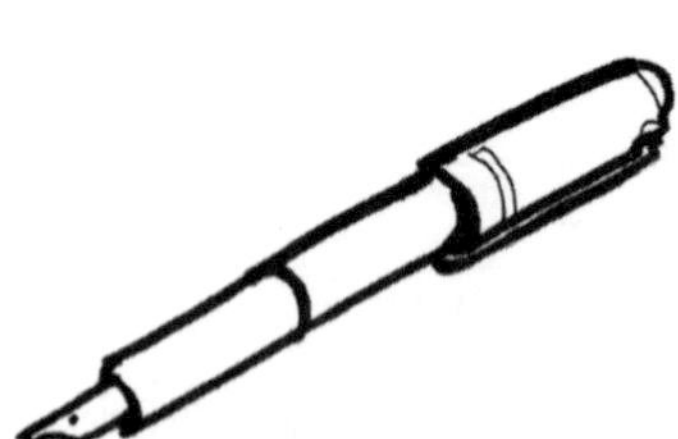

伊美黛・史道頓 Imelda Staunton

英國女演員

二〇〇八年十二月二十二日

十六歲的我很確定自己想當演員。學校的劇碼我都參加了，也在校外跟一位很能鼓舞人心的戲劇老師做戲。我很清楚自己的目標，所以不會焦慮不安。我總是很合群，是我那幫朋友的開心果。我從十一歲就接觸得到男生——我們會跟對街男子中學合作校內戲劇，所以要交男友並不難。可是因為我熱中演戲，對男生並不是很執著，所以沒起任何風波。

如果我現在遇到年少的自己，我想我們會有不少共同點。我們會有同樣的幽默感，有同一群朋友，也住在倫敦的同個區域。不過，我會很高興我沒有她的青春痘。

小時候我不介意自己是獨生孩子，可是逐漸長大時，我意識到自己必須做出種種調適；要是有兄弟姊妹，在這方面就能早些得到助力。手足競爭能教導人情感語彙，而我並沒有那套語彙；所以我必須學習我不能老是隨心所欲，而當朋友同時說他們愛你又恨你時，我就不應該看得太重。

我十四歲背離了天主教。我父母都是第一代愛爾蘭人，小時候會帶我上教會，送我去讀教會中學，但到了那時，他們也開始背離信仰，所以他們不是那麼介意。

我會要年少的我快點強悍起來，因為整個演藝生涯，遭到拒絕是家常便飯。兩年前我很想要一份工作，我寫信給導演——我這輩子從沒做過這樣的事，最後還是沒得到那份工作。我心想，「嗯，好吧——他們對我完全沒興趣」。但部分的我暗想，「可是我都走到了人生的這個階段，總會有人有點興趣吧？」可是不，並沒有。我記得自己曾經迫切想在皇家宮廷劇院工作，卻無法如願以償。我知道不管下一份工作是什麼，我都得接受。我已經比較懂得怎麼承受打擊，但我向來很能接受批評。

我會要年少的我即使失敗也要抱持信心。你必須經過掙扎並存活下來。我想最重要的是落敗也要懷抱信心。接受成功非常簡單，但如果你失敗卻能堅持下去並從中學習，就會從那份經驗裡學到更多。如果情勢不好，也不會永遠壞下去；如果情勢不錯，也不會永遠好下去。

我會很想告訴年少的我，總有一天會認識一個高䠷黝黑英俊的約克夏男人，在彩排時，他會看著妳，並知道他想與妳結為連理。我會要她放心，縱使她有雄心壯志，但到最後她對婚姻的重視會勝過工作。當初結婚的時候，我們決定，要是兩人分隔兩地，結婚就沒意義。所以在二十五年間，我們分開最久的一次是在最近，前後五週。有些伴侶長年分開生活——這樣是行不通的。

我很得意我們的女兒貝西成長期間，我什麼也沒錯過，她父親和我總是在她身邊。如果我們其中一個不在，我母親也會在，所以不會有虧欠感。我對這點非常滿意，現在也很以她為榮。絕對不完美，但我們都在。

我的夢想在過去幾年逐步實現了。《天使薇拉卓克》(Vera Drake) 對我來說是終極的體驗。那部片子紅透半邊天，有好多人喜歡，那一年也是我演藝生涯最棒的一年。

傑佛瑞．亞契勳爵 Lord Jeffrey Archer

英國作家

二〇一三年八月十九日

十六歲的時候，我住英格蘭西郡濱海韋斯頓（Weston-super-Mare），在鄰近小鎮上寄宿學校。我還算心滿意足。當時當然在忙普通中學教育文憑考試，但是我對代表英格蘭跑百米賽更有興趣。那是男生比女生更關注的事物——在那個年紀，男生對運動的興趣往往高於讀書。我在學校不夠努力，大概有一半要怪我自己。只有到後來，我才發現何謂用功。

我以前過得還不錯，雖然我和母親非常窮，父親在我十一歲過世。我還記得中學附屬教堂牧師來到班上通知我，我整個崩潰了。但母親勇敢堅決，接手擔起一家的生活。她不是會輕言放棄的人。我很崇拜她，我當時非常快樂。我們可能很困窘，但身為孩子，你所知有限。我不知道她當時有多辛苦。父親過世以後，我跟母親變得非常親近，我後來的成功以及生活的變化，對我倆的關係並未造成任何影響。我向來欣賞她的職業道德和企圖心，我總是認為，要是她晚生一個世代，就會上大學，擁有截然不同的生活，也許可以當記者。在人生很後來，我才有辦法為一切向她表達感謝，我買了間房子，確保她生活過得舒適。

我年少時期活力充沛，母親戲稱我為「跳豆」。我小時候遭到霸凌，後來投入體操和賽跑，態度非常認真，也許是因為我不想再被欺負。我不夠聰明，不到自我懷疑的程度。我想我成了作家這件事，少年傑佛瑞的母親會很驚訝，就像我妻子瑪麗的反應。我以前非常外向，想要從政——我愛人生充滿精力的面向，喜歡推動事情的發生。作家是相反的極端。他們獨自坐在房間，一個鐘頭又一個鐘頭，創作他們的作品。

我在牛津時有了從政的念頭。我喜歡公共演說，並試著促成事情，所以將從政當成下一步再自然也不過。至於黨派，我想，像我那樣主張私營企業自由競爭，同時又支持社會主義，是不可行的。有人形容我是左翼的保守黨，我想我的確是。也許我天生就有獨立精神。我這輩子為了我的政黨不贊同的主張而戰，我最崇拜的一些政治人物偏好中間立場。我在下議院的時候，喜歡哈洛德·威爾遜（Harold Wilson）首相的程度勝過泰德·希思（Ted Heath）首相。

年少的我對其他人實際經歷的難題非常天真無知，一直要到多年以後，我才意識到大多數人都有重大的問題。監獄教會我，我過去多受恩寵，而且交了多少好朋友。我也領悟到，上天賜予我說故事的天分，是多麼幸運的事，我在監獄裡寫了三本書[24]。我年少的時候，一心認為自己可以永遠活下去，而且可以改變世界。我在決策上可能犯了點

24 編按：2001年，亞契因偽證罪被判入獄四年。

錯，但有些事情我確實做對了。我這輩子一直在為女性的權益奮戰——我祈禱劍橋公爵夫婦可以生女兒，這樣我們就終於能有女性排在接任王位的第一順位。那對我來說會是個里程碑，因為我為那點奮鬥了許多年。

這樣說可能會有人很震驚，但我並不想回到過去，改變自己人生中的任何事情。當你犯了錯，儘管大哭一場，但不要把餘生用在回顧上面。跌倒以後站起來，將身體拍乾淨，然後繼續往前行。活著的人沒人不願回到過去改變人生，但你就是無能為力，所以面對現實，活在現實世界吧。

對我來說，最難熬的就是債務纏身的時期[25]。我妻子當時是牛津的大學教授，我們一家原本過著經濟無虞的中產階級生活，才剛生了第二胎。接著我失去一切，包括我的工作。人生中最慘的兩件事就是疾病和債務。我屏氣斂息，埋頭努力工作，花了七年時間才清償債務。如果可以回到過去，我會要年輕的自己向更年長的人多多請益。我現在都跟有才智、消息靈通的人為伍。一碰上問題，我就會打電話向專家求教，他們會告訴我該怎麼做。可是我一直篤信奮鬥。即使在狀況最糟的時候，我也有信心自己可以在三年以內擺脫困境。一九七九年寫下《該隱與亞伯》(*Kane and Abel*)是個很大的轉捩點——徹底改變了我的人生。

我完成《該隱與亞伯》，出版商開始競標，美國人砸下三百二十萬美金買下。我當時還身陷債務，真的一夕之間改變了我的人生。哈潑柯林斯出版的一個聰明女性告訴我：

25 1974年，投資遭到詐騙之後。

「一年後的今天，這本書會在每個國家站上排行第一。」我告訴太太，我們坐下來思考，「那到底是什麼意思？」接著這本書在英國出版，第一週便售出百萬本。我們面面相覷，我說：「欸，我們走過高峰、行過低谷，只要繼續埋頭努力就對了。」

以七十三歲的人來說，我還滿健壯的。我依然每個星期上健身房三次，可以在八分鐘內跑完一點六公里。我會奉勸年輕人別抽菸，我會特別對女性這麼說——二十年後臉上跑出紋路時，妳就會後悔。就個人來說，我必須活到七十八歲才能履行我的契約，因為我還有三本小說得寫，雖然當年狄更斯書沒寫完就過世了！

約翰・李斯高 John Lithgow

美國演員

二〇一五年二月九日

我年輕時全心投入美學的追求。年少時原本想當畫家，狂熱地投入創作。製作木雕、開創聖誕卡片事業。我身上奇特地揉雜了害羞和外向的性格。

到了十六歲，我已住過八個不同的地方。我總是鎮上那個新來的孩子，一次又一次。因為家人的工作必須到處遷徙，所以我想出各種交朋友的策略。父親在麥卡特劇院（McCarter Theater）找到工作之後，舉家遷往紐澤西的普林斯頓，我當時十六歲。那年年末，我當選學生會長，成功成為熱門人物。校內大型戲劇表演選我擔任男主角，劇場推動了我的社交生活。

我很有生存技巧，但那段時間我並不快樂。我總是處於焦慮狀態，向朋友道別，以新學生的身分抵達學校。可是回顧過去，我看出那種情形使我在社交上變得很活躍，也可能促使我成為演員。

我心目中的英雄大多是畫家。我原本相當崇拜美國畫家諾曼・洛克威爾（Norman

Rockwell），後來轉而喜愛畢卡索和抽象表現主義畫家身上。我勤走美術館，至今依然。

我是美國人和英國人的奇特組合。父親是莎士比亞戲劇節的製作人，所以我在表演方面的英雄是那些受封騎士的演員們：約翰．吉爾古德（John Gielgud）、勞倫斯．奧立佛（Laurence Olivier）、亞歷．堅尼斯（Alec Guinness）和麥可．雷德格雷夫（Michael Redgrave）。我會聽演出的錄音檔：奧立佛飾演奧賽羅；羅伯．史蒂芬斯（Robert Stephens）扮演班尼迪克和瑪姬．史密斯（Maggie Smith）擔綱的碧翠絲對戲[26]。我非常欣賞英國文化，扮演過許多英國角色。

我原本並不想當演員。我小時候在父親製作的節目裡演出，扮演《娃娃屋》（A Doll'd House）諾拉的其中一個孩子，當時我兩歲半。我什麼都不記得了，但聽說我表現得很好。

我的害羞會在我的愛情生活裡浮現。我笨拙到令人絕望，徹底缺乏自信。我會奉勸年少的我放輕鬆，去找校園裡性生活最活躍的男性並向他討教。

我會要年少的我仰賴自己的才華。我是個足智多謀的小孩，總是全心沉浸在自己的計畫裡，這點到現在都還是我的一貫作風。我在百老匯跟葛倫．克蘿絲（Glenn Close）合演《微妙平衡》（A Delicate Balance），但我花不少時間處理一個新的短篇故事，好融入我的單人秀。我會做單個晚上的演出，全部由我操刀；我不會被動等著別人雇用我。其實，那是年少的我給自己的建議——維持創意，找出不必仰賴他人的計畫。

26 在《無事自擾》（Much Ado About Nothing）這齣戲裡。

我出身非常左傾的家庭。父母是忠實的老派民主黨員，那也是我的政治傾向，但我很少採取激進的行動。你不會發現我對外發出宏大的聲明。我的本性就是想避免衝突。我從不跟人爭論政治議題，因為我總是可以看到大家的觀點。

我的抱負是以父親為榜樣而來，他是我的大英雄。我在地區性的古典固定劇目劇團家庭長大，心想那就是我的未來。我從未想過自己會到百老匯、電影或電視影集演出，所以人生一直是一連串神奇的驚喜。年少的我會很驚愕，也會很以自己的事業為榮。

到了二十歲，我迅速長大成人，結了婚。那場婚姻延續多時，前後有十一年，我有個很棒的兒子，所以我要自己別把這樁婚姻視為人生的失誤。這種事定義了我。如果我指揮得了年少的我，我會要他先耐住性子——但很難說服二十歲的他，說他尚未成人，尤其在經歷過我那樣瘋狂的童年後，他自然會認定自己早已成熟。有好幾次我都得自行掌控情勢。

我不覺得自己勇敢，但身為演員，我什麼挑戰都願意接受。我扮演過很多我不認同的角色，總是有人雇我扮演有種族歧視的政治人物。當我飾演反派，我會把那個反派當成故事的主角。我是實力派演員，那就意味著我準備好，有意願也有能耐扮演與我本人截然不同的角色，並且心懷同理心來演出。那就是我扮演《蓋普眼中的世界》（The World According to Garp）的羅伯塔．莫頓（Roberta Muldoon）的原因。《歪星撞地球》

(3rd Rock from the Sun)的迪克．索羅門(Dick Solomon)可能是我最出名的角色——就是個外星人——還有什麼角色跟現實差距更大？

我在《蓋普眼中的世界》跟羅賓．威廉斯(Robin Williams)合作。他是不可思議的人，共事起來非常愉快。說到外星人——羅賓屬於別的星球。我們並未維繫友誼。我們和平共處，但我很少見到他——他踏進了更廣大的世界。對我人生帶來實際影響的，是那些留在我生命中的人。有個厲害的演員唐納．莫法特(Donald Moffat)，你一定沒聽過，他是我父親劇團的英國移民，他個性謙恭但演技高超。從那之後，我一直遵循個人信條：「永遠要培養謙卑的性格，你永遠不知道何時會需要。」

我從兩任妻子身上學到很多。目前結褵三十三年的妻子對我的人生有最強大的影響。如果可以重溫過去的某個時刻，我會回到初識她的那一刻。那是顛峰時刻。我倆立刻陷入愛河。我過去不曾有過這樣的經驗。真的滿獨特。

麥可・佛萊利　Michael Flatley

美國舞者和編舞家

二〇一五年十月五日

我十六歲時在芝加哥。我打曲棍球、吹長笛。還是靈巧的業餘拳擊手，也是舞者，正準備到世界愛爾蘭舞蹈冠軍賽一試身手；我競爭心很強，矢志成為第一個出身美國的冠軍。十七歲的我辦到了。

放學後我到父親的建築工班工作。我校外時間大多忙著挖溝渠、做勞力活。我也是大夢想家，但挖溝渠給了我無價的教訓，那就是要尊重以勞力維生的人，也要尊重金錢的價值——賺取和守住金錢都大不易。我父母一九四七年來自愛爾蘭，身無分文，懷抱著在新世界闖天下的夢想。他們日日夜夜，一週七天辛勤工作。等我們夠大，我和哥哥也是如此。在佛萊利家不可能懶散度日。

如果我現在遇到十六歲的麥可？哇，這場訪談真沉重。好難回答。我希望我會喜歡他。我可能會覺得很難跟他搭上話——我以前沈默寡言，而且非常、非常害羞。如果我可以給他建言，我會告訴他前面還有一些非常、非常難熬的時光，你必須相信自己。如果你賣力工作、試著忽略其他，你的人生就可能享有稍許成功。

我給自己一個真正的挑戰；我創造一種新形式的舞蹈，是前所未見的。從來沒有舞者做這樣單人的巡迴展演。舞者通常站在後面，得不到讚揚，但我的夢想是讓舞蹈成為主要活動。不只是在劇院，而是在大型展演場地。沒人認為可以成功——連最親近的朋友都不認為，而家人認為我瘋了。那種狀況令我精神緊繃，那些年間，我必須在面對一切困難時保持信心。那是一條寂寞的路——我得向媒體誇大其詞，過度推銷自己。二十年後，我們從東京到德州的演出票券銷售一空，證明了我這一路以來都走對了，可是當時真的很艱難，體力上也有極大的負荷。我的身體在過去二十年飽受摧殘。我整條脊椎殘破不堪，膝蓋、小腿和阿基里斯腱都是——我的身體為我的事業付出沉重的代價。

《大河之舞》（Riverdnace）在歐洲歌唱大賽大放異彩之前，我正在跟優秀國際民謠樂團首領樂團（The Chieftains）巡演。長達十年，我擔任他們的獨舞者。巡迴的空檔，我會回到我爸的建設工班上工，以便確保自己繳得出帳單。我會有好幾個月在工地工作，然後接到另一份舞蹈工作的電話。我記得在好萊塢露天劇場的一場秀，在一萬八千人面前表演。我當時三十多歲，已有好幾年沒跳舞，所以事先得拚命練習，讓身體強健起來。可是我一上台，觀眾就立刻站起來，真不可思議。那晚我回到更衣間，望著鏡中的自己並說：「這就是我想要的，我不回去了。」

我在《大河之舞》失去自己的位子之後[27]，陷入一段黑暗時期。我原本覺得自己終

27 一場契約爭端使佛萊利在1995年被資遣。

於實現夢想，所以被一舉奪走，令我心碎不已。但我跟自己和父親深談一番，他總把這句很棒的格言掛在嘴邊：「最黑暗的時光就在黎明之前。」唯一能回歸的方式就是創造完全屬於我的新東西，所以我研發了《舞王》(Lord of the Dance)。它超越一切，轟轟烈烈。赴澳洲表演，那裡有十萬名觀眾在等我們。我們在世界各地每個大型搖滾場地的票券都銷售一空。今年我們要以世界巡迴來慶祝二十週年，在倫敦和百老匯也都排了節目。

成名之後，我發現我受到的矚目讓我很難捱。我想保持生活的私密，總是盡可能躲開媒體。倫敦人向來很尊重人，我在那裡覺得很自在，彷彿回到了家。同時，隨著年紀增長，我對愛爾蘭和關於愛爾蘭的一切覺得更為親近。不管我在世界哪個地方，永遠覺得愛爾蘭就在我內心深處。我父母都在愛爾蘭出生，我的妻兒也是。過去二十年來，我分住倫敦和愛爾蘭兩地。

可能罹患癌症的恐懼[28]令我煎熬不已。醫生毫不留情，直言道出我的病況有多嚴重，以及為何需要立刻為我動手術。進入開刀房時，我情緒很激動。和死神擦身而過絕對不輕鬆，很快讓我的心神聚焦在我不曾做過，但一直希望能做的事情上。我寧可不要談是什麼，但這件事讓我想到我應該花更多時間相處的人。如果我可以回到那天晚上跟自己說說話，我會說：「準備好面對非常艱辛的時光，記得你是鬥士，終究會撐過去的。」在倫敦，我們為一般無力付費學舞的孩子提供免費工作坊，這項行動對我變得非

28 2003年佛萊利臉部診斷出惡性黑色素瘤。

常重要。每天我都為了家庭、朋友、妻子和俊俏的兒子而感謝上帝。

我夢想能夠再跟父親共度一晚。他在三月過世了，願他安息主懷。我可以誠實地說，出走愛爾蘭的人裡面，沒有比他工作更賣力。他是個高大壯碩的愛爾蘭人，一直到七十歲之前都還能揮動長柄大錘，而且他總是以身作則。他很有幽默感，非常通情達理。儘管我去過世界各地，認識了那麼多名人，我最愛的夜晚還是跟兄弟和父親並肩坐著，在海德城堡（Castlehyde）莊園家裡喝杯啤酒一面看拳擊賽。沒有比那更美好的事了。

Chapter 4

Inspiration

靈感

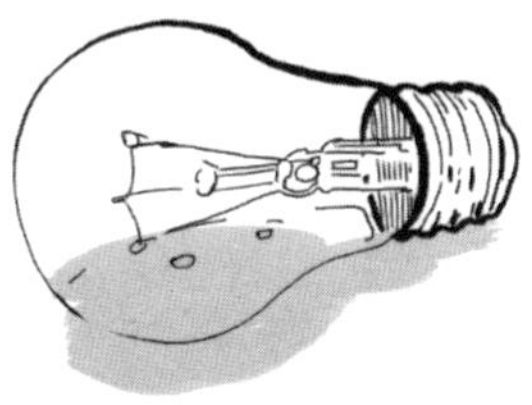

瑪維絲．史戴波 Mavis Staples

美國樂手

二〇一四年七月七日

小時候我都會唱歌給自己聽。我最早學會的是〈You Are My Sunshine〉和〈A Bushel and a Peck〉，後來則是我在廣播上聽到的歌曲。我八歲第一次在觀眾面前唱歌。我們在我姑姑凱蒂芝加哥的教會唱我們的歌〈Will the Circle Be Unbroken〉——可以在客廳之外的地方唱歌，我們都好高興。大家很喜歡我們，鼓掌安可，催我們回舞台三次。可是我們只會這條歌，只好重複唱了三回。老爹[29]說：「哎呀，這些人真的喜歡我們，我們要回家學更多新歌。」我們就這麼做了。後來怎麼樣，無須多說，大家都清楚。

如果我現在遇到年少的瑪維絲，我會看到非常謙卑友善的女生。十六歲的時候，我已經跟史戴波合唱團（The Staple Singers）演唱很多年。我錄過唱片，也在幾千人面前表演過，在國內四處巡迴，姊姊們和我總有不同的長禮服和長袍可以換穿。十六歲時，人生很美好，大家都想認識我，朋友都想找我聊天，可是我從不端出明星架子。老爹教我們不要得意忘形，不要自以為高人一等。

29 瑪維絲的父親魯巴克「老爹」．史戴波（Roebuck 'Pops' Staples）。

我跟許多同儕一起成長。靈魂歌后艾瑞莎・富蘭克林（Aretha Franklin）和狄昂・華薇克（Dionne Warwick）是童年時期的朋友，我跟歌王山姆・庫克（Sam Cooke）和路・洛爾斯（Lou Rawls）住在同個鄰里。山姆有五個兄弟和一個姊妹，而路的叔叔洛爾斯牧師是大會堂浸信會的創建者和牧師。我們會在那裡唱歌，或站在街燈下唱嘟哇音樂（doo-wops）。

我會告訴年少的自己，她有許多可以感激的事情。我會告訴她：「上帝賜給妳這個天分。妳連該唱哪個調都不知道，明明不懂音樂，卻能夠出去演唱，讓全世界的人都愛慕妳。妳真是蒙福啊。妳前面還有很多、很多精采的日子。愛護每個人，好好對待大家。不如意的時候，還是把頭抬高吧。抱著信心，正面思考。不管有什麼問題，妳都能存活下來，因為妳是個堅強的女孩。妳受人疼愛，妳懷抱信心，可以兵來將擋、水來土掩。」

我和巴布・狄倫曾經走得很近。我們最初認識時，他只是小民謠歌手，很一般的孩子，但是他知道史戴波合唱團。他要我嫁給他，但我告訴他，我年紀還不夠大。當時我的姊姊們都還沒結婚，我可不能搶先行動。我確實喜歡巴布——一頭鬈髮，長相俊俏。他的寫作讓我很崇拜，我當時就認為他是個天才。

如果可以重溫一天，就會是我初次見到金恩博士的時候。那是在六〇年代早期——我們湊巧在阿拉巴馬州的蒙哥馬利，老爹帶我們到德克斯特大道浸信會教堂。金恩博士說：「很高興今天早上史戴波老爹和他女兒來到現場。」天啊，那種感覺真棒。老爹告訴我們，他喜歡這個男人傳達的訊息，「如果他能夠宣講那個訊息，我們就能唱出來。」後來，我們開始編寫自由歌曲。我們開始跟金恩博士一起遊行，他在集會上演說前，我們會先領唱〈Why? (Am I Treated So Bad)〉。

我見過總統們——歐巴馬、克林頓、卡特，連甘迺迪總統都見過——但沒人比得上金恩博士。要是可以回頭重做那一切，我主垂憐，我絕對願意。為了見見這個了不起的男人、跟他握握手、與他共處。他愛我們的音樂，這點我永生難忘。我永遠不會忘記。那是我最輝煌的時刻。他被暗殺前的一個月，我最後一次見到他。我們失去金恩博士的時候，我滿心只想隨他而去。我們失去他，我心都碎了。他是如此了不起的人。

戴斯蒙・屠圖總主教 Archbishop Desmond Tutu

南非神職人員

二〇一一年十二月五日

我少年時看起來像我母親，身材矮壯、大鼻子。她教育程度雖然不高，但是個美妙、慈悲、關懷他人的人。我總是希望自己在這方面跟她相像。我是家裡唯一的男孩，上有姊姊，下有妹妹。我以前弱不禁風，事實上，我十六歲染上肺結核而病倒，前後住院二十個月。可能因為這樣，我出院後在家裡備受寵愛。

我們的家庭生活很有趣。我會做點家事，像是提水回來，替大人泡茶。我喜歡閱讀。父親是我們學校的校長，鼓勵我們多讀書。他讓我看漫畫《超人》、《蝙蝠俠和羅賓》，這點很不尋常，因為傳統上老師大都不喜歡我們看漫畫。這種作法滿足了我的閱讀胃口，讓我越來越愛看書。可是我不是書蟲，我也喜歡玩耍。我們住在隔離區，種族之間充滿敵對——我們跟白人小孩起口角時，吃虧的往往是我們這一方。

要是我現在遇到年少的我，我想我會滿喜歡他的，他滿有趣的。我在班上或許算是聰明的，結交了好些特別的朋友，其中一位後來成為南非重要雜誌《鼓》（*Drum*）的編輯。我們喜歡用網球來玩足球。我朋友很多，還有一兩個女友呢！

上帝的幽默感獨具一格。我很早就想成為內科醫師，十六歲時對這點甚至更堅定，因為染上肺結核，想為這種苦難尋找解藥。要是能取得醫師資格，我會樂到飛上天，可是當時黑人的選擇並不多。比方說，你沒辦法成為工程師、機師，甚至連火車駕駛都不行——那些工作專門保留給白人。所以我才說上帝一定很有幽默感。我坐在國家元首宏偉的辦公室或宅邸時，常常要掐掐自己並說：「嘿，這個小鬼以前可是在種族隔離小鎮長大的——看看他現在的樣子！」我從未想像局勢會發展到這個地步，遠遠超過我最狂野的夢想。

儘管我對成為醫師充滿熱情，卻無法進醫學院，因為家人付不起學費。所以我轉而接受師訓。我原本很喜歡教書，直到隔離政府引進「班圖教育法」(Bantu education)，刻意提供劣等教育系統，好讓黑人孩子延續農奴身分、難以翻身。我妻子麗亞和我從教學崗位求去。她去接受護理訓練，但我沒有太多選擇，可以說我成為神職人員是不得不然。可是也許在基督教家庭成長，意味著人會在無意識下吸收到一些東西。

我受到一些卓越人士的影響，也受到母親的影響，她對我的影響最為重要。我認識的第一個聖公會牧師撒迦利亞．賽加芬神父 (Father Zacheriah Sekgaphane) 是個神奇的人。我可能將他理想化了，但我真的不記得看過他生氣。他來農場上主持禮拜儀式的時候，大家通常會把他當成大酋長來對待。他有自己專屬的小屋，禮拜過後，大家會供應他豐盛的餐點。我記得他在那些場合，會先確定我們這些地位低下的人不缺吃的以後，自己才會坐下來用餐。回顧過去，我想我當時很想仿效他對小人物的照顧。

另一個對我有重大影響的人是崔佛・哈多斯頓（Trevor Huddleston）[30]。我因為肺結核住院二十個月期間，他真的很不可思議，要不是每個星期來探訪我，不然就是派別人來探望。這一點對我的自尊心有難以估量的影響——白人教士竟然固定花時間來探望無足輕重的黑人，令人無法想像。我想，我一直試著效法他關注正義、捍衛受壓迫者，他讓我覺得很重要並且得到肯定。

年少的我要是聽到我一九六二年第一次造訪英國的情形，會覺得很不可思議。讓麗亞和我最驚訝的是被當成人類、客氣有禮地對待。當倫敦警察彬彬有禮稱呼我們為「女士」和「先生」時，我們驚愕不已。這種事情太新鮮了，我們明明知道怎麼走，卻還是刻意找白人警察問路，就為了領受被稱為女士和先生的滋味！

當你站在對的一方，就像我們在反對種族隔離政策時，很容易會變得自以為是。我仰仗那麼多人的愛和禱告，當我有大頭症的危險時，麗亞和孩子會很快將我拉回現實。麗亞以前會在我們的臥房掛個布告欄，上面寫著「你有權抱持錯誤的觀點！」但，說得更嚴肅點，我想我以前態度過於尖銳，忘了比起醋，用蜂蜜會吸引到更多蒼蠅。要是我以前態度更溫和，或許能贏得更多白人的認同。

聖公會就像其他教派。它是上帝的教會，最終沒有什麼可以勝過真正的教導。我們

30 這位英國聖公會主教以他反種族隔離的運動和〈為非洲禱告〉（Prayer for Africa）禱詞聞名。

會重新尋回身為神國僕人的真正使命，記得我們存在的目的最終是為了促進充滿正義、愛、慈悲和關懷的神國，站在窮困、飢餓、受輕蔑的人那邊，那裡正是我們上帝&主人過去與現在置身的地方。

年少的我擁有夢想，但以我們的生活、那些過去受壓迫但現在已得自由人們的生活看來，事態演變全超越了那些夢想。我們所有人，黑人和白人、弱勢者和優勢者、受壓迫者和壓迫者、自願的或非自願的，現在我們真的都自由了。南非，那個惹人厭的毛毛蟲，已經幻化為美麗的蝴蝶，可以主辦最成功的足球世界盃足球賽。我們這片美麗的土地，過去遭到國際社會的遺棄，已經改頭換面氣象一新。

茱莉・華特絲女爵 Dame Julie Walters

英國演員

二〇一六年九月十二日

我十六歲在斯梅西克（Smethwick）就讀冬青居女子文法學校，那裡聽起來很上流，但根本不是。有很多人選擇不送自己小孩去那裡讀書，因為他們認為那裡很難熬。可是我很愛那邊。我真的很討厭我的小學，那是一所天主教預備學校，修女會亂摑你的腦袋，我非常怕她們——這樣我要怎麼學東西？

當人不覺得自己有立足之地，學校生活會很艱難。可是我很擅長運動，也會逗大家笑。我從沒參加過校內戲劇，但我會耍寶娛樂大家。我不是很用功。我打籃球、曲棍球，也賽跑，一九六六年還是伍斯特郡（Worcestershire）的兩百米冠軍！我看了好多場里約的奧運賽事，看得筋疲力盡，簡直就像跟那些運動員一起賽跑，屏住呼吸——這在一萬米賽事來說是很困難的。當莫・法拉赫跌倒的時候，真的令人心痛。

我對男生有興趣，但缺乏信心，無法展現自己。學校有些女孩就像三十多歲的女人，但我比較像是十一歲女孩。我會奉勸年少的我不要擔心男生有多喜歡妳。如果有人喜歡我，我總是覺得受寵若驚；那點似乎比我對他們的看法更重要。我會告訴自己：「不行！好好看著他們。不要擔心，天涯何處無芳草，不要任人擺布。」

我家是勞工階級，家裡一本書也沒有，可是我們都接受了某種程度的進階教育，哥哥上了劍橋。那是因為我母親的衝勁。她期望我們的人生有成就。我們未來不會到工廠或商店工作，雖然我爸是建築工，我媽在吉百利工廠包裝巧克力，但不願我們走這樣的路。母親要我當護士。「妳有無限的發展空間！」她說。

我們住在斯梅西克的熊木（Bearwood）的連幢屋末棟，那裡是國內目前最貧困的地區之一。那棟老房子又大又冷，馬路盡頭有個公園。家裡從來不讓我去那個公園，我媽說那裡有怪叔叔。我不懂那是什麼意思，直到有人在我兒時企圖綁架我。我們當時正在一間老舊大空屋的花園玩耍，這個男人找到我們，然後襲擊我們。「把洋裝拉起來。」他說。沒有發生糟糕的事，但他企圖挾持我們。我一直要到在自傳寫這件事，才完全明白。近來我寫信給那幾個女孩裡的一個，她說那件事讓她做了好些惡夢。

十六歲處在一九六六年可真是不可思議。我近來看了朗．霍華的披頭四紀錄片，你可以看到所有女生放聲尖叫。我從來沒這麼做過，但我初吻的時候，背景音樂就是〈I Want to Hold Your Hand〉。美妙極了，絕妙的時光。後來上了大學，我全心擁抱嬉皮文化。我愛極了。我一頭長髮，穿著寬大喇叭褲，印度的影響無所不在——廣藿香的氣味對我來說很有召喚力。我抽大麻。大家都這樣。我喜歡。自由戀愛。

十六歲的我對政治一無所知，但以諾・鮑威爾（Enoch Powell）的〈血河〉（Rivers of Blood）演說講的就是斯梅西克。我一直要到大學結交第一任男友，才完全理解政治的重要。當時有一場反種族隔離抗議活動，他說我們應該去參加。我說：「是嗎？」他說：「什麼？難道妳寬宥種族隔離？」我還得去翻字典查「寬宥」的意思！接著試著去查「種族隔離」（apartheid），但不知道那個字怎麼拼。所以這方面主要都由他教導我。

讀了吉曼・基爾（Germaine Greer）的《女太監》（*The Female Eunuch*），確認我感受到的所有事情。這裡有某個年紀較長的才智之士寫了關於女性如何被當成次等人看待。我成長期間就一直有這種感覺。我記得母親說過，「妳一定要工作——不是非得結婚不可。」她是從生命經驗而不是從閱讀體會到的。強大的女人談到這件事，真正影響了我。

我並未往前看得太遠，但是當我開始從事護理工作，雖然感覺像是終身的職業，卻不是我想要的。我躺在家裡的浴缸，靜靜地說：「我想當演員。」以前就有人跟我說過，我應該上台表演，但我不曾大聲說出口。我依然不知道該拿這件事怎麼辦，但我說出來了。接著我男友跟我提起曼徹斯特多元課程。我離開護理界，我媽當然氣炸了。可是我覺得一等我進了戲劇學校，自然就能闖出一片天。

我真的很同情年少的自己。我想攬住她並說：「妳沒事，妳很棒！」我可以感覺到她的天真。我很同情進入這個圈子的女性。要生存真的大不易，充滿了拒絕，而且老是有人對妳品頭論足。

大眾劇院是個美妙的地方。我們覺得自己正在改變世界。威利·羅素（Willy Russell）、艾倫·畢思戴（Alan Bleasdale）、彼得·普斯特李威（Pete Postlethwaite）、比爾·奈伊（Bill Nighy）、馬修·凱利（Matthew Kelly）、安東尼·舍爾（Antony Sher），一群才華過人的演員。還有近來過世的艾倫·多瑟（Alan Dossor），他是了不起的導演。這個劇院的重心是社區，為了社區而設。我們會在這個地區的酒吧到處演出。我們擁抱這個社群，而他們也愛極了這種作法。

我有不少角色都在處理階級問題。我對階級劃分很有意識。我記得十六歲到劍橋拜訪我哥，覺得那是另一個世界。我記得當時很氣中產階級和他們的優勢。「中產階級的女演員？妳們應該要他媽的很厲害才對啊——妳們占盡優勢。」這當然是鬼話。演戲的重點不在那裡。雖說現今，進戲劇學校貴得不得了，一般人根本負擔不起。

認識維多利亞·伍德（Victoria Wood）是個禮物。從我們相識的那一刻開始，我們就會對同樣的事情發笑。我們會看著人哈哈笑，不帶惡意，可是我們會看出人性弱點以及當中的滑稽。我知道我碰見了非常特別的人。我好幸運能夠認識她。我心想，「如果我會寫作，我就會寫這個。」她彷彿能夠望進我的腦袋。我理智上還難以接受小維離世的事實——情感上也是。她以前的存在感如此強烈。而對我個人而言，我們的交情可以回溯到好早以前。

《凡夫俗女》（Educating Rita）對我來說非常重要。它就像是我人生的平行線。我當時不覺得那部電影很好，因為我在舞台上演過，狀況非常不同，但這部片開啟了我的事業。接著艾倫．畢思戴的《來自黑東西的男孩們》(Boys from the Blackstuff) 是極有開創性的電視節目，能夠參與其中感覺很有革新意義，是很不可思議的事。而我早年就認識了艾倫．班奈特 (Alan Bennett)，他是個很棒的合作對象。我運氣真好。

大家對我真的都很好。你可以說我備受疼愛，但其實不算是被疼愛。我不知道你會怎麼定義，但感覺得到大家的深情，這樣真好。

我跟我家的葛蘭特在一起三十一年了。那是瞬間的愛。我們認識的那晚他就搬來，再也沒搬走。當時我在一家時髦的酒吧喝茫了，說：「打賭這裡沒一個工黨的。」他轉過來說：「其實我就是。」我看著他心想，「噢，他還不賴耶。」既然當時醉了，可能也說出口了。我記得自己當時說了點荒謬的話，像是，「看看這男人脖子多粗！」他陪我走路回家，就這樣了。他替我修好洗衣機。一個女生還能要求更多嗎？

我現在住在農場上，年少的我會覺得很美妙。住在鄉間一直是我的夢想，擁有自己的一片綠地——我依然深愛這點。我愛那種安詳，也愛散步，愛在各種天候下外出。寒冬非常美妙，可以靜觀天候變化。這陣子以來，角色要夠好，我才會想踏出家門。

麥可・帕林爵士 Sir Michael Palin

英國喜劇演員和作家

二〇一五年八月三十一日

十六歲的我大多時間都花在舒茲伯利（Shrewsbury）的公立學校。我在那裡就讀幾年了，熬過被當成下等人的階段。我有做些運動，常在塞文河（Severn）划船，屁股磨出可怕的水泡。我正逐漸安頓下來。大家喜歡我，因為我能逗他們笑。有些老師可能在我眼中看到他們喜歡的一抹閃光，一種厚臉皮。我天性樂於助人，常會（至今依然）在人們身上看到優點。我刻意讓自己好親近，因為我對人懷抱無限好奇。

十六歲的年紀，大家都在找女友，而我運氣不錯。跟父母到薩福克郡（Suffolk）度假，清晨七點四十五分，我瞥見一群女孩，由某個男性大搖大擺領著到寒冷的北海游泳。有三個人試著善用機會，第四個人則一臉老大不高興，掛著妙極了的叛逆表情，氣鼓鼓往前走著。我心想，「她真棒，我喜歡她。」我朋友李查製造機會，讓我丟球到海裡給他，但故意丟不準，反而打到那些女生，結果成功了！那個夏天我跟她在一起，我們談了一場小小的夏日假期之戀。那是我第一次見到海倫，明年就是我們的金婚紀念日。

年少的麥克會很震驚，那個成天坐著看電視喜劇的小鬼長大以後竟然執筆撰寫其中一些笑料。我在雪菲爾（Sheffield）出生成長，那裡可不是文化世界的中心。我和朋友以前都會看片尾名單上那些編劇的名字，想到總有一天我會遇見史派．米雷根（Spike Milligan）並成為他的朋友，真是令人難以置信。

我想我改變不多。如果現在遇到年少的自己，我們的對話可能會繞著同樣的笑料打轉。如果我要找他會喜歡的現代喜劇，我想我會讓他看看《阿爾法爸爸》的艾倫．帕翠吉和《The Fast Show》，他會喜歡那種呈現笑話的手法。他也會喜歡維克．里弗斯（Vic Reeves）和鮑勃．莫蒂默（Bob Mortimer），喜歡那種傻氣、那種創意和想像。我會在年輕的麥克身上尋找真正的精神，在循規蹈矩的表面下湧動著。我會想在他身上找到那個叛逆的孩子。如果我必須給他看看《蒙提巨蟒》（Python）的片段，我想他不會最喜歡我的部分；他可能會覺得有點難為情。就像我，他會覺得克里斯很爆笑。他可能會對我說：「沒錯，你是滿好笑的，可是那個秀裡面的要角是克里斯。」

一九六五年，我初次見到克里斯，當時他在做《The Frost Report》諷刺電視劇。我清楚記得，當時在倫敦的牧人叢林區（Shephard’s Bush），大家一起走去餐廳吃飯，我走在他後面。約翰和泰瑞．瓊斯（Terry Jones）走在一起，突然間約翰伸出手，一把將泰瑞推過圍牆，進入某人的花園。那個時刻真妙。我暗想，「我真的需要認識這個傢伙。」起初我可能有點怕他——他長得好高，非常、非常、非常擅長自己做的事。我當時認為約翰是不同等級的人，我想我們不可能有機會共事。可是當他發起《蒙提巨蟒》，他打電話給我，要我把其他人也找進來。

所有的「巨蟒」來自鄉間。這條事業之路不在我們原本的預設之中。我們的父親是警察、保險業務、鋼鐵工人。我們羨慕都會的人掌控一切的輕鬆自如，但我們決心採取不同的切入角度。我們批判主流和以倫敦為據點的事物與品味。我們並不是領頭羊——就這個意義上來說，彼得．庫克（Peter Cook）和杜德利．摩爾（Dudley Moore）的時事諷刺劇《超越底線》（Beyond the Fringe）可能比《呆子秀》（The Goon Show）更重要。

意識到「巨蟒」走到了盡頭，內心著實煎熬。第三系列之後，約翰決定求去，當時我心中有兩種感覺。一個就是，「噢天啊，我們接下來要怎麼賺錢才好？」另一個是，也許他這樣是對的——也許我們已經江郎才盡。曾經熊熊燃燒的森林之火已經逐漸減弱。約翰是頭一個意識到，我們的素材已經不如以往好。這是段艱難時期。

當你變得越受歡迎時，你領悟到有人喜歡你做的事，你會對他們萌生責任感。我們最初在做「巨蟒」秀的時候，我並沒意識到我正在替麥可．帕林的東西培養觀眾。我當時跟觀者之間並沒有信任的羈絆。可是後來，我在做了《超棒故事》（Ripping Yarns）和旅遊的內容之後，做了個不大成功的秀《帕林專欄》（Palin's Column），便清楚意識到我讓觀眾失望了。我想你永遠也沒辦法找回早期的自由度。大學畢業後寫喜劇的早期那些年，我只是盡可能地寫，嘗試一切。那是在碰運氣，但有種「咱們放手一搏」的感受。

六〇年代是個寫諷刺劇的好時機——體制的定義非常明確，很容易就能批評它。現在卻什麼都可以，事事物物各有其所，所以諷刺幽默還有生存空間嗎？你要試著模仿諷刺的是誰？我想樂趣已經離開了喜劇。也許我們已經迷失了方向——也許我們看不出，我們應該模仿諷刺的人是那些經營高科技大公司的人，他們告訴我們，我們在這個烏托邦似的、新型的、以網路為基礎的文化裡可以暢所欲言。而他們真正在做的是——不管我們做什麼——他們都要確保自己可以從中賺取金錢，那就是我珍惜ＢＢＣ的原因。這個時代真可怕，什麼都可以標價販售。我在每個領域見識到行銷的無往不利，從紅巴士到板球場地。

如果可以回到人生的任何一個時間點，就會是我中學時期的一天。我的划船技術後來變得很好，最後我們團隊贏了校內船賽。我記得賽前一晚非常緊張，然後當日陽光普照，我們到水上駕船，看著身邊水上的其他船隻，一切順遂如意。那種感覺很美妙，就是妙透了。賽後，我在帳棚裡喝了生平第一罐啤酒。從那之後，不曾有東西嘗來如此可口。

李察・葛蘭特 Richard E. Grant

英國演員

二〇一九年一月二十一日

我十六歲時，身體突然快速抽長，因為雙腿飽受劇痛之苦而必須向校方請假。我當時瘦得跟竹竿似的，因為長青春痘而盡可能把頭髮留長。有人跟我說，等十八歲痘痘就會消失。

我這輩子懷抱著當演員的熱情，做過盒子劇場，有布景跟黏在細棍上的剪紙人物。我後來進展到手套布偶，再來是提線玩偶。父母在我每年生日和聖誕節都送我培勒姆人偶（Pelham Puppets）[31]；學校放假時，我會到小孩的生日派對演出，也在我們家的車庫推出全尺寸的傀儡劇場，從中賺了不少錢。

我一直想當演員，但不知道怎麼進行。我對藝術和模型製作很拿手，所以父親鼓勵我走建築，但我的數學考試每考必敗，只好打消那個念頭。接著他提議我當律師，因為我那麼好辯，而且他說當律師也需要演戲技巧。

我跟辛紀（Zindzi）和潔妮・曼德拉（Zeni Mandela）[32]一起參加校內戲劇，我們都

31 木頭提線人偶，由英國人偶師鮑伯・培勒姆（Bob Pelham）所製作。

32 本名是Zindziswa和Zenani，是南非人權鬥士曼德拉的女兒。

不相信她們父親會活著離開羅賓島（Robben Island），更不要說在二十年後成為總統。南非沃特福卡姆拉巴聯合世界學院[33]有二十七個國籍的學生，秉持著寬容、接納多元信仰、多元種族的開放與包容。隔鄰南非種族隔離政策的不公不義，帶來深遠的衝擊。基於膚色的偏見和無知不僅荒謬，也令人厭惡。

我父母離婚時鬧得很僵，之後我父親成了非常暴力的酒鬼。他到了夜裡會性情大變，有一次我把他整箱威士忌往水槽倒個精光，他竟然拿槍企圖近距離射殺我。他醉醺醺地往前踉蹌，同時扣下扳機，幸好沒瞄準。當時沒有相關治療，也沒有匿名戒酒聚會，而社會對酗酒嚴重污名化，一切都只能隱匿不說。聖誕節向來是場夢魘，人人都心驚肉跳，所以我長大以後，都會大肆慶祝聖誕節，作為補償。

阿姆斯壯在一九六九年登陸月球，我當時十二歲，在我心中留下深刻印象。重點在於，狀似不可能的事情，最後依然可以成功達成。進入外太空是終身的夢想，看來越來越不可能發生，但是懷抱夢想就是一切。

因為想當演員而受到調侃，還因為「玩娃娃」而受人指責，無意間讓我習慣演藝人生擺脫不了的嘲弄和拒絕。我習慣聽到「你永遠辦不到」，反而強化我的決心，想證明那些唱反調者是錯的。那種決心和自信打哪來的，始終是個謎，但想證明自己，是非常強大的力量。我會告訴年少的自己「永遠不要放棄」，「不要試圖模仿別人」。我很感激我的年少夢想實現了，儘管拿數學毫無辦法。

33 南非沃特福卡姆拉巴聯合世界學院（Waterford Kamhlaba United World College of Southern Africa），在史瓦濟蘭，就是李察成長的地方。

倫敦是劇場世界的震央，所以我一直計畫要到那裡生活，以演員身分闖蕩看看。在我成長期間，父母定期會帶我到倫敦，只要時間擠得進去，我們會盡情地看電影、戲劇、音樂劇，在我心中留下難以抹滅的印象。一九八二年我移民到倫敦，我認識的導演們說，我講話聽起來像五〇年代的人，這點反映了我在史瓦濟蘭成長的那種時間錯位效果。我只能推想，我會拿到時代劇的角色，就是因為那一點發揮了效應。

我有兩個角色典範——唐納．蘇德蘭（Donald Sutherland）和芭芭拉．史翠珊（Barbara Streidsand）。他非常高挑、瘦長，長臉、有趣，並不符合勞勃．瑞福那種電影明星模式。我在戲劇學校得到的最後評估就是，我長得像墓碑，很難成為演員，應該專注在導演工作上。我在勞勃．阿特曼（Robert Altman）的《M*A*S*H》裡看到蘇德蘭之後，能夠見到阿特曼本人，然後在他的三部電影《超級大玩家》（The Player）、《雲裳風暴》（Prêt-à-Porter）、《謎霧莊園》（Gosford Park）擔綱演出，就像美夢成真。史翠珊也因為長相不尋常而受到嘲弄，但她驚人的才華和決心很能激勵人心。一九九一年我終於在洛杉磯見到她本人，她問的問題甚至比我多，讓我很開心！

我原本真心認為，我的整個事業重心會在劇場，從沒想到有機會拍電影。我在一部BBC即興電影拿到角色，跟蓋瑞．歐德曼（Gary Oldman）和亞德里安．艾德蒙森（Adrian Edmondson）對戲，片名是《Honest, Decent and True》，之後一切全都改變了。一九八六年播出之後，我簽到新的經紀人麥克．懷特賀（Michael Whitehall），他將我介紹給選角指導，其中一人瑪麗．賽爾威（Mary Selway）安排讓我為《我與長指甲》（Withnail & I）試鏡，這齣戲後來徹底改變了我的職業生涯。

幾乎毫無例外，我後來拿到的每份工作，起因都是《我與長指甲》。作家和導演布魯斯．羅賓遜（Bruce Robinson）當初冒險起用我這個不知名演員，我衷心感激，後來開啟了兩人長達幾十年的友誼。我對酒精過敏，所以我因為扮演嗑藥嗑到茫的酒鬼而得到認可，可說相當諷刺。

能夠出演《星際大戰》（Star Wars）的最後一集，我徹徹底底驚呆了，從我還是戲劇學生時初次看這系列電影，已經事隔四十一年！有機會親眼見到成長期間崇拜，並在我訂閱的《*Plays and Players*》以及《*Films Illustrated*》月刊讀到的大多演員和電影明星，或與之共事，會讓年少的我非常驚訝。我一如既往崇拜明星。

我從未想過自己會冒險陷入愛河或生養孩子。父母離婚的經驗如此殘忍、充滿痛苦，但有如約翰．藍儂的睿智之語，「人生就是你忙著做計畫時，發生在你身上的事。」我過世的父親給了我一點事後證明無價的建議。他奉勸我，「如果你有五個真心的朋友，就可以把自己當成有錢人。」這份智慧我後來衷心欣賞。他也說，「禮貌不花錢，可以成就人。」那是另一個好建議。

我拍過的電影裡，我想最被低估的是《華華歲月》（Wah-Wah），由我負責編劇和導演。演員都是一時之選，從劇本到螢幕耗費五年時間，但很遺憾跟《達文西密碼》在同一週上映，被那部電影的成功浪潮徹底「淹滅」。

如果我可以跟某人來最後一場對話，我會想找我的良師邦妮．巴恩斯（Bunny Barnes）說話，她十一年前過世。她是我的鋼琴和英文老師，也是我終身的朋友。她相信我並鼓勵我追求當演員的夢想，幾十年來我們寫給對方的書信，一直是智慧、八卦和笑料的絕佳來源。她對古典音樂的愛啟發、提升與教育了我。

我十歲以來就一直寫日記，試圖理解這個世界。只要我驚慌失措或招架不住，都可以從日記得到撫慰：不管目前有什麼困難，最終都可以熬過來。也見證了我一路見到長久仰慕的人，以及去過多少非凡的地方。

提姆・皮克 Tim Peake

英國太空人

二〇一七年十月十六日

我十六歲住在西薩塞克斯郡（West Sussex）的小鄉村，全心全意都放在軍校上。我愛死軍校了。裡面有陸軍部和空軍部。我喜歡待在陸軍部以及週末從事冒險刺激的戶外活動：露營、健行、登山。可是我對飛行有無比熱情，所以只要有機會，就會跟空軍一起溜出校外，跳進飛機，乘著滑翔機或小小前後座訓練機飛行。那些活動占去我大半的校外時間。

我在不同階段都因為青春期常見的憂慮不安所苦。我擔心學校功課，我不是特別有天分的學生，不在班上的頂尖位置，所以學校對我來說常常是種掙扎。到了十八歲，我有點走到十字路口。我正準備上大學，桑德赫斯特軍事學校（Sandhurst）卻提供我名額。我想了很多，最後決定直接到桑德赫斯特，開始飛行。我壓抑不了興奮的感覺。我現在想，如果我不是那麼早開始飛行，可能無法累積試飛員的操作經驗，而這份經驗結果成了我日後擔任太空人的關鍵。

面對女生，我害羞得不得了，到現在可能還是如此。想到要邀女生出去，就覺得很嚇人——比進太空還可怕得多。我確實偶爾會交個女朋友，但那種經驗從來都不輕鬆，我通常要花好幾個月才能鼓起勇氣約人出門。後來我有點心碎了——一個早期的女友得了白血病，才二十一歲就過世。其實她遠遠不只是女友，她家跟我家相隔兩棟房子，我們一直是朋友。在這麼年輕失去這麼親近的朋友，必須面對這一點以及它引發的情緒，實在艱難。

令人驚訝的是，我家族並沒有軍事背景。我父親是記者，母親是助產士。兩邊的祖父都在二次世界大戰受召入伍，可是他們並非職業軍人。所以我不知道自己早年對陸軍以及飛行的興趣打哪兒來。父親以前都會帶我去看飛行秀，我只能想到這個。我看著那些精采的展演，對工程技術嘖嘖稱奇。我很愛打造和測試模型飛機，我會買下模型組，然後自認可以設計跟打造出更好的，所以我會在之後花很多小時實驗。

我依然記得自己的第一次飛行。當時我十三歲，那是一架花栗鼠飛機（Chipmunk aircraft）。我記得那種先是沿著草地蹦蹦跳跳，再來逐漸加速，最後起飛時的那種順暢感覺。一切盡在你的掌控之中，感覺飛機回應著你的指示，真是令人振奮無比。我一向知道自己這輩子要做什麼。就那點來說，我覺得非常幸運，看到朋友掙扎不已，納悶自己應該攻讀什麼、想做什麼。對我來說，空軍有如燈塔一樣顯眼，是一條供我追尋的道路。

我加入太空總署後，生活變得更為複雜，因為當時我和妻子剛迎接頭一胎的到來。對我來說，比起進入太空，成為父親改變我的生活更多——徹底改變你的眼界和觀點。如果年輕點，也沒有孩子，前往國際太空站生活不會有任何問題。而我確實離開了飛行員的夢想工作，進入一個狀態：能否屏雀中選出任務，毫無保證。當時有這樣的風險，但最後相當平順。

住在太空站半年時間，最難熬的就是那種全然無助的感覺。要是地球上的家人有什麼狀況，你無法到場。也不是說跟他們完全截斷聯繫，如果想要，可以天天打電話，每週也可以視訊一次。如果在軍中服役，派駐到海外，一次也是離家半年。但我發現難熬的在於，想到如果家人真的需要我，我無法到場陪伴。

對我來說，太空站從來不是令人寂寞的地方。那裡是繁忙不已、生氣盎然到不可思議的地方，總是會讓你充滿動力和精力，所以時間過得飛快。你確實會感覺抽離，但那種感覺與寂寞不同。你清楚意識到自己成功脫離了一切。你離開了地球，但也有種祥和與平靜的感受。音樂有時力量很大，會喚起強烈情緒，所以對於聆聽激發過多感情的音樂，我必須謹慎待之。我以前健身都會聽激動昂揚的搖滾樂。

成名這件事會為年輕的提姆帶來震撼。我們以前在軍中習慣防範戒備，所以成為大使等於是種徹底的翻轉，跟形形色色的人互動，進行大量的公開演說，是很奇怪的事。起初我非常緊張，後來漸漸體會到箇中樂趣。我喜歡暢談那項太空任務，那是段精采的經歷，我喜歡與人分享。

如果你告訴十六歲的提姆，他最後會進入太空，他會覺得驚奇、震撼和開心。我熱愛天文學和觀星。我總是在質疑萬事萬物，提出關於宇宙、生命和光線起源的大哉問。可是我不希望他提前知道——這是個嚇人的前景，我想那會改變他對人生的展望。我頗為享受自己的人生旅程，我從來不會往前看太遠。

我想重溫的時刻發生在我二十一歲。當時我歷經了成為飛行員的艱辛遴選過程——健檢、面談、飛行訓練。那是非常嚴格的歷程，尤其對年輕男子來說。然後你必須等待看看空軍要不要接受你。我被喚進辦公室，坐在飛行總指導面前。我看過排在我前面的人走出來，有些人非常開心，有些人十分失望。指導是個寡言少語的男人，很符合軍人風格。他只是說：「表現得很好，皮克。歡迎加入我們的行列。」

威爾伯・史密斯 Wilbur Smith

英國作家

二〇一八年五月二十八日

我的青少年時期過得很慘澹，我暗地從閱讀得到樂趣。在那些日子，屋裡的暖氣和料理靠的都是柴火，我負責的家務事之一就是要搭牽引車跟一群傢伙去砍柴，把柴薪裝到車上再載回家。我習慣偷偷塞本書在襯衫前側，這樣就能戴著一頂大帽子蹲坐在牽引車上讀書，即使在正中午。我父親從沒逮到我做這件事，因為我總會聽到他開車過來。

我從小就喜歡獨處，抓到什麼就能讀。一等到我能讀書，就開始閱讀，從Biggles冒險故事系列和Just William童書系列開始。不久我就徹底沉浸在C.S.福里斯特（C.S. Forester）的世界裡，他以海軍軍官何瑞修．洪柏勒爾（Horatio Hornblower）為主角，精心寫成的公海歷險故事。我母親跟辛巴威北羅德西亞（Northern Rhodesia）的布拉瓦約（Bulawayo）公共圖書館員成了朋友，距離我們住的地方往南一千兩百多公里，那個館員每個月都會透過貨運火車寄送一包新的探險書籍過來。從那時起，我口袋總是有本反覆翻得老舊的小說。我會埋頭在書本裡，找到我們稱為家鄉的這片大陸上，關於死亡和危險、英雄主義和野蠻，種種引人入勝的故事。我熱愛非洲的羅曼史。

我十六歲困在可怕的寄宿學校。不過，上大學是一段特別的時光。到了十八歲，天堂的大門在格拉罕鎮的羅德大學為我開啟，就在南非的東開普省。突然間身邊有了女生，她們不穿連身褶裙，也不會兩兩列隊拘謹地走路上教堂。直到那一刻，我從未夢想過這些美妙的生物有多柔軟和溫暖，或者她們的氣味有多麼甜美。

我記得我當時買了二手敞篷車，非常受女孩歡迎。我住在馬修斯館，是建造者館的一部分，可是不久我就找到進首屈一指的女子宿舍的路——奧瑞爾，依照牛津的奧瑞爾學院命名。我愛上了二年級的女生，她男友是在伊莉莎白港執業的律師，但她對我有了好感，我這個笨拙的大一生，天真爛漫又急著取悅別人，但渴望歷險和新經驗。一週內我欣喜地發現，嘴巴不是在性愛中能給予歡愉的唯一方式。

寄宿學校唯一的可取之處，就是有位深深影響我的英文老師，他花時間跟我暢談我讀過的書籍，讓我將心思聚焦在我試圖透過書寫故事達成的目標上。他喜歡古典風格的架構：開端、中段和結尾。將故事拿起來並放手，然後在中段再次拿起來，接著在結尾的地方產生刺激和張力，不要在開端揭露太多，讓角色自己發展，並對於事情有何結果保持一些神祕感，都是他向我提議的公式。當然，真正造成不同的是你怎麼利用這些公式，並運用自己的本能。如果寫作有天賦可言，那麼就在這當中。

我很幸運有美妙的父母。父親很有行動力，母親則是藝術家，性情非常溫柔，熱愛書籍和繪畫；她的許多畫作我一直保留到現在。父親教導我戶外生活，母親則給我鏡子的另一面：音樂和書籍——我自己能夠閱讀以前，她每天晚上會朗讀給我聽。我父親認為過多閱讀並不健康。他只讀非小說，大多是該怎麼修理大牧場用品的手冊。

一九六二年，我二十九歲，坐在我住的單身宿舍臥房，盯著我收到的第二十封信，拒絕出版我自認為個人傑作的小說《*The Gods First Make Mad*》。我握拳捏皺那封信，準備叫我的經紀人別再繼續廣發那本小說時，有個令人困擾的想法升起：父親說得可能沒錯，書本是種時間的浪費。幾年之後，我重拾我對寫作的愛，從此不再回頭。

我記得第一次看到有人讀我的第一本小說《*Where the Lion Feeds*》。當時是一九六四年，在希斯洛機場的出境旅客休息室，是在令人喪氣的倫敦旅程之後，我意識到即使出版了一本小說，成功的紅毯也不會為我而展開。一個迷人的女人正在讀我的書，我大喜過望，朝她走去並說：「打攪一下，妳正在讀我寫的書呢。」她看著我，將書放下並說：「抱歉，是有人留在這裡的。」

我希望十六歲的我可以看看現在的自己，在自己身上看出這一切會發生的可能性。依自己的意願、照自己的方式創作小說，從來不向任何人致敬，這件事會讓年少的我很開心。我想他會看著我並說：「你這幸運的混帳，留點好處給我！」

我會告訴年少的自己：「小心自己許的願，如果你沒有能耐面對隨著成功而來的一切，那麼就去替別人工作。」批評與自我懷疑的不確定性會吞噬你。我犯過不少錯誤，但不幸的，唯有透過這種方式才能有所學習。再次失敗；以更好的方式失敗。繼續前行；學習不斷。

如果可以回到過去，我會想再看著父母在自家陽台喝茶，聊聊那天在大牧場發生的大小事。對現在的我來說，最快樂的時光？很簡單：在我創作下一本小說的第一天，在妻子妮索身邊醒來。純然的福氣。

維果・莫天森 Viggo Mortensen

丹麥裔美國演員

二〇一三年三月二十五日

我記得第一年上學，全家剛從阿根廷搬到美國。學校早上都會做這件事：宣示效忠國旗。我不知道該說什麼，就喃喃蒙混過去。老師說：「你——你竟然不知道怎麼說！」當時好尷尬。幾天之後我才明白是「自由平等全民皆享」。就這樣。我現在知道了。

每天開始上課以前，孩子們都會聚集在鋪草的人行道上。在那個年紀，小孩子都會男生女生各聚成群，獨自一人是行不通的。我會站在幾群男生附近，這樣女生看到我的時候，就不會覺得我孤伶伶站著。我沒跟這些孩子一起成長，所以我就像外星生命體——當時就有那種感覺。

我從來沒有當演員的打算。我獨處很開心，青春期很安靜，活在自己的世界。我不大會到外頭去破壞別人的東西，我是說，我做過一點這樣的事沒錯，比方說，朝警車丟雪球，但並不頻繁。我跟動物相處從來沒有問題，我也不介意迷路，但不由自主想逃離人群。演戲是我最料不到自己會做的事。

我心目中的英雄是探險家、古希臘英雄或馬丁．菲耶羅（Martin Fierro）[34]那樣的牛仔。最重要的，我的英雄是聖洛倫索（San Lorenzo）足球隊球員。我向來對探險家興趣濃厚，他們會到別人沒涉足的地方、嘗試別人沒試過的事。要是我現在十六歲，我會對那位極限高空跳傘的仁兄菲力克斯．保加拿（Felix Baumgartner）很有興趣。

我想學習怎麼演戲，當作實用的技能——我對電影有興趣，我從很小開始，我媽就帶我看過不少電影。頭幾年，我試著將演戲當成職業，一直去參加試鏡，最後只剩我跟另一人競爭電影的主角，但我之後還是繼續試鏡。有好幾年時間，我都不用去面對扮演主要角色的負擔，所以我學到演戲的技藝，但不必參加首映，這點對我來說可能還不錯。

以前如果有女生喜歡我，我會覺得有點嚇人，因為我不常參加派對，也不擅長社交互動；對於怎麼互動，我很笨拙。我以前都會把睡衣上衣當成襯衫穿，因為很舒服，我想大家當時都覺得我很怪。有一次我戴了頂大軟帽，那是我的嬉皮時代。我當時十四、十五歲，頭髮留得很長，大軟帽上插著一撮雉雞羽毛。到了青少年時期，我變得更衝動了點。只要交了女友，我總是以為自己會跟那個人永浴愛河。我會要年少的我好好期待的頭三件事：陷入愛河、生個兒子、遊歷各地。

有什麼是年少的我絕對應該避開的事？吸毒吧，雖然我並沒有沉迷其中。其實，這

34 阿根廷作家荷賽．賀南德茲（José Hernández）同名史詩裡的角色，是高超的馬術師。

點還是刪掉好了，因為我並不完全反對吸毒。當然，即使身為成人，我對自己做過或沒做過的事都有遺憾，但我想每個人都會這樣。我漸漸學會更活在當下、學習事物、持續往前，要不然你可會發瘋的。

Chapter 5

Family

家庭

格雷森・佩里 Grayson Perry

英國藝術家

二〇一六年十月十七日

我十六歲就有易裝癖了。我會拿繼母的衣服，在切姆斯福德博物館後方的廁所換裝，化上彩妝，身穿迷你洋裝，頂著假髮，在大街上走來走去。我只是憑著本能的欲望行動，滿足扮演角色的需求。這種事帶來很大的性刺激，令人性欲賁張。腎上腺素是強大的春藥。我從《每日郵報》後面的廣告買到這頂假髮，價格大約一・五英鎊——一頂形狀不明、棕色的古怪東西。要是《每日郵報》知道他們當初促成了我的戀物癖，一定會滿高興的。

十六歲的我亂成一團。那可能是我青春憂愁的震央，是我災難的一年。母親脾氣火爆，當她發現我八年以來頭一次跟親生父親聯絡，情緒大爆發。半小時之內，她打包了我所有東西，開車去我父親的家。她把我丟在馬路的一頭。他甚至不在，出門工作去了。他妻子收留了我，最後我跟他們的房客共用房間，最後她發現我一直偷穿她的衣服，於是把我趕了出去。

會跟我爸取得聯繫純粹是機運。我學校有個朋友跟一個女生約會，那個女生說她繼父就是我爸，所以我豎起耳朵，低調地透過她查到訊息，最後上門拜訪他。很有趣但令人失望。我的男性角色模範沒什麼了不起的。我爸是個情感上的懦夫；而我的繼父暴力又無知。

我不是很懂世故的青少年。我十六歲還在看戰爭片，想成為噴射機飛行員。我的計畫是加入軍隊。我有非常豐富的內在幻想生活，也畫了不少圖，但並未把那些事情跟更廣大的職業脈絡連結起來。我當時在軍校，認為軍隊是簡單的轉換。有不少易裝癖的人都會過度反應，為了治癒自己，企圖去做有男子氣概的事；當時就有這種成分在。十六歲過半，我交了第一個女友，不再去上軍校，藝術老師說我應該申請藝術大學。我幾乎在一夕之間改變想法。我想，「其實那個建議聽來還不賴——做我喜歡的事情。哇！」

我真希望年少有我現在的這種情緒智商。也許我就能說點讓母親或父親的人生好過一點的話。如果母親在我十六歲離開繼父，人生會好過很多。可是我當時亂七八糟。我跟父母的關係只能每況愈下。我現在大約一年見父親一次。母親今年過世，只有一半的孩子去參加喪禮，只是出於惹人厭惡的義務。她是……難纏的女人，有心病。而修復她的心理並不是我們的工作。

我想我並不會跟十六歲的我說一切終將好轉。就某方面來說，如果能展臂擁抱他、勸他別擔心，是不錯，但這麼一來他可能會鬆懈，曾經驅策我的那些心魔就對他起不了作用。自信是地球上最有價值的東西，因為它能讓人們施展全部的潛力。可是要不是有那些年的自我懷疑和憤怒，我就不會成為藝術家。恐懼和焦慮是我熬過那些時間的動力。憤怒是可以激發你的一股力量。我依然會利用憤怒，但以節制許多的方式。

如果我現在遇到十六歲的格雷森，我可能會要他對人好一點。我有些朋友告訴我，他們以前會覺得我有趣但可怕，幾杯黃湯下肚之後，我有時會對人很惡劣。過去我脾氣壞透了。我能言善道，可以把人修理到體無完膚，跟藝術經紀人的關係也很緊張，總是充滿爭端，老是鬧翻。我現在的座右銘之一是「善待人是好事」，因為大家也會善待你。我想因為我過去對自己很嚴苛，所以連帶對他人也是如此。我以前總是掙扎不休，非常負面且憤世嫉俗。雖說本性難移，但現在我認為善待人很有意思，而且會讓世界變成更好的地方。

十六歲的我立志加入軍隊，如果我告訴他，他的未來在陶藝創作上，他會一頭霧水，太隨便了。我在大學並非專修陶藝，而是在晚上上了一門課，因為聽起來很有趣。身為藝術家，我並沒有強烈的自覺，只是隨波逐流。我想在我年輕時，那種作法還滿有幫助的，我會要年輕的我遵循自己的直覺。那種話說起來雖然中聽，但你年輕的時候，對什麼都沒把握，你的心思尚未定型。遵照本能的指引，那是一種資產。

有個女兒讓我如釋重負，因為我不會將自己對於男性本色的問題加諸在她身上。我非常清楚地意識到我成長期間的失衡狀態，讓我擔憂自己為人父母的能力。我在她生命早年是個遵照教科書教養孩子的爸爸。我妻子會朗讀父母教養手冊的段落，我會說：「對，我們就是必須這麼做。」我理解並接受一切。我很擅長的一件事就是玩耍，所以我教女兒芙羅怎麼玩。我想，擅長玩耍，是人生中太少受人頌揚的部分。她年齡稍長，變得沒那麼敏感貼心時，我還滿傷心的。

我覺得最令人心酸的是，想到最後一次做什麼。你往往不知道自己做某件事是最後一次，也許是你體能上辦得到的事。或者可能是你孩子最後一次坐在你懷裡。我喜歡做的大多事情，我都還是會繼續做，但我想念匿名的感覺。名氣意味著，身為易裝癖者的我，再也無法穿著連衣裙，以匿名身分穿過街道。我現在是「公共財：格雷森．佩里」，總是受到那些主要是中產階級的粉絲所圍繞。當初成名，我並未意識到自己將會失去多少。我想念自己身為那位穿著洋裝的無名怪傢伙，有點危險，又有些荒唐。

雀兒喜・柯林頓 Chelsea Clinton

美國作家

二〇一八年八月二十日

我十六歲就是個書呆子。心思全放在閱讀和學業上。每天放學還去上芭蕾，而且很認真。我清楚記得母親晚上走進我房間，說我不應該忙著做功課，要我多跟朋友出去活動，說我的生活需要多點平衡。她當然沒錯，可是我當時滿懷好奇心而且熱愛學校。

我想回頭要十六歲的我放心，當時才從阿肯色州小岩城搬進白宮，很擔心自己永遠都交不到新朋友。我兩個摯友都叫伊莉莎白，在頭幾個月期間，過來跟我們住個一週。而父母頭一次讓我在臥房裝電話，這樣只要我想要，就能打電話給朋友。我要不是在忙功課或跳芭蕾，不然就是跟小岩城的朋友講電話聊天。我們聊了**好多**。我在華盛頓度過的年少時光，父母竭盡一切讓我能夠滋養那些友誼。她們對我而言非常重要，至今依然是我最親密的朋友。我在她倆的婚禮上擔任伴娘，我們向來都跟彼此有很深的連結。

我年少時期，對於生活中的限制不曾覺得憤恨不平。我不覺得憤恨這種情緒有用或能帶來安慰，我一直明白特勤人員有職責在身，相當尊重他們。當我必須受到保護時，我可以明白原因何在。事實上，我對特勤人員滿懷感激，也很感謝他們對待我朋友的方式——尤其是男生，對他們著迷不已。他們總是耐著性子，回答無止無盡的提問，關於訓練和武器，說明自己在我朋友狂想出來的各種不同情境裡會如何因應。

影集《白宮風雲》（The West Wing）推出時，我記得當時邊看邊想，「我真希望政治真的是那樣運作。」尤其是當今，對於共同的目標有志一同，以及對於如何實現目標的激烈辯論。現今，在我的國家，我們並沒有共同的目標感——恰恰相反。

我想如果你現在遇到十六歲的雀兒喜，你會覺得她滿友善的，我向來很友善。我明白我有責任幫助別人克服他們對我的先入之見，想讓大家看到我既不勢利也不傲慢。我結合了外向和呆愣。我不害羞也不寡言，但也不會把自信展露在外。我內在總是有強烈的自我感，但從來不無禮或招搖。

我年少時清楚意識到媒體對我外表的評論。對於這點我想過很多，尤其霸凌行為正逐漸攀升，而我們有個將憎恨常態化的總統。我小學時會被一些不大好的人找碴——一般都是男生——他們會嘲笑我的外表，或把我鎖在儲物櫃，看州警是不是會現身救援。可是回顧過去我滿懷感激，而且感受深刻，在華盛頓的時候，對一個十二歲小女生惡言惡語的竟然是一些年紀較長的男性。真瘋狂，這些老男人為何要找我麻煩呢？這種狀況反倒反映出他們的為人，而不是我。他們的人生顯然有些不對勁的地方，竟然轉而霸凌一個孩子。那種狀況幫助我在人生中早早瞭解到，當我們在語言上受到別人的欺凌，反映出來的不是我們，而是那些惡霸。

我很想念外婆桃樂絲。我好愛她，我常跟孩子講到她。她是我人生很重要的部分，深深影響現在的我。她過了我難以想像的一生。她父母還是青少年就生下她，他們掙扎求存，最後在她三歲時頭一次拋棄她。等她八歲，他們完全放棄了她和更年幼的妹妹，將她們送上從芝加哥到洛杉磯的火車，要他們去跟祖父母同住，而後者也只能說是嚴酷。我外婆十四歲就被告知要開始自立更生，於是她找了份工作，想辦法讀完高中，最後以優異的成績畢業。她意志如此堅決，為我母親和她兄弟以愛和希望打造一個家。她非常有智慧，相處起來也很有意思。我真希望她有機會認識自己的曾孫們，不過，她出生的時候女人還沒有選舉權，卻活得久到可以看到自己的女兒參加總統大選。

十六歲的我會很訝異，現在的我竟然是公眾人物，我以前很重隱私，也預料自己會過隱密的生活。我之所以更貼近公眾生活，部分原因是我外婆。她曾經告訴我，我是雀兒喜．柯林頓，我拿這點毫無辦法，所以要不是把無可避免的矚目拿來做點正面的事情，不然就只能過著謹小慎微的生活，學習忍受「Page Six」版[35]針對我無聊生活的報導。母親要我用心看待認真的批評；對家人和朋友那些關心你的人的想法，要開放心胸予以接納。同樣重要的是，不要被那些不認識你的惡霸的批評所框限。

如果我可以回到人生的任何時間，我的答案會跟每個女人都一樣嗎？那就是孩子出生的時候。我一直希望當個母親，部分因為我跟自己的母親非常親近。那個時刻充滿純

35 梅鐸（Robert Murdoch）的小報《紐約郵報》聲名狼藉的八卦版。

粹的愛、感激和喜悅——我後來不曾再有那樣的感受，而滋養那樣的羈絆一直是我人生最棒的部分。

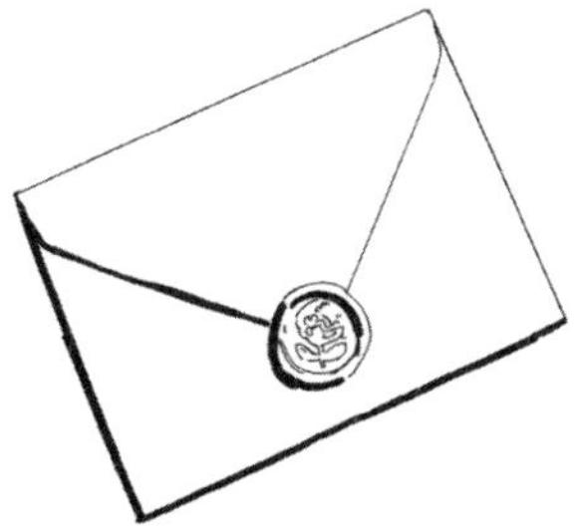

莎米・查克拉巴提女爵 Baroness Shami Chakrabarti

英國政治人物和律師

二〇一四年十月二十日

我讀第六學級時，已經對我現在有興趣的事情燃起興致。我關心這個世界，想要做出改變。我有點認真過度，也許有些嚴厲呆板——我可能把一切，包括自己，看得太重，現在有些人有點這樣看我。可是現在不是這樣了，這幾年來我有趣得多。這場訪談來得正是時候，我正處於人生的美好時刻。我的態度更放鬆，我知道自己是誰，而我的時間所剩不多，所以我總是充分利用時間。我比以往更常在陽光下散步。

我身材矮小又是亞裔，所以年少的我跟四十多歲的我差別並不大。我以前都穿馬汀大夫靴，搭我爸的夾克，袖子往上捲。我和朋友並不會想花很多錢在服飾上；我們會穿工裝夾克(donkey jackets)，製作自己的東西。我喜歡看書和聽音樂，熱愛電影。我認為那些事情跟關懷世界有關。如果你在郊區長大，電影就像你觀看世界的窗戶。我依然認為偉大的文學或藝術可以打動人，比起政治、立法、演說或新聞報導，更有力量，效果也更持久，甚至在道德議題上。年少的我也喜歡令人憂鬱的獨立音樂。一定要是嚴肅的東西，像是史密斯樂團（The Smiths）、歡樂分隊樂團（Joy Division）。要不然你還能從嚴厲呆板的查克拉巴提身上期待什麼？

我父母移民自加爾各答，來到倫敦，在倫敦的「套房之地」（bedsit land）結交來自世界各地的朋友。他們很清楚世界出了什麼差錯，但也非常樂天，他們是國際主義者。他們身上沒有多少錢，但是將自己擁有的花在追求樂趣和款待他人，而不是物質上。我想那就是我相信不管來自何方，大家都要有人權的部分原因。他們也相信英國的司法，雖說他們兩人都不是律師。

我記得十二歲看到約克夏開膛手的新聞，對我爸說我希望他們逮到那個怪物，可以怎麼教訓他。他說：「妳不可能會接受死刑這種東西吧。全世界沒有一個司法系統是完美的。要是一百個人裡面有一個因為可怕的罪刑而被誤判，想像如果那個人是妳。想像妳每次上訴都失敗，連家人都再也不相信妳。妳就在走去行刑電椅的路上，可是妳根本沒犯罪。妳可以對上帝呼喚，但沒人在聽。」當時我心中喀答一聲，那就是我開啟自己旅程的時候。

我意識到我關心這個世界，希望總有一天我可以帶來改變。我當時並未清楚道出這跟人權有關，但我已經開始關心濫用權力以及受到誣控或成為眾矢之的感覺。

七〇年代在英格蘭成長，我清楚意識到種族歧視和極右翼「國民陣線」黨（The National Front）。我意識到經濟上的不公，但並未深入思考性別不公。那並不是不公不義的競賽，但現在我認為地球上的所有不公義裡，性別不公最深層，也最根深蒂固，或許也是我輩女性還耕耘不足的領域。我想，如果女權主義者潘克斯特（Pankhurst）遇到查克拉巴提，她並不會對後者的成就感覺佩服。

如果我現在遇到年少的自己，我想我會覺得她很早熟、好辯、非常嚴肅。我這幾年來的座右銘是：「人人平等，沒人更優越。」我要用谷歌翻譯成拉丁文，這樣每個人才會當一回事。

我會告訴年少的自己：「別這樣，你可以自信但不傲慢。可以憤怒但不要急躁。」而且我可能會告訴年輕的自我，要更勇於冒險。也許我會成為電影劇作家而不是律師——那是我早年的夢想。我並不是一直是「英國最危險的女人」，就像《太陽報》稱呼我的那樣。我是說，我是有好友的，我到今天都還是會跟他們碰面。

到了四十五歲，我依然在學習新事物、結交新朋友、調整對事物的看法，我希望這點能讓年少的我開心又訝異。我想我並不會太固著在既定的作風想法上。如果我告訴正在大學攻讀法律的我，我會成為「自由」（Liberty）這個人權組織的會長，那會是她夢想中的工作。如果我現在並未替「自由」工作，我就會每天晚上坐在酒吧抱怨我們權利受到的威脅，所以我真是享有很大的殊榮。可是那個十九歲的法律學生不會相信，幾十年之後，在英國這樣偉大的老民主國家，她為了反對刑求、為了延續「人權法」（Human Rights Act）而必須雄辯滔滔。這點會令她深感震撼。

如果可以回到過去，我會跟我媽來一場最後的久久對話。我會追問她一堆問題，多聽聽她在印度的青春故事，聽聽她有什麼抱負、希望和遺憾，以及她對我的期望。可是唉，那就是你在想像中可做的，以及實際生活中可行的，兩者之間的差別。

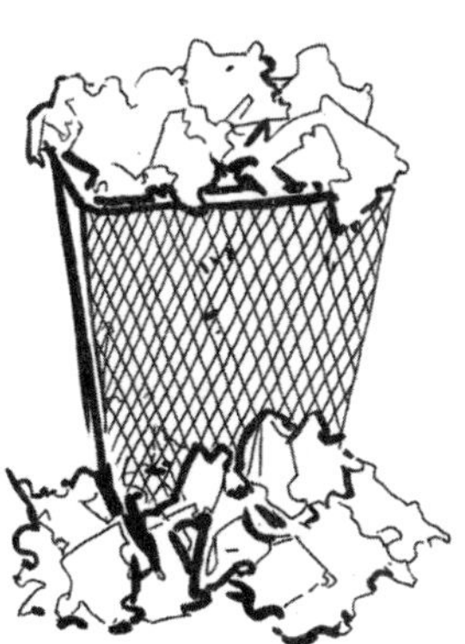

戴維娜・麥考爾　Davina McCall

英國電視主持人

二〇一三年六月十日

十六歲的時候，我依然陷在焦慮不安的青春期。在學校我不夠用功——我常去夜店跳舞和跑趴，沒跟爸媽交代自己的行蹤。我父母已經仳離，我一到假期就去法國的外公外婆家住，學期期間則跟我爸和繼母一起生活。我爸和繼母人很棒，他們要我寫日記、給我紀律。他們不用高壓的手段，但會為我設下界線。在法國則完全沒有紀律可言，這點我很喜歡，因為我當時十六歲，只想撒野瘋玩。我在那裡無人管教，可以為所欲為。外公外婆早早在十點上床就寢，我會爬起床溜出門，凌晨五點再回家。我並沒有飲食障礙，但當時非常削瘦，因為我吸食不少快速丸。所以在法國過了段時間之後，我會覺得回家以後還需要一整個月的假期。基本上我回英國就必須好好戒癮。

我十六歲深受初戀的影響，對方是個叫泰的男生，是我真正的初戀。可是當我回顧過往，有趣的是人如何熬過這樣的情緒折磨。我想，因為我成長的過程，以及時時必須因應母親心態而調整我的行為，我老是亟欲取悅他人，最後變得老是想取悅大家。老實說，當初面對泰，我想我有點失去自我。我試著成為他心目中的我。想到那個自以為長大成熟的小女生，我就覺得神傷。我想我們應該做自己，並且引以為榮。

我愛我媽，我知道她愛我。我還小時，我們的關係更好。她有酒癮，所以我耗費很多時間解讀她的情緒，確保自己不會惹她生氣或難過。有時候她真的很有趣，有時候就不是。我只在假期會見到她，而我的繼母人很棒，所以詭異的是，隨著我年紀漸長，有了自己的孩子，想跟某個人聊天或是碰上女生方面的問題時，我並不如過去那麼想念她。可是到了那時，我們母女的關係有點奇怪——她賣了幾則故事給報紙，讓我再也不信任她。繼母很不可思議，但我確實花了很多時間要我親生母親扛起母職。可是她就是辦不到，我現在覺得我當時強人所難，要求她擔起不可能的任務。

想到接受這次的訪談，我就覺得悲傷得出奇，因為我十六歲充滿焦慮不安。我當時沒工作或房貸，卻時時感到壓力。我恐懼遭人拋棄，這種「如果你愛我，我就會愛你」的感覺。想到那點，我想回到過去，給自己大大的擁抱，告訴她以後都會好轉的。當我想到那一點，我領悟到，那就是母親會做的事。我想為年少的我做親生母親無法為我做到的事；我會好好呵護她。

我會要年少的自己去上大學。高中最後兩年我掙扎不已，不覺得自己有辦法再花幾年接受高等教育。我現在確實很珍惜學習的機會，但當時我對學習一點興趣也沒有——我認為大學排在人生的錯誤階段。我現在會想上大學。我看著我的朋友，他們在大學交到很好的朋友。可是話說回來，當時我有不少朋友都很嫉妒我，十九歲就出門工作，獨力生活。

我會告訴年少的自己不要那麼擔心轉瞬即逝的事情。我很努力不去讀關於我的報導，不管好壞。可是當我在做BBC聊天節目，我一直在超市或載孩子上下學時得到同情的眼色——滿臉同情——我想「噢天啊，他們現在又寫了什麼？」最重要的是，我當時因為有懷孕的賀爾蒙問題要處理，同時又以為自己的事業即將走到盡頭，納悶自己未來要做什麼才好。另一方面來說，懷孕讓我覺得，綜觀全局，沒什麼比這個寶寶更重要。

這些年來，我想我已經不再會那麼低潮。既然已經熬過人生那些人們忍受不了你的階段——報紙以前說我老是大吼大叫——然後風波過去了，一切又好轉。還有，我現在更清楚自己擅長的事情。我想對於跟名人聊天我並不拿手，老實說，我會緊張。我比較懂得怎麼跟一般人對話。現在我人生最珍惜的事情，就是閒聊時光：某人聽我說話，我也聽對方說話。最重要的是，我很珍惜跟孩子共處的時光。

我的奶奶琵琵在形塑我的那些年養育我成長，非常強調禮貌和道德。雖然我曾經嚴重失控走偏[36]，但我想我之所以有很堅實的基礎，都是多虧了她。情勢變得很糟糕時，我真的痛恨自己，因為她讓我相信，我是個好人，我可以看出我逐漸成為的那個人並不好。最後促使我戒毒的，就是那種全然的自我厭惡。我知道我還在裡頭的某個地方。我

36 麥考爾二十出頭的時候，重度使用古柯鹼／海洛因。

的道德羅盤一直都在，而我最終回到了它那裡。

我頭一次想上電視，是想尋求認可，很多人都說我表現得不錯。可是我隨之意識到，名氣並無法給你認可。那是待在室內的工作。很幸運我一直到戒毒過後才去上電視；到了那時，我已經不再從夜店跟跟蹌蹌走出來。我之前讀電視電台主持人李察・貝肯（Richard Bacon）的書，他朋友為了兩萬英鎊出賣他。他最好的朋友！他當時二十一[37]，如此年輕。我想到我二十一歲忙著在做的事 感謝上帝我要到二十五歲才進電視圈，在我喝蘇打水的時候。我結了婚、生了孩子，就媒體來說，成了無聊到不可思議的人。

我不願改變真人實境秀《名人老大哥》（Big Brother）這趟精采旅程的任何東西。我從中學習甚多，真心熱愛與珍惜這份經驗。而且回顧當時，我很高興我見好就收。我想如果它在第四頻道延續更久，可能會漸走下坡，變得令人沮喪。那是個完美的結局。

37 1998年《世界新聞報》（*News of the World*）報導她吸食古柯鹼，導致兒童節目《藍色彼得》（Blue Peter）將他解約。

貝爾・吉羅斯 Bear Grylls

英國探險家和電視主持人

二〇一五年六月二十二日

我十六歲時就讀伊頓公學，試著找到認同。我覺得學業很困難，尤其遠離家裡。在那個年紀，我正要開始尋覓適合自己的位置：爬山和武術。我記得找了群朋友跟我一起練空手道，他們都比我壯碩和強健，漸漸地他們都放棄了，但我持續不輟。我熱愛訓練和紀律。爬山也一樣，我們安排到蘇格蘭的迷你登山行程，我就是愛，逆著風雨奮力上山。

我十六歲發現自己的基督信仰。我不是在教會長大的，但小時候自然而然就有了信仰。我一直相信有什麼。等我上了中學，我想，「如果有個上帝，他肯定不會站在講壇上講拉丁文吧？」可是我十六歲的時候，我的教父過世了，他就像我的第二個父親。我真的很難過，往樹上說了段很簡單的禱詞：「如果你還在，能不能請你陪在我身邊就好？」那就是某種開端，逐漸成長之後，成了我人生的骨幹。不管聽起來多瘋狂，我比以往都更深信，有個上帝，而祂就是愛。那是非常個人的關係。我依然不常上教會，但我每天跪在床邊禱告，那是我為了日常生活打下的基礎。

大體來說，相信上帝確實讓我比較不害怕人生。大家說我天不怕地不怕。唔，我會怕，我怕很多東西。我在軍中[38]的高空跳傘意外之後，依然必須常常跳傘，我覺得這件事很吃力。可是擁有信仰大大減低了我的恐懼，因為我並非孤身一人——我在這些戰役中奮戰的時候，有造物者陪著我，真是神奇無比。我的信仰確實在我對戶外的熱愛上扮演了某個角色——不管往何處看，都看得到奇蹟，在山間、在叢林。我想我也比較不怕死亡，因為我將死亡視為回家。

我會告訴年少的自己要感謝有爸爸的陪伴。他在我二十出頭過世，如果他能在我身邊更久該有多好。他是很棒的爸爸，暖心又有趣。他在我小時候教我爬山，真正鼓勵我勇於嘗試。他要我照料朋友、依隨自己的心。如果他活得更久，我會向他表達年少時不見得會展露的感激之情。我現在有三個兒子，比起以往都更感激我兒時他所做的一切，以及他給我的價值觀。

我也會告訴年少的自己不要害怕失敗。我去伊頓就讀，就像很多學校，在那裡有點像是生存練習，尤其當你並不是天生擅於運動或超級聰明，而我兩種都不具備。我花了點時間才培養出自信。我四周有那麼多孩子——我也一樣——很害怕跟別人不同，無論在班上或運動場上。我們從不冒險。可是那恰恰是人生的反面，在人生中，你必須闖出個人的道路，擁抱冒險並準備犯錯。

38 那次一摔，醫生擔心他可能會癱瘓一輩子。

到了我加入軍隊，我有自信可以照自己的方式行事。中學過後，我以二等兵的身分加入陸軍，而不是軍官。我中學朋友都以軍官身分進軍隊，但我想從另一端參與，看起來比較有趣，反正我對飲酒派對或那類事情向來不大擅長。我想在登山的泥濘中跋涉。

如果我現在遇到年少的貝爾，我想我會看到一個害羞的年輕人正努力認識自己。我以前都會試著穿流行服飾，把頭髮梳尖。如果我回到過去跟那個男孩說話，我會說：「那只是裝模作樣，反正你也不是很擅長，不必擔心那類的事，只要愛自己做的事情，保持笑容。如果你不想上大學，也不要擔心。學校只是人生的一小部分。」我爸以前總說：「不要在學校追求頂尖，要不然你會搞砸自己的人生。」

我想人生真正會讓年少的我驚訝的，會是我鼓勵年輕海軍的工作：在他們畢業的時候，分發綠貝雷帽給他們。我記得自己十六歲嘗試加入皇家海軍，當時緊張兮兮提著小行囊，出現在火車站，四周全是彪形大漢。我最後通過了，雖然當我離開中學時，我並未接受，轉而加入陸軍。可是如果你當時告訴我，我總有一天會以上校的身分回去，站在遊行廣場上鼓勵年輕的海軍，那裡是我十六歲時在泥濘中做伏地挺身的地方，我永遠不會相信。可是我上星期就在做這件事，真正覺得自己的人生繞了一圈回到原點。我確實覺得我爸面帶笑容俯瞰著我。

年少的我不會理解身為電視名人這件事。名氣不是目標。我甚至不看電視。如果有人告訴我，我會參與其中，我會說：「真的假的？聽起來不怎麼有趣。聽起來不大符合你的價值觀。」到哪裡都被人認出來是個缺點，可是當我們探索不可思議的荒野時，得到諸多的樂趣。如果有人告訴童軍時期的我，總有一天我會是童軍總長，我絕對會說：「你一定在開玩笑。」我以前是糟糕的童軍，沒得過多少獎章。

如果我想打動年少的貝爾，我會跟他說起攀登珠穆朗瑪峰的事。那是我年輕時真正渴望做的事，是我的一個夢想。我會警告他準備面對英國特種空勤團篩選的痛苦。那是為期兩年的漫長道路，我頭一次遴選失敗。要是我事前知道有多困難，我會對踏上這條路抱持質疑。但一旦進去，就是進去了。

我跟雷諾夫．范恩斯爵士（Ranulph Fiennes）很熟，他總是會提起預先準備的重要性。我的出發點不大一樣；對我來說，事情開始出差錯，就是冒險的開端。我不是喜愛準備與籌畫那種一絲不苟的人。很多偉大的冒險家都是，但我喜歡順勢而為，隨機應變，碰上意料之外的困難。

如果可以回到過去重溫任何時刻，我會很想回到珠穆朗瑪峰的峰頂，或是跟我死黨在同一天通過英國特種空勤團的遴選，或是兒時跟父親登山的一些時刻。可是說到底，我想我會選在我家一座北威爾斯僻靜小島上度過的時光。那裡有二十畝大，沒電力也沒通訊。只有我、妻子和三個兒子，哈克貝里、傑西（根據《聖經》大衛王的爸爸來命名）、瑪馬杜克（依據一次世界大戰戰鬥飛行員來命名）。這些時刻彌足珍貴。野餐、大量的歡笑、在岩石上瞎晃、游泳。我們幾個玩得樂不可支。沒有鱷魚，也沒有蛇。

大衛・卡麥隆 David Cameron

前英國首相

二〇一一年七月二十五日

我想告訴十六歲的自己，嘗試之後失敗，總比完全不嘗試好。失敗會讓你成為更堅強的人。對很多年輕人來說，因為某件事可能不會成功，就不該嘗試，這個想法會變得很有誘惑力，而我也不例外。在學校，有些科目和運動，我不見得都會盡力而為，只是虛應了事，隨波逐流而已，並未全心投入。

我把家人當成天經地義的事。如果可以回到過去，我會告訴自己：「你不知道自己有多幸運。」關於我的背景已經有過不少報導，但我成長的最大優勢並不在於財富，而是溫暖。我們一家都處得很來，總是互相陪伴，有許多愛與支持。我不確定我們當時是否足夠感激。我知道我因為聊過家庭對社會有多重要而受到批評，可是我只是把個人的想法和經驗如實說出來。當你背後有個堅實的家庭，就比較容易應付人生拋給你的東西。

我過去活在哥哥的陰影裡。他大我三歲，上同一所中學，是運動場上的大紅人，在學校戲劇裡永遠擔任主角。能夠有那樣的角色模範很棒，我也很以他為榮，但就像很多弟弟那樣，我總是覺得自己差了一截。如果我可以給年少的自己一點建議，我會說：「別擔心，你的人生不是預先設定好的，你會以自己的方式開創自己的道路。」一直要到離開學校，我才覺得自己脫離了哥哥的陰影，以自己的方式做事。

我父親有種神奇的能力，就是永遠都看人生的光明面。他有肢體障礙，腿很短，腳趾不全，沒有腳跟。可是他什麼事都跟我們一起做，打網球、游泳、度假，總是為我們帶來無比的樂趣。因為我在他身邊長大，我不確定自己當時是否明白他有多神奇，如果我再回到十六歲，我會親口告訴他。他的樂天態度很有感染力。他總是告訴我：「不管事情有多糟，如果你的心態正確，就可以克服它們。」這對於未來的政治人物來說，是完美的建議。在典型的早晨，你可能一醒來就聽到自己在廣播上飽受批評，早餐在報上讀到負面的頭條新聞，然後在下議院受到圍剿。可是在經歷這一切時，你必須將焦點放在大方向上，做正確的事，並且保持樂觀。

我到蘇聯旅行對於形塑我的政治世界觀來說，有著不可思議的影響。我年少不那麼關心政治，更不要說懷有成為首相的抱負——我不是那種在信封背面擘畫職涯的人。可是我中學畢業後在東歐國家四處旅行，為我帶來巨大衝擊；我永遠不會忘記共產政權底下的那種灰暗生活；缺乏選擇、自由和表達。我開始發展出政治意識、一種是非對錯的感受，尤其是自由的重要性，以及國家的存在是為了服務人民而不是掌控人民。

大衛・田納特 David Tennant

英國演員

二〇一八年二月十九日

十六歲的我，重心都放在普通中學教育文憑考試和應付青春期上。我童年過得非常快樂；我很幸運能由好父母扶養長大，他們將很多人生智慧傳承給我。可是我青春期過得不大順利，因為我總是意識到，我正在等待開啟成人階段。我發現身為孩子，無法控制自己的事情很惱人，而這一點在青少年時期更為鮮明。我知道我很想上戲劇學校。事實上，我想在十六歲就拿到第一份演出工作。也許甚至在十五歲，那是個反抽菸的廣告。然後我在蘇格蘭電視台的《Dramarama》[39]其中一集演出。我們到天空島上停留四天，我頭一次單獨住旅館。我大到不需要大人陪伴在側；我是自己的老闆，感覺就像一窺成人時期。

爸媽對我看待世界的方式影響很大。不過我在十六歲不會願意承認這一點——那個時期你會認為父母都是徹底的魯蛇。可是我想即使在當時，我內心深處很清楚這一點。他們給我的世界觀奠基於基督教觀點，他們是貨真價實的基督徒，相信眾生平等、以尊重和善意對待每個人、秉持「己所欲施於人」的態度。整體而言，他們不受制於有時伴隨著基督教信仰而來的右翼態度。他們思想開明進步。我很珍惜他們在人生中為人處事的方式。

《超時空博士》（*Doctor Who*）對年少的大衛影響很大。我也喜歡超級英雄，但在我小時候，《超時空博士》是我的熱情所在，也許因為我可以認同那個角色。我永遠也無法對「無敵浩克」（Incredible Hulk）產生共鳴，雖然我喜歡那套漫畫，但超時空博士感覺就像我可以嚮往成為的人，而且也許他也會想跟我當朋友。我想可以有個非硬漢型的人當孩子的英雄，是非常重要的事，而這一點是我在扮演超時空博士時，常常提醒自己的要點。多年以後發現自己即將扮演這個角色，感覺非常超現實。對孩提的我來說如此重要的事情，即將成為我成人生活的一大部分——事實上，就某種程度來說，它定義了我的成年生活。

如果你現在遇到十六歲的大衛，你會納悶他為什麼覺得用一堆百利定型髮蠟是個好點子，你會想不通他為何會認為以那種方式呈現自己是可以接受的。我確實對服裝有興趣，我記得發現二手慈善商店，它們帶來的機會令我興奮。有一度，我老是打波洛領帶領結，也許是想仿效搖滾歌手波諾（Bono）或歌手金凱爾（Jim Kerr）。那是我最愛的配件之一，搭配我從慈善商店買來的短夾克。我最愛的襯衫是別人給我的，渦紋圖案——紅底穿插黑色。令人詫異的是，當時的我還滿不尋常的，比我想的還大膽。我記得到佩

39 ITV的兒童連續劇。

斯利鎮上的一家夜店，我想它叫 Toledo Junction，那裡有人說我是怪胎，我想在當時隱約可以轉譯為哥德風格吧。但我並不是，不過我想在一堆穿運動裝的人之間，看起來就是。事實上我還被人巴了臉，就因為我打扮得有點時髦！

我想我跟好友相處時還滿外向的，但在我習慣的舒適圈之外就不怎麼活潑。儘管我打波洛領帶領結，一副大膽的樣子。我記得當時荷爾蒙引發的騷亂。我的腦袋大多時候都一團亂。我的內心翻騰不已，無法自在，但我想我還滿擅長掩飾自己的焦慮。我想我到現在都還是如此，只有最親近的密友才能一窺我表面底下的心思。

我十六歲想當演員，當時感覺還是有點荒唐。我不認識任何演員，我四周的人都在說，而他們說得也對，「這種想法很蠢，你沒辦法養活自己的。」這份忠告很不錯，但年少的我內心有一小部分認為他們有可能是錯的。如果現在可以回到當時跟他說：「你現在四十過半，而你依然過得好好的。」雖然我還不知道這種生活還能延續多久！

我記得離開戲劇學校後，得到第一份支薪工作的樂趣。我震驚地意識到，「耶，現在這樣就是了，不再是『打零工』了。你只能靠自己了，如果你現在沒辦法有所成就，就必須轉行做別的。生活不會是你一向想像的樣子。」對我來說，頭一份工作就是蘇格蘭大眾劇場的巡演，搭廂型車演布萊希特的戲。拿到薪水袋，棕色小信封袋裡裝了真鈔，給了我好大的成就感。我是個成人了，正在世界上闖蕩。

我在一九九一年離開戲劇學校，在二〇〇三年演出電視劇《卡薩諾瓦》（Casanova）

和《黑潭》(Blackpool)之前，已經在劇場當演員幾年。電視絕對會大大影響你的曝光率，突然間你在眾人的客廳螢幕上閃動，機會開始湧進來。我拿到《超時空博士》這份工作時，很快意識到人生已經有了轉變。以你突然間得到的注目程度來說，是很獨特的，其他的事情都難以比擬。很少人會因為拿到一份工作而上新聞。我以超乎我想像的方式，成了公共財。我記得以前老是在想，我會在某個空間裡，當某個電視上的人走了進來，空間裡就會泛起漣漪——「噢，瞧瞧是誰來了」，大家會又看又指，而那個名人顯然什麼都沒注意到。其實，當你成了那個名人，你心裡會想，「垂著頭，往前走，一直走到你要去的地方。」一點威風的感覺都沒有，只是令人害怕和緊張萬分。

如果我可以跟任何現在已經離開的人說上最後一段話，我會找我父母。其實還滿明顯的，他們就是你人格的基礎。而你想念那種平凡日常、敘舊的電話。在當時你永遠無法真正欣賞個中滋味，因為你只是忙著每天的生活。我想失去父母的其中一位，尤其是第一次……有如墜入五里霧，等於失去人生的定點。你知道總有一天會發生，但那種失落感是難以事先預備的。面對他們已經不在的事實，你永遠難以釋懷。我父母都不是突然過世，兩人都罹患了致命的疾病，疾病慢慢帶走了他們，所以並不會帶來震撼。我不知道那是更好還是更糟。看著你愛的人受苦毫無樂趣，但好處是你可以確定自己陪在他們身邊，並且盡可能有所準備。但永遠無法真的釋懷。

普茹・李斯 Prue Leith

南非裔英籍主廚和電視節目主持人

二〇一八年十月一日

十六歲的我在南非上學，原本對馬匹的熱愛，逐漸轉移到男生和派對上。我們住在約翰尼斯堡，生活風格就今天看來非常奢華，但在當年的後殖民時期感覺稀鬆平常，南非的富裕白人家庭都住在不錯的大宅。母親是演員，父親是生意人。我們快樂得出奇，關係非常親密。我們在外頭沒有很多朋友，但一家人常常一起做很多事情。我想我們過了個靜好的童年，我會將我的成功都歸因於孩提時代時時受到鼓勵。沒人因為我是女生就對我差別待遇，他們照樣期待我有優秀的表現。

母親[40]風情萬種，而我痛恨那一點。我想要一個胖嘟嘟的媽媽，像其他母親那樣來學校參加慶典、做蛋糕等等。有一天女校長告訴我，她請我母親來學校跟高中部談談莎士比亞。我心想，「噢，天啊，我會死。」我站在後方，心想這會是我這輩子最糗的一天。母親當時大約四十五，她上台演出十四歲茱麗葉在陽台上的那場戲，又扮演背部患關節炎的老奶媽，接著表演哈姆雷特。她風靡全場。我們都亢奮不已。我得意洋洋走出

40 演員佩姬・英格里斯（Peggy Inglis）。

禮堂，心想，「我母親是個演員。她當然沒辦法來參加學校慶典——她太重要了。」那次完全改變了我對她的觀感。

年輕的南非白人不會到鎮上去，所以我們只見得到可愛的僕人，像是我美妙的奶媽艾瑪，我愛死她了。我依然記得被她擁住的感覺有多好。她穿著白色無袖連衫裙，蕾絲衣領，我還記得她的衣領拂過我臉頰的感覺。不過，母親思想非常開明，她是反種族隔離抗議團體的創建成員之一，叫「黑肩帶」（The Black Sash）。我記得她在市政大廳階梯上抗議之後，黑外套上滿是人們對她丟雞蛋所留下的汙漬。她當時試著爭取讓黑人演員回到她的劇院團隊，跟白人演員一同演出。當時不能讓黑人音樂家上台。甚至不能找黑人演奧賽羅。黑人不能跟白人一起觀賞同樣的演出，真荒唐。

如果我現在可以回頭去找年少的普茹，我會要她對受壓迫的感覺更敏感。我們是壓迫者，所以我們從來不怎麼想到受壓迫者。想來就羞愧，我十六歲跟女生朋友咯咯笑，沿街蹦蹦跳跳，結果有個可敬的老黑人離開馬路，改走水溝，好讓路給根本沒注意到他的這幾個白痴。我原本以為自己思想開明，結果一直要到歐洲，才知道何謂非種族隔離社會。我發現很不可思議，甚至令人震撼，巴黎竟然有那麼多黑人。我可以跟他們一起坐在公共場所，在他們身旁喝咖啡，我覺得好怪異，因為我從未這麼做過。我以前是多麼自私又缺乏覺知啊。

那個對未來要做什麼一直拿不定主意的年少普茹，最後踏上我目前的職業生涯，會讓父親很驚愕。我原本想當演員、藝術家，各式各樣的東西，對料理則不曾起過興趣。我們家裡有個很棒的祖魯族廚子，查理。在我家，食物就像金錢和性愛，大家不會刻意談起。一直要到巴黎，我才發現人人都對飲食有興趣，而且看得很認真。我擔任互惠生(au pair)時，看到寄宿家庭的太太多麼用心為自己孩子準備精美的晚餐，我心想，「啊哈——原來一般人真的會在意食物。」

我參與BBC的《大英美食宴》(The Great British Menu)十一年之後離開，打算從電視退休。我賣掉自己的生意，忙著寫小說，所以我想我只要寫作就好。結果《Bake Off》烘培大賽電視節目出現了，我就是抗拒不了。我認識瑪莉．培瑞(Mary Berry)，原本就是朋友，我想對她來說有這節目會很不錯。她這輩子一直工作得如此賣力，埋頭苦幹，在她人生的那個階段，能有這麼高的成就，是很棒的事。然後我想，「唔，現在我也有機會可以享受那種滋味。」可是我沒看過那個節目，不知道有多轟動。我沒料到會得到那麼多矚目，但我喜歡。我很自我中心，能夠接受採訪和攝影，有人在超市對我說：「妳是電視上的那位女士嗎？」我還滿高興的。

我丈夫[41]在二〇〇二年過世，那段時間很難熬。我們犯了跟我父母一樣的錯誤。我們在自己的家庭裡快樂得不得了，老是窩在我們位於科茲窩(Cotswolds)風景區的房子，幾乎沒什麼朋友。雷恩向來有點隱遁的傾向，幾乎不離開自己的書房，連走進花園都很難得，除了家人之外沒人登門來訪。我不介意，因為我一個星期有幾天會上倫敦到

41 作者雷恩．克魯格(Rayne Kruger)。

公司[42]上班，我們會在週末的時候會合。雷恩過世以後，我並不想賣掉房子，但那就表示晚上得回到空蕩蕩的大房子。我記得有天晚上從火車站冒雨開車回家，哭得唏哩嘩啦，心想，「我要回去的是什麼地方？」但我哥哥人很好。雷恩還在世，我出門去的時候，我們都會在七點打電話給對方。他過世以後，我常常發現自己在七點的時候朝電話伸出手。有時候我會拿起話筒，改打給我哥哥，他會說：「啊，七點了，是時候來點兄弟之愛。」我在當地漸漸結交了一些朋友，然後再次走入婚姻。

如果我可以回到人生最快樂的時光，那會是一九七六年的夏天。兒子還不到兩歲。我收養的柬埔寨女兒在十六個月大的時候到來。我們當時住在倫敦的一間小小公寓，除了小陽台，沒有更多屋外的空間。後來我們搬進科茲窩區這幢美麗的老房子，然後開始翻修。沒有比打造自己的新窩更令人興奮的事了。那年發生大旱災，非常乾燥，但那就意味著孩子可以在陽光下四處奔跑。他們那時非常快樂，我們都非常快樂。那是最美好的一年。

42 1995年前是米其林星級餐廳李斯（Leith's），後來則開設普茹李斯學院。

Chapter 6

Friendship

友誼

喬安娜・拉姆利 Joanna Lumley

英國演員

二〇一六年六月二十七日

我出生在印度，在香港和馬來西亞成長，八歲上第一所寄宿學校，現在看來感覺過於幼小。這種作法似乎很平常，因為父母也是在國外成長，然後送回家鄉就學。我特別喜歡我的第二所寄宿學校，那是在哈斯汀（Hastings）後面山丘的英國國教高教會派修道院。修女都穿藍色長襪，腦袋靈活、討人喜歡。當時總共有七十位寄宿生，我快樂得不得了。

我們是非常天真的少女。到了十六歲，我們可以吻男生的臉頰。有一天，謠傳說有個女生「已經做了」，我們都心生敬畏。我當時長了點青春痘，頭髮很難打理。當時的音樂棒極了，披頭四正要起步，有艾佛利兄弟二重唱（Everly Brothers），貓王也還在演出，全都從盧森堡電台上聽來的，借來的電晶體收音機就藏在被單底下。刺激得不得了！星期六晚上，我們會在學校體育館，用丹斯特唱片機放四十五轉黑膠，一面跳舞。

如果可以的話，我們都希望自己看起來像法國影星碧姬・芭杜或義大利影星克勞蒂亞．卡蒂納，有她們的纖纖柳腰、硬挺的襯裙、俏皮的表情和粉色口紅。當時有種口紅叫做「粉紅卡布里」（Pink Capri），連「卡布里」這個詞都充滿異國風情，難以說出口。我們著迷於騎偉士牌機車兜風，像義大利影星蘇菲亞．羅蘭一樣兜著絲質圍巾。被誤認為法國女人是我最大的野心。

我會想告訴年少的我專心致志；我當時很愛現，老是搞笑和耍寶，對未來一面茫然，大家忙著複習功課時，我卻在筆記本上畫圖。想到要讀書，我就滿心害怕，我從來就不想上大學，等不及要到世界上闖蕩。我當時已經對演戲充滿熱忱，但因為長得高，通常不得不扮演男性角色。所以當我在喜劇影集《荒唐阿姨》（Absolutely Fabulous）飾演派西，開始戴八字鬍，那已經成了第二天性。我就愛逗大家笑。

我很高興那個懶惰活潑的小女生是在很久以前度過青春時光。如果那個小傢伙現在十六歲，就會是全然不同的光景，肯定會受到社群媒體的蹂躪。現在的女孩老是擔心自己的體重、別人怎麼看她們、自己該如何打扮，這種狀況實在可怕。那些事情對當時的我們毫無意義。我們試著讓自己好看的時候，頂多只是把襯裙泡過糖水，希望可以硬挺起來而已。

當年，什麼人都當得成模特兒。那時倫敦正時尚，突然間你就參與其中。我們自己上妝弄頭髮，搭地鐵到處去。我們掌控著自己的生活。當時沒有太多規定，我買了輛迷你奧斯汀，直接開到要去的地方，然後隨便停在路中間！我們在伯爵府區（Earls

Court）的公寓感覺就像天堂，雖說我們得共用房間。我們窮哈哈，可是如果四個人勉強湊得出九塊錢英鎊當房租，就很高興了。錢不是我們的目的：那是種非比尋常、有點嬉皮的感覺。我想現今金錢就是目的，而這一點把世界變成了不同的地方——酸腐、現實、硬心腸。

我二十一歲生下兒子。人生中有個人比你自己重要的多，這點大大翻轉了事情。我那時剛開始演戲，突然間必須付帳單、養家活口、買寶寶的衣服，這會讓人清醒起來。之前，我總是暈頭轉向。有時我會落得一窮二白，尤其在三十歲時接下電視影集《新復仇者》（The New Avengers）之前。要找到工作是這個該死世界最困難的事；當你是失業演員，大家會看出你眼神裡的絕望。但扮演波荻這個角色時，我跟最優秀的導演和演員扎扎實實共事了兩年。這節目大為轟動。

我和珍妮弗．桑德斯（Jennifer Saunders）非常親近。在《荒唐阿姨》裡，她飾演艾迪娜，和我扮演的派西形影不離，在現實生活中，雖然我們是成年女性，各有丈夫和孩子，兩人現在也都當上祖母，但我們親近到你連一張捲菸紙都插不進我們之間。扮演派西長達二十五年，是全世界最有意思的事。我們深愛彼此，影集改拍成電影時，由原班人馬一同搬演，我們興奮莫名。我們必須珍惜為我們帶來喜樂的人。必須記得說：「對了，我愛你」，也要告訴那些善待我們的陌生人，「天啊，你人真好。」當維多利亞．伍德這樣才華洋溢的人被帶走，就會對我們有所提醒。想到再也看不到她了不起的作品，我們就黯然神傷。她的演技真是精湛了得。

我一直很喜歡變老，所以變成七十歲很棒。我一直覺得我活出了自己，所以年齡只是附帶的數字。你永遠不會失去內心那個小小的你。我們就像樹木，隨著變老，我們會長出越來越多輪紋和層次，但內心依然是那個原本小小的你。活到七十歲依然在工作，我非常幸運。而且注意了，我工作一直很勤奮。

今年是我們結婚三十週年。我丈夫史蒂芬[43]和我看著對方，納悶時間怎麼過得這麼快。我希望這次結婚週年，我們可以一起度過，因為往年我常常忙著拍片，不然就是他出門指揮歌劇。可是今年太重要了——三十年真美妙。

我會告訴年少的自己，人在決定自己要有力量之前，會是無力的——不管誰都能披上蝙蝠俠的披風。我不是律師、護士、老師或任何真正有用的東西，但當你像我一樣是個沒有技藝卻擁有某種名氣的人，就可以運用它來吸引關注並改善他人生活。那是很大的殊榮，我試著秉持責任心加以運用，而這從來不是為了政治因素，而是為了這個星球和星球上的一切著想。

我最快樂的日子可能是我十二歲生日。那是個美好的春日，位於哈斯汀附近的美麗山丘上，父母送我一雙奶白色平底運動鞋，是我一直想要的，當時我跟好多有趣的人一起住在美麗的宿舍裡。我記得當時在想：「我會記得自己十二歲的時候，這是我最棒的一次生日。」而我每天都覺得自己像是十二歲，太美妙了。

43 英國歌劇指揮家史蒂芬．巴羅（Stephen Barlow）。

蘇・柏金斯　Sue Perkins

英國電視主持人和喜劇演員

二〇〇九年十月五日

十六歲的我過著雙面生活。我非常拘謹、愛書成痴、不擅社交，但大多晚上也會在廢棄的停車場，和遊手好閒的人一起暢飲兩公升的蘋果酒。這兩個面向都是真正的我——我是生性害羞、失敗的學究，但另一面的我是吵雜喧鬧的怪人，就是喜歡上電視的那個面向。我必須平衡這兩個面向，要不然就會開始有點悲傷。多虧在歷史飲食系列節目《Supersizers Eat》上，我得以一直喝得酩酊大醉。

我羨慕年輕的蘇心思單純。她熱愛書本、有好奇探索的心，但並未把那樣分析過程時時用在自己的人生上，結果老是苦惱憂慮。我當時對未來生活沒什麼想法，就某方面來說這是好事。孩提時代我非常快樂，跟父母有美好安穩的關係，對於自己是誰信心十足。每個人最終都會碰上情緒危機，納悶自己到底是誰，而我那種狀況很後來才發生。

我和玫兒[44]二十出頭歲開始做脫口秀、替廣播寫稿的時候，口袋裡都沒什麼錢，不過那是我人生最快樂的時光之一。我當時開始在想，也許有可能靠著胡搞維生。我的職

44　吉卓克（Mel Giedroyc），是蘇的喜劇夥伴。

業生涯充滿失誤和轉錯方向，可是我不介意——面對媒體時，就是無法因應自如。我害羞得不得了，無法建立人際網絡。

我和玫兒在ＢＢＣ第四頻道的《Light Lunch》做了兩年之後放棄，大家都認為我們瘋了，當時節目進行得還很順利，是份安穩的好工作。但我們都累了，我們渴望電視之外的生活。十年之後，她有了丈夫和兩個孩子，我則有了豐富的人生體驗，是電視無法買給你的。

我想現在我知道自己是誰，大家在我身邊就比較自在。身為同志不是我的認同，但知道我出櫃並能夠放鬆面對自己，大家就能平心靜氣。十六歲時我可能就知道自己是同志，但是以非常隱性的方式 一直要到二十二歲才交女友。反而，我有個長期的男友，後來發現他也是同志。他是個很棒的男人，跟他在一起我很快樂，在性愛和浪漫愛情上都是。所以我甚至不會對年少的我說：「妳也振作點，白痴——妳是同志耶！」因為我跟男友在一起很快樂，而且一直跟男性有很棒的關係。

十六歲的我不會相信我竟然不抽菸，而且不曾吸食一級毒品。我原本以為，自己在二十、三十歲大半時間都會吸毒吸到神智不清，可是我發現當我忙著工作和「活在當下」時，我快樂得不得了，覺得無比自由。去年開始，我不再那麼擔心自己在世界上的位置。我花了二十年試圖讓大家喜歡我，這點很累人，到最後自己反而會很狂躁、惱人。現在，我接受總會有人看我不順眼。

狄昂・華薇克 Dionne Warwick

美國樂手

二〇一二年五月七日

十六歲的時候，我有遠大的計畫。我打算成為首席芭蕾女伶、鋼琴演奏家、老師或攝影師，我依然認為那些事情能為我帶來跟唱歌同等的樂趣。但當我的腳韌帶受傷，無法再靠腳尖站立時，我知道自己沒辦法成為芭蕾女伶。所以我將焦點從腳趾轉到喉嚨。我天生有副好歌喉，來自愛唱歌的家庭，所以也許這是天生注定。可是一直要到我十九歲推出的唱片一炮而紅，我才決定唱歌是我要走的路。

我想我會立刻喜歡上年少的狄昂，而且可以毫無保留這麼說。我可以很乾脆地喜歡上當時的自己，而且一向如此。我將這點歸因於自己過去交遊廣闊，到今日都還維繫著那些情誼。我有個非常強大的家庭，而家庭是大家存在的定錨。年輕狄昂必須學習的大事之一，就是做決定的藝術，而這一點會受到她成長環境的影響。我滿幸運的是，我成長的環境充滿了愛、支持和承諾。

對於這一行，我沒有多少忠告可以幫助年少的自己。當年其實沒有什麼模式——你要不是有天分，不然就沒有。六〇年代我開始踏進這行時，競爭不如今天這般激烈。我們當時都是戰友，彼此關心和支持。當我有機會去見葛蕾蒂絲・奈特（Gladys Knight）或史摩基・羅賓遜（Smokey Robinson）或佩蒂・拉貝爾（Patti LaBelle），他們湊巧都是我的朋友，我就好整以暇去做這件事。

如果我告訴年輕的狄昂，未來會有什麼經歷，她一定會覺得難以招架。她會說，「妳在開我玩笑吧。」除了榮獲那麼多獎項之外，我認識了那麼多人，還在國王、王后和我們這行的幾位大亨面前表演過。當時我忙著巡迴演出，其實不大有時間思考那些事情有多麼令人難以招架，所以才有辦法因應。雖說如此，我每天都想辭退。你總會走到一個節骨眼，覺得疲憊不堪。但你知道一整個房間的人在等你做自己專精的事，所以你不得不振作起來，往外踏上舞台。

我心裡一直懷著形塑我這個人的強大回憶。我依然記得聽到自己的聲音從廣播傳出來，我想，「哇，等等，那真的是我嗎？」而且我依然記得我的第一座葛萊美獎以及第一張白金唱片。我有過一些種族隔離的經歷，這種現象在六〇年代很猖獗，但因為我總是跟同儕以及我敬重的音樂偶像在一起，那只是我不得不經歷的部分事情。我記得聽到金恩博士的死訊，當時我正搭機要去開音樂會，我抵達才知道他被槍殺了。當時我覺得好難受，糟糕透頂。

我的人生有時很難熬，因為毫無隱私可言。我接受大家欣賞我的專業，但我等於任憑大眾擺布。不過，我跟孩子或孫子在一起時，我會劃清界線，如果我們外出晚餐，我希望用餐時可以不受打攪。

我十六歲一直想成為四十歲。對我來說，那個數字有非常神奇的成分，我等不及要成為四十歲，現在我七十了，也有同樣的感受。我並不期待活到一百零五歲，但如果上帝這麼打算，你就得平心看待這件事。

格雷安．萊恩漢 Graham Linehan

愛爾蘭作家和喜劇演員

二〇一七年五月十五日

十六歲的我寂寞又沒安全感，受到霸凌，過得很不快樂。我著迷於科幻小說、漫畫、音樂和喜劇。我每天都有生存危機。我長得又高又壯，應該要充滿自信才對。但我擔心自己會爆發脾氣，所以為了不要惹禍上身，試著看起來矮小一點，所以永遠都有點彎腰駝背。我就讀的中學是男校，相當暴力，就像住在糟糕的區域長達十二年。對我來說，有趣的是，我們身為父母所做的第一件事，就是為自己孩子在監獄院落的生活做準備。我離開中學時如釋重負到令人難以置信。

我在十六歲完全失去信仰。基本上我讀了約翰．厄文(John Irving)的《蘋果酒屋法則》(*The Cider House Rules*)。在那之前，我信仰虔誠而且反墮胎，接著我讀了那本書，中心論點說得如此精采。我意識到自己對醫療過程的理解非常幼稚，停留在「殺死寶寶」的層次。我那時想，「等等，狀況比那要複雜多了。」然後我就稍有成長。當你對墮胎這樣根本的想法有所改變，其他一切也會跟著轉變，有如一串骨牌。也許那就是為什麼在愛爾蘭，天主教會會這麼害怕墮胎合法化。

如果不是因為早年完全相信那些宗教的東西，我想我不會是現在的我。當然，一等你不再相信，那些非常嚴肅的典禮和儀式突然顯得滑稽突梯。每個星期天穿上最好的衣服，熬過無聊透頂的一個半鐘頭——天啊，現在看來就是荒唐至極。只要認出那件事的荒唐，就能幫助你看出不管在哪裡出現的任何典禮有多荒唐。你到處都可以看到這種東西，也就是讓人們覺得很重要的那些傳統。

父親因為我拒絕教會而受傷失望；他一直保有自己的信仰，依然常常去教會。我們有一陣子針鋒相對，但後來捱過那個時期，終於能夠接受彼此並且有了共識。我爸這個人總是暖心正派，如果宗教是他生活的一部分，那也沒關係。我們在一些事情上顯然意見相左，但我想他表現得很好。他很棒，他說好無神論者會比不道德的基督徒更快進入天堂。梵諦岡絕對有一群紅衣主教想要修理他。

《蒙提巨蟒》對我影響力極大。我一聽到主題曲，身上就像有電流竄過似的，興奮到想吐。他們十分神祕。有些短劇你想不通他們想傳達的重點，而我愛極了這種狀況。我總是愛那些逼我動腦筋、期待我趕上他們的人，而不會為了我降低難度。接著是電視情境喜劇《弗爾蒂旅館》（Fawlty Towers），一個幾乎完美的藝術作品。不管我做什麼，都只是試著仿效《弗爾蒂旅館》的〈旅館查驗人〉（The Hotel Inspector）或〈老鼠貝索〉（Basil the Rat）的內容，就像使勁按下握手整人器，用力到你以為腦袋都要掉下來似的。

我想會讓年少的我最開心的，就是聽到他的未來會有好多女生，但我想他不會相信。十六歲的時候，他還要等兩年才能跟女生接吻。那種感覺，覺得自己長得醜也不有趣——我很想回到過去告訴他：「撐住啊，狀況會好起來的。」跑音樂新聞會有幫助，寫喜劇也有用。你會認識有趣的人，而她們當中有些人會願意跟你上床。

我很以情境喜劇《泰德神父》（Father Ted）為榮，但是我學到，發展到一個階段，你就必須將主控權交給觀眾。你沒辦法永遠擁有它們。我和亞瑟[45]曾經到克萊爾郡（County Clare）參加「泰德神父週末」活動。現場的每個人都打扮成神父、主教和修女，真是棒極了。但走走逛逛一陣子之後，我開始有種不自在的感覺。我看到裝成神父的一些人，跟著扮成紅衣主教的某個人，笑得前仰後合，不過接著他們注意到我和亞瑟，就侷促不安起來。我們沒打扮成神父，只是穿著普通衣服。我們這才意識到，「我們搞砸了。」我們在場害得他們無法入戲，難以假裝自己置身於《泰德神父》裡。我們覺得自己不該參加這類活動，因為我們會打破魔咒。那一直是我後來對一切的想法。一旦你完成了，就必須走開，將它交給觀眾。

如果能夠跟年少的我說，以後他會寫出對愛爾蘭人極富意義的東西，我很得意愛爾蘭人對《泰德》都朗朗上口。我想它可能多少以健康的方式改變了愛爾蘭社會。我想我們等於割開了一個毒瘡。你不能要求作家做更了不起的事，這已經是極致。唯一的小問題是，我必須向他承認，你只有在職業生涯的開端才能做到這件事。

45 麥修斯（Arthur Mathews），萊恩漢和他合寫這個情境喜劇一段時間。

從反抗體制得到的快感令人上癮，尤其在壓抑多年之後。就像一條巨型橡皮圈原本被拉了又拉，突然放開來，最後射了出去。我覺得那就是我十六歲的經歷，而那種推進力一路將我帶到這裡，四十九歲，依然想要好好教訓自己能找到的混帳。

就關係而言，我會告訴年少的自己：「如果你考慮做點不道德又有些惡劣的事，記住，你後半輩子都會忘不了。也許一時感覺像是得到免死金牌，但它會讓你下半輩子都覺得不安。如果不會，那你可能是個反社會的人。」我對關係向來很焦慮，高度意識到關係可能會終結，所以往往很快主動結束。我想我有那種想要補償失落時光的心態，因為我年少時期沒受到足夠的關懷。所以我尋尋覓覓了好多年，使得我一直不快樂，也不是個稱職的男友。這點依然是我不快樂的主因。偶爾妻子會聽到我說「呃啊」，她會問怎麼回事，我就會說：「我剛剛想起二十五年前發生的事。」

如果可以回到人生的某一段時間，我會選擇跟亞瑟共筆的那幾年。我想沒有比歡笑連連更開心的時候。一直笑個不停，笑到有時無法呼吸，跟亞瑟合寫東西就是那樣。你會進入工作狀況，開始為了某個構想笑出來，他會開始笑，然後把他的構想告訴你，然後你又會笑得更厲害。我們一起想出猴子神父爬上書架、對大家亂丟東西的那個晚上，我可以清楚憶起，當時我身上湧流而過的腦內啡。我們笑到停不下來。就是這麼歡樂，徹底的歡樂。我們當時有種魔力，但現在找不回來了。我們已經變得大大不同，已經無法回到當初那個狀態。獨力寫作遠遠比不上當年。

麥可・溫納 Michael Winner

英國電影導演

二〇一二年四月九日

十六歲時我正處於高峰，從那之後一路走下坡。我在二十六家當地報紙有個演藝專欄，也是音樂雜誌《NME》的影評家。倫敦帕拉丁劇院每兩個星期都有大明星過來，如狄恩・馬丁、納京高、鮑勃・霍普，他們不像今天的大明星那樣受保護、閃避大眾，所以我到處走逛，認識他們。我以前很害羞，現在依然如此，但是當我想要或需要什麼的時候，就會變了個人似的，意志堅決。我從五歲開始，就知道這輩子除了導演電影之外，什麼都不想要。

如果可以回到過去，我會在父母身上花更多心思。父親很討人喜歡，母親雖然瘋瘋癲癲、賭博成癮，也很可愛。但我二十歲就成為電影導演，全心投入，滿腦子只想導演電影、跟演員廝混、跟女演員來點韻事。說難聽點，我父母就是沒那麼有趣。我對這點深感懊悔，因為他們真的很愛我。

我十七歲的交了女友。她在我家床上脫了衣服，渾身赤裸，正準備來個，呃，你知道的……她對我說：「你不脫衣服嗎？」那時我還沒脫掉襯衫——我嚇壞了。到了十八歲，我好巧不巧認識了個花痴，她不容許敷衍了事。她決心好好試上一試，將我帶入性愛的世界。

如果我現在遇到年少的自己，我的第一個想法會是：「他很帥」。雖然我當時覺得自己很醜。我也會認為他很害羞。但是如果他告訴我，他在年少時期已經做出的成績，我會想，「這傢伙還真優秀。」可是我當時並不這樣看事情。

年輕的我不會很訝異，我後來成了成功的電影導演，因為我向來知道那就是我人生的目標。我無憑無據，但相當篤定，然後我就讓目標成真了。如果我回到過去告訴他，他不只會為電影圈最知名的一些演員導戲，也會跟他們成為好朋友，他會想，「我的天，這比我預期得還要好。」他會為了我交到如馬龍．白蘭度、勞勃．米契、奧森．威爾斯那麼多好朋友而感到佩服。

奧利佛・李德（Oliver Reed）是我遇過最棒的人。他非常敏感害羞，需要來一杯，因為他非常恐懼人生和人。他不會在拍片現場喝酒，但會在晚上喝。我們在德國出外景時，每天晚上都得替他換旅館房間，因為到了晚上，他會在旅館到處對著德國國旗撒尿、舉手大喊希特勒萬歲。他會在隔天早上進來，安安靜靜、很有紳士風度，我會告訴他，我不得不幫他換旅館，他會說，「為什麼？」他什麼都不記得了。他很討人喜歡。我沒在父母的葬禮上哭，但我參加李德葬禮卻掉淚。演藝圈只有我一人去參加。他所謂的朋友，像是肯．羅素（Ken Russell）導了他好多電影，都懶得去。真糟糕。

有人警告我難以合作的那些演員，我卻跟他們相處甚歡。白蘭度、米契、蘇菲亞．羅蘭，從沒跟我交惡過。導演羅曼．波蘭斯基（Roman Polanski）跟我說過，在拍《唐人街》（Chinatown）時，美國演員費．唐娜薇（Faye Dunaway）非常難纏。可是我只能說，對我而言，她很專業，人非常好。不過後來，她在自傳說過，她跟我合作的那部片是她唯一覺得享受的。我都稱她小費。畢蘭卡斯特嘗試幹掉我三次，但他是我的摯友，一個出色的演員，只是脾氣極差。

我犯過一些錯誤。我竟然推掉《春風不化雨》（The Prime of Miss Jean Brodie）、《霹靂神探》（The French Connection）、《詹姆士．龐德》！我為什麼要推掉詹姆士．龐德？真瘋狂。我從來沒拍過一部電影，可以給我幾部龐德電影所能帶來的聲望。導演尼古拉斯．羅伊格（Nicolas Roeg）告訴我，我不應該一副很享受導戲的樣子。我當時還想他瘋了，可是英國人顯然不喜歡看到有人很享受的樣子。他們喜歡看到你苦哈哈，針對電影的智性面向大放厥詞。

等我死的時候，報導會寫「《猛龍怪客》（Death Wish）的導演過世了」。不過，我不會在意的，《猛龍怪客》是一部劃時代的電影，是電影史上主角殺害其他平民的頭一部電影。從來沒人這麼拍過，而從此之後也是最常被模仿的電影。這部電影名列導演昆汀．塔倫提諾的前十大電影清單。

我去年終於結婚了。很有意思。我們找演員米高．肯恩和他妻子來當結婚證人。公證人說：「有沒有什麼理由是這兩位不該結為連理的？」我說：「唔，我不是很確定。」米高說，「拜託，你可以難得閉上嘴巴一次嗎？麥可。」

羅傑・達崔 Roger Daltrey

英國音樂人

二〇一八年十一月五日

我十五歲生日就結束學業了。我被送到青少年就業服務員那裡，他替我找了份工作，在建築工地擔任電工助手，但我從沒看到電線，只是負責疏通水管。我當時心想，「幹，這明明是配管工程」。到了十六歲，我在南阿克頓（South Action）的板金工廠工作。說是工廠也太過頭，那裡比較像是石棉搭成的棚子，有二十個傢伙負責製造早期的電腦櫃，大得跟坦克車似的。當時是我最快樂的日子之一。有些傢伙剛從馬來半島和韓國回來，我們常常會忘掉那兩場戰爭。我們唱歌歡笑、享受情誼，樂趣橫生，雖然工作得很辛苦。

青春期那幾年充滿焦慮、精力、睪丸激素、偏執。我在學校受到霸凌，所以我的「逃跑或戰鬥」的開關永遠開著，如果覺得受到威脅，我學會先下手為強。也許我是有點好鬥的傢伙，但我不覺得自己是個惡霸。

我想像的未來就是成為搖滾歌手，那早已是我的動力和願景。我十一歲時看到貓王，但真正深入我心的是朗尼・多尼根（Lonnie Donegan）。我被退學的原因就是我除了音樂之外，什麼都不想知道。每天晚上我都出門跟樂團一起表演，我們當時正開始在俱樂部拿到支薪工作。

我這個世代差了一年錯過國家兵役，謝天謝地。要是服役，我不知道自己的人生會怎麼發展，但我會安然度過才對。我不在意一點紀律，參加過少年軍，在那些年，我們都為了下一場戰爭受訓。我學會吹軍號和列隊行軍，但軍中也教我們民主制度怎麼運作。我成了隊上的歌手；因為我當時很矮小，中士都會讓我坐在他的肩膀上，要我唱歌。

我們是建造的一代，成長期間一無所有，一切都被戰爭摧毀了。你什麼都沒有，如果想要什麼，就他媽的自己打造。我做了自己的第一架電吉他，仿造Fender這個品牌，當時我們正在籌組樂團。約翰[46]加了進來，我們個性南轅北轍但還處得來，他是天才貝斯手。皮特[47]也加了進來，媽的，他完全來自不同層次。他透過寫作和才智，寫出水準不同於他人的歌曲。我很樂意放棄吉他，完全跟板金工人的身分搭不上，而且我的手因為卸了幾噸板金已經割得亂七八糟。所以那就是我們這一夥。當慕恩[48]加進來，那就是啟動的關鍵。我們轟隆隆出發了，就像噴射引擎。即使在當時，我們的能量也不同於其他樂團。

懷著怒氣、焦慮和偏執，總有深深的敬意，那就是何許人樂團（The Who）可以維繫

46 樂手安威索（John Entwistle）。
47 陶生德（Pete Townshend）。
48 奇斯（Moon Keith）。

下去的原因。在巡迴的時候很風光沒錯，但等我們各自回到家，對彼此抱著深切關懷，就像一家人。媽的可別輕易闖進來搗亂——你撐不過兩秒鐘的！

我實現自己向來夢想的事，但我的內在一直是那個小孩。名氣是奇怪的東西。我們都想要有錢出名，我們確實變得有錢有名，但你們依然是同一批傢伙。我不想當那個被捧得高高的明星，我一直對這點很不自在。我現在躲在鄉間，有點隱士的意味，不過那是自主的選擇。我喜歡跟孫子、家人在一起。

我二十歲成為父親。當初從家庭出走，是認為我去追尋自己的夢想，對每個人——賈琪[49]、兒子賽門、樂團、父母、姊妹都好。好過於嘗試做自己應付不來的事：住在旺茲沃思（Wandsworth）的公營住宅結婚育子，往下望著樂團的廂型車，側面畫著箭頭和「繞道」（The Detours）[50]——它正吸引我走下樓。結果就成功了。我不是完美的人類，但我希望能從自己犯下的錯誤有所學習。

我會給年輕人的忠告是，留意自己放進社群媒體的東西。因為人生不是往下看著螢幕，而是抬起頭來。年輕世代有這樣的癮頭，我們就要邁向大災難了。要是不小心，你的人生眨眼就會消失。

年少的我會很愛〈Baba O'Riley〉這首歌，可以引起世世代代的共鳴。裡頭的橋段「不要哭，不要抬起你的眼睛，那只是青春的荒原」，如果那不能正中新世代下懷，我不知道什麼可以。可是透過青少年癌症信託基金所認識的年輕人，對我多有啟發。他們真

49 達崔的第一任妻子。

50 樂團原本的名稱。

是棒透了。

我人生有兩個「靈光一閃的時刻」：第一個是朗尼．多尼根的音樂，第二個是我的家庭醫師艾卓安．懷特森（Adrian Whiteson），他啟動了青少年癌症信託基金。青少年診斷出癌症，在兒童病床上醒來，隔壁躺著兩歲孩子。我回想自己人生的那個時期，當時我如此孤立，每天到河邊散步，老是從學校蹺課。我想，「老天，想像一下如果你得了癌症，跟隔床尖叫不停的小孩住同一間病房？或者更糟的是，跟老年病患在一起。」不管我還有多少餘生，我都決心投入並改變這種狀況，但這是一場硬戰。

今天年輕樂手受到的訓練比我們以前好多了。偶爾你會看到火花，像是紅髮艾德（Ed Sheeran）首次為青少年癌症信託基金演奏的時候。他是個傑出的年輕人。自己獨力做那麼多事？大家以為很簡單——才怪！他真是不可多得的傢伙。我們有他們這些人為我們演奏。北極潑猴樂團（Arctic Monkeys）會活躍好長一段時間，而我希望蓋勒格兄弟檔（Gallagher brothers）可以復合。我要給他們的建議是，媒體講的那些東西，等於是當今版本的摔角——那不是真的，就釋懷吧。

如果可以重溫哪一天，我想回去給海瑟一場正式的婚禮。我們當初一時衝動去公證結婚。然後上酒吧，跟祖特．馬尼（Zoot Money）、史提夫．艾利斯（Steve Ellis）和幾個好兄弟一起找樂子。我不知道她是不是想要一場正式婚禮，比較是我覺得過意不去。我們在五十年前的九月認識。維繫婚姻的祕訣是什麼？問她吧，我不知道！

我很想回到過去跟慕恩講最後一次話。我要對他說什麼？「你這傻混蛋！」不，我不知道我會不會說什麼——我只想給他擁抱。我們都愛他。以前那時候我們不懂戒毒，只能用少少的知識勉力而為，可是很難。跟慕恩在外頭順遂過一天，會是你人生中最棒也最有趣的日子之一。跟慕恩過不順的一天，會是你最慘的夢魘。可是跟慕恩好好在外頭過一天，可能會是你人生中最精采也最有趣的一天。

威廉　will.i.am

美國樂手

二〇一八年三月十九日

打從十七歲起，我一直在對十六歲的自己祈禱，也對六十歲的自己禱告。比方說你想成為樂手、醫師或傳道士，不管是什麼，你都對未來那個版本的你禱告，好讓自己繼續走在正確的道路上。隨著年紀漸長，如果你也對過去的自己禱告，並一直忠於他，你就可以避開很多錯誤。一直跟年少自我和未來自我保持連結，在我做過的每個決定上都有幫助。我明天要去脫衣舞俱樂部嗎？也許不要，因為六十歲的我現在正在對我禱告，要我別做那種爛事。同理，我也不會沉迷在瘋狂的活動上，像是在青少年時期從事危險性行為。打從我十六歲開始一直對我禱告的那個小傢伙，為我設下座標，幫助我抵達目的地，就像衛星導航似的。上帝會行神妙的奇蹟，但除非你自己有所付出，否則他沒辦法為你做任何事情。

我十六歲在學校，但十七歲就簽到唱片約。我和死黨apl[51]，一起開創黑眼豆豆，我們是超級夢想家。大家會跟我們說我們爛透了，可是我們只是想，「屁啦，你根本不

51　菲律賓裔美籍饒舌歌手和製作人阿蘭．潘德拉．林道Allan Pineda Lindo，又名apl.de.ap。

懂我們知道的東西」。我們的心態就是不同。你不能傲慢到無視每位批評的人，有時裡面不免帶點真相。你也不應該被讚美沖昏頭，大家都跟你說你們棒得不得了，有時候可能成為致命弱點，可以讓你癱瘓。你必須知道該吸收什麼、該忽略什麼。你必須保持冷靜，避免意氣用事。壓力沒什麼不好——壓力會做出鑽石。

過去，我和家人生活在充滿壓力的環境，我成了自己目標的主宰，不耽溺在引發壓力的事情，將每個問題當成有待破解的謎語。我藉由嚴以律己、跟不會加重問題的人相處，來達成這個目標。我媽對於我可以跟誰打交道，非常嚴格。而祖母給了我神奇的禱詞：「我們滿懷謙卑來到祢面前」，幫我發展出自己的禱告風格，等於給了我定位羅盤，讓我永遠知道自己的方向。所以即使你在某種環境跟某類人活動，那不表示你就會走偏了路。那段禱詞就像我的免疫力，如果我在染病的地區活動，我等於打過B肝和C肝疫苗，這樣我就不會得到肝炎。

我想我並不是很政治化，我是有社會意識。我們在貧苦的街坊長大，暑假時，沒有學校可以供早餐和中餐，而那些可憐人一天沒辦法餵自家孩子三餐，頂多只能給一餐。所以我母親幫忙推行夏季午餐計畫，也替我們報名擔任幫手。很重要的是，由社群來餵飽社群，而不是仰仗街坊之外的有錢人出手，這點培養了我創業的精神。我媽也有份保母工作，專門幫忙貧民區那些身兼三份工，放學過後無法看顧孩子的父母。我舅舅負責教那些孩子籃球，那就是為什麼我回到自己成長的貧民區創辦電腦學校和機器人計畫。

年輕人告訴我他們想當明星，我覺得很心痛。我認識脫衣舞者明星、妓女明星。我不知道「明星」這個詞他媽的是什麼意思。我成長期間並無意當明星，我只是想照顧我媽。我甚至沒打算找唱片約，之所以簽約是因為我對即興很拿手，在自由發揮饒舌戰競賽時被星探注意到。在Eazy-E[52]以前，我並未主動追求唱片約，他在我十七歲簽下我，後來在一九九五年過世。我們推出黑眼豆豆時，我當時想，「我現在知道什麼是唱片約了——我們正需要。」

我在二〇一五年寫下〈Street Livin'〉，那是我寫的第一首沒有節奏的歌曲。原本是我在飛機上寫的一首詩。我當時正要到中國去替我的人工智慧公司募款。我正在思考過去一百年來黑人祖先的機會如何轉變，思考我們怎麼從「黑鬼」（coons）——因為別人就是這樣叫我們的——到「犯人」（cons），在矯正機構進進出出。只要寫完一首有趣的歌，像是〈Boom〉或〈My Humps〉，我就必須寫一首有意識的詩或深度的思想樂曲。我們做這件事不是在想「我們必須靠這首歌贏得葛萊美獎」或「我們要用這首歌賣光演唱會的票」。我們可以做像《E.N.D.》那樣的專輯，知道我們可以表現得超級亮眼。〈Street Livin'〉不是寫給大眾的，重點也不在於數字或喝采——議題才是重點。

我頭一次拿我的圖像小說《Masters of the Sun》給傑米．福克斯（Jamie Foxx）看，他沒把我當真，直到我向他證明我有能耐。他又何必把我當真？他應該要逼我工作得更賣力、超越自己的極限來獲取他的注意力。只做一本書，抱歉，那不夠好。誰都能做一

52 幫派饒舌團體NWA饒舌歌手，他在1986年推動自己的品牌「無情唱片」（Ruthless Records）。

本他媽的書。可是當我告訴他：「瞧瞧這個，我用擴增實境讓我的書活了起來」，他的反應是，「什麼？好，我們就來做吧。」

在我做的所有事情裡，我想十六歲的我最喜歡〈Street Livin'〉這個計畫：這本圖像小說、擴增實境、音樂、錄影。他問哪家公司要做那本圖像小說，我會說，「就我們啊，兄弟，我們自己的公司。」「什麼意思？我們自己的公司？」而我會說，「對啊，兄弟，咱們的案子可多了，像我們也有人工智慧的東西。」「什麼人工智慧的東西？」「別在意，等你大一點，我會把事情全都告訴你。你現在只需要知道，別管那些愛潑冷水的人，專注就好。當事情變得難熬起來，當你腿軟的時候，繼續移動、繼續前進。不要放棄。」

我第一次嫉妒一位藝術家，是在我看到林—曼努爾・米蘭達（Lin-Manuel Miranda）的饒舌歌唱音樂劇《Hamilton》時。我當時的反應是「等等，他們饒舌竟然都不停！連換氣都沒有！」一切如此完美，從上到下、從頭到尾。每一行都跟下一行互補，整個故事都押韻。我的反應是，這也太屌了吧！

歌唱選秀節目《好聲音》（The Voice）就像神奇的假期，我喜歡來到這個國家，置身於那些人之間，他們讓我聯想到那個滿腦子音樂夢的十六歲自我。我現在的夢想很巨大，可是我當時也有巨大的夢想，就是照顧我媽。我帶她看我買下的第一棟房子，她問：「這裡房租多少？」我說：「媽，房子我買下來了。」我住公營住宅時，不知道什麼是房貸。我們每個月付一百美金租屋。我跟我媽說，我的房子一個月價值五千美金，她說：「一個月五千美金？小威，那可以住公營住宅四年耶！你付得起嗎？」我說：「別擔心，我不會失控的。我知道怎麼在壓力下工作。我很拿手。」

我的摯友alp是認養的孩子。他在五歲得到贊助，當時他住在菲律賓的村莊。收養他的父親是蘇格蘭人，apl十四歲時，養父將apl帶來美國，好讓他上學並接受眼睛手術，因為apl半盲。我之所以是現在的我，是因為我在十四歲認識他。我從高中畢業時沒去參加畢業典禮，因為apl的畢業典禮也在那個時間，我去看他畢業。他說：「你來這裡幹嘛，你的畢業典禮怎麼辦？」我說：「沒關係啦，你來美國才四年，我想親眼看你畢業。」

如果我可以回到過去的某一天，就會是apl的爸爸對他說：「兒子，我要帶你去美國上大學。你想上哪間大學？」apl說：「我想跟小威一起做音樂。」他爸叫我過去並說：「我把阿蘭帶來美國上大學，現在他說他想跟你一起做音樂。我想你應該想想你的職涯選擇。如果你確定那是你想做的事，那不歡迎你再到我家來，你們下星期就得離開。阿蘭現在由你負責了。」我明白他當時為什麼那麼憂心生氣，在他付出那麼多之後。我不知道我當時為何那麼篤定，可是我去找apl並說：「別擔心兄弟，我們會成功的。」我們哭成一團，原本可能會崩潰，就像我們在Eazy-E過世，彷彿門就當著我們的面關上的時候。可是我們再接再厲，直到有一天我們一起以黑眼豆豆的名義回到菲律賓。以前習慣叫這個小傢伙「Nub Nub」的那些人，因為他是半個黑人，這會兒把他當成菲律賓國寶一樣大肆讚揚。我看出他的感受。我也覺得彷彿回到了家鄉。

Chapter 7

Tenacity

韌性

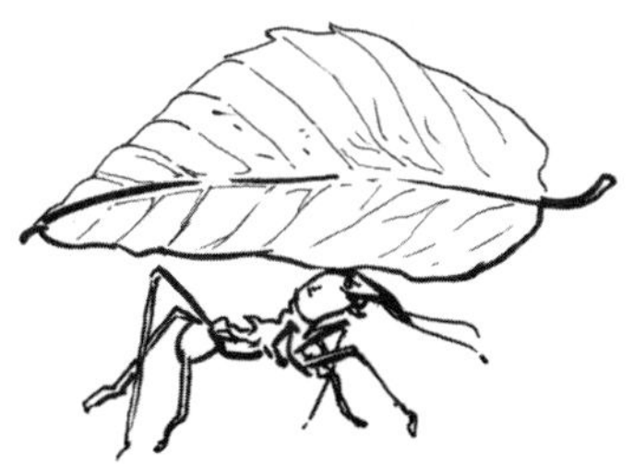

奧莉薇亞・紐頓-強 Olivia Newton-John

澳裔英籍演員

二〇一五年三月九日

十六歲時，我剛剛離開學校，跟三個女生在一個小爵士四重奏演唱，到墨爾本的夜店四處表演。我們按照當時的流行，打扮成披頭族（beatnik）。我的演唱、男友和騎馬，是我當時的生活大事。

我想我當時很樂天，至今依然如此，可是也有點焦慮。父母在我九歲仳離，我們原本住在學院，母親是校長夫人，後來變成我和母親相依為命。這點在我心裡留下創傷。當時離婚沒那麼普遍，跟朋友說這件事很尷尬。我有些朋友的母親也會散發出某種緊繃感，我現在才明白是因為我母親長得很美。我們當時從沒討論過這件事，但現在我明白，她的疏離有一部分是我造成的。

父親在英國布萊切利園（Bletchley Park）情報部門從事破解德軍加密裝置計畫，但是他從未開口談過，因為上級不准他說。他過世以前，給我們孩子一些錄音帶，他在裡面談了點這件事，他戒心還是很高。我去看了由班尼迪克・康柏拜區（Benedict

Cumberbatch）主演、講德軍加密裝置破解計畫的電影《模仿遊戲》（The Imitation Game），讓我好希望自己在爸爸在世時知道更多，這樣我就能問問他這件事。

我十五歲以前一直想當獸醫，在工作上跟動物相處。可是我數學成績不好，不可能成為獸醫，感謝老天我歌喉不錯。我十五歲參加電視才藝比賽，令我訝異的是，我贏了。我媽要我把書讀完，但上電視的機會突然紛湧而來，我又急著想投入唱歌事業。我拿到兒童節目的工作時，報紙上甚至起了爭議——她應該接下工作，還是把書讀完？最後我接了工作，就這樣踏上演藝道路。

我十六歲去倫敦，那是在電視才藝節目勝出的獎勵。我發現那裡讓我難以招架，好想回家見我男友。我不喜歡倫敦，說了「冷死了！」這類荒唐的話。我一直訂返鄉的機票，母親卻一直取消，說既然人都來歐洲了，她希望我去上皇家戲劇藝術學院。可是我對演戲不是很有興趣，我只想唱歌。我可憐的母親，那是她無法稱心如意的另一件事。現在我回顧過去，真希望我可以跟她說抱歉。

我對拍攝《火爆浪子》（Grease）有很多疑慮，我是你能想像最緘默的珊蒂。我之前才拍完一部叫《Toomorrow》的電影，原本以為會很轟動，結果票房慘澹。所以我當時正在考慮集中火力在發展順遂的歌唱事業上，不要再拍另一部電影。我也擔心自己年紀太大。我要求先跟約翰．屈伏塔試鏡，確定自己看起來符合年齡，珊蒂這個角色十七歲，而我都二十九了。可是約翰希望我演那個角色，為了配合我大費周章，而我們兩個試鏡也相當順利。他很討人喜歡，我們拍電影的那段時間很愉快，我們永遠都是朋友。

我記得在洛杉磯出席《火爆浪子》的首映，民眾為之瘋狂。我們當時搭敞篷車，他們簡直撲到我們身上。我想當時《週末夜狂熱》（Saturday Night Fever）剛上映。然後我們去倫敦，車子差點被掀翻。可是這些事情不曾讓我得意忘形，我永遠記得有人告訴我，「明天就輪別人了。」我有很強的現實感，在澳洲受過很好的教養，他們在那裡喜歡讓你學會腳踏實地。我想那點很重要，如果你相信自己的新聞稿，人生有時會很令人失望。

我失去我爸的那天，診斷罹患乳癌。因為我必須接受手術、開始治療，無法回鄉參加葬禮。那段時間非常難熬，可是我必須照顧自己的健康。那時我有個女兒，克蘿伊當時還小，所以我有理由堅強活下去。我等待最後的診斷時，心懷恐懼度過幾個非常可怕的晚上，可是接著我做了決定，要自己好好的。之後，我內心深處就覺得自己會好好的。

我想我當時沒辦法應付失去父親這件事，同時還要面對自己的疾病和殤慟，於是我關上那個抽屜。後來等我準備好，我將那個抽屜拉開，開始應付裡面的東西。經過治療之後，我直接回澳洲準備退休，但音樂幫助我療傷。最後我寫了張專輯，起初並不打算發行，但是完成的時候，我決定推出，而它再次啟動我的事業。

我有好多次都想，「就這樣了」。我在雪梨奧運上唱歌，那是我人生中最不可思議的經驗之一。而我心想，「這就是頂峰了，之後不會再有別的了。」但事情並未在那裡結束，在這行五十年，我依然舉步往前行。

如果我可以回到過去重溫某個時刻，絕對會選女兒出生的那天。她人生頭幾年是我這輩子最不可思議的時光。我滿晚才生她，當時我都三十六了，她是如此珍貴的贈禮，我想重溫那段時間，好回憶更多細節。我雖然在她身邊，但我得負責家計，所以總是在忙。我很愛女兒，但我當初應該花更多時間陪她玩。

亨利．溫克勒 Henry Winkler

美國演員

二〇一一年六月二十七日

十六歲的時候，不管什麼事情都讓我緊張，我就像一碗果凍，因為有學習障礙[53]而自信缺缺。我上的學校對我來說可能太困難，成績永遠很差。我很想告訴年少的自己，因為你緊張自己辦不到某件事、害自己出醜，很容易就會說服自己抽手別嘗試。可是對你決定踏上的旅程心存恐懼，往往比實際的旅程還糟糕。

我在學校並不受歡迎。我就像是牛虻，在小團體之間遊走，總是在意自己受不受喜愛，永遠無法享受當下。我當時瘦得皮包骨，是班上的小丑，很會跳舞，參加學校舞會總是贏得跳舞競賽。我一向不夠自信，無法向我想邀約的女生開口，所以永遠只找願意注意到我的女生。

如果現在遇到年少的我，我會喜歡他。他腦筋動得很快，很有趣，他以前都用這種特質來掩蓋其他事情。可是欸，青春總是浪擲在年少者身上，我真希望我有十六歲的身體和現在的腦袋。這樣我就不會像無頭蒼蠅那樣亂竄，因為現在我明白大家都一樣。

53 溫克勒三十多歲才確診閱讀障礙。

我讀到劇本時，立刻愛上電視情境喜劇《歡樂時光》的方茲這個角色。我去參加試演，拿到這個角色，可是最初只有六句台詞。這個系列在一九七四年二月四日上演，四月我到阿肯色州的小岩城宣傳。晚上十一點半下飛機，竟然有三千個人在等我。就在那時，製作人開始明白到底怎麼回事。

韌性會帶你抵達目標，而感激會讓你沿途保持客觀並顧全大局。我記得《歡樂時光》的四個男生一起到達拉斯宣傳，有兩萬五千個人出席。安森．威廉斯（Anson Williams）[54]對我小聲說，「我們配得起這個嗎？」我說：「這跟我們配不配得無關，他們都來了。只要說謝謝，然後唱首歌繼續往前走。」

一直要到我四十多歲，才明白不管自己覺得多謙虛或謙卑，都必須接受這個角色，我從扮演當中得到最多樂趣的角色，在許多、許多人的心上留下印象。我現在遇到四十多歲的人，他們會向我道謝，我回說「謝什麼？」的時候，他們會說：「謝謝你曾經為我們家客廳帶來歡笑。」

十六歲的我永遠無法想像他能夠有我後來的那些成就。他夢想成為演員，但永遠無法想通自己怎麼會成名，並進一步成為製作人、導演並出了十八本小說。如果你告訴他，我過了恩典滿滿的一生，他會驚訝得不得了。

54 安森在劇中扮演瓦倫「波吉」韋伯（Warren ‘Potsie’ Weber）。

貝瑞・麥格根 Barry McGuigan

愛爾蘭拳擊手

二〇一二年三月二十六日

十六歲的我已經投入拳擊，開始放棄學業。我剛在全國賽事贏得頭銜，在都柏林的高效培訓中心受訓，拳擊開始接管我的人生。我喜歡上學，但當時沒有彈性空間，不管是學校或拳擊。我一天訓練兩次，試著一面念書一面在店裡幫我媽忙。我不希望自己聽起來自命清高，可是雖然我家有六個兄弟姊妹，但我似乎比別人都賣力工作。最後，我有天早上跟母親說：「我今天不去學校了。」她直接叫醒我爸，我爸昏昏欲睡，她說：「他不肯上學。」我跟爸聊了一下，說我沒辦法同時做這麼多事，他讓我自己選擇。

我並不後悔十六歲輟學，我繼續大量閱讀，透過拳擊，我得到世上最棒的教育。我認識了形形色色的人和文化，學習種種歷史和地理。我還滿幸運的，在拳擊事業結束時，不需要有退路。因為我讀過很多拳擊和拳擊歷史的資料，而且對這項運動有很豐沛的知識，所以成為評論員是很自然的進程。

年少的我野心勃勃、衝勁十足、觀察力敏銳，總是展望著未來，那就是年少令人興奮的部分。要是能回到過去，告訴那個少年一切都會順順遂遂，會很不錯。我沒辦法說我以前就知道自己會成功——我並不知道。我當時很大膽，但也相當憂慮。我沒有別的技能什麼的，但我意志堅決，加上運氣也不錯。離開學校之後，我就贏得大英國協金牌，什麼都阻擋不了我。

年輕阿里的遭遇是個悲劇，是我人生非常艱難的時期[55]。我剛以專業拳擊手的身分出道，這件事令人難過又害怕。我不確定自己能不能再走這行，但我在拳擊投注了所有的生命。我妻子當時懷孕，一週工作六天。我沒有錢、沒有技藝，更沒有資歷。父親當時幫了很多忙，兄弟姊妹和妻子也是。我想回到過去，攬住當年備受煎熬的年輕貝瑞。可是我能夠幫他的，可能也比不上我爸當時的表現。我認定，如果我重新聚焦、贏得頭銜，就可以將它獻給阿里。

在愛爾蘭生活，「動亂」一直如影隨形，一天二十四小時肚子就是感覺得到。我是南邊來的天主教徒，可是我希望大家可以去看我的拳賽，而不覺得受到威脅。我老是在衝突區域進進出出，四周有愛爾蘭三色旗、米字旗、壁畫、彩繪石版，紐拉奇（New Lodge）的香奇爾勞工俱樂部（Shankill Working Men's Club）和傑瑞史多瑞（Gerry Storey）拳擊俱樂部。父親在我冠軍賽之前唱了〈Danny Boy〉，因為那是一首屬於大家的歌曲。有些愛挖苦的人說那是出於商業考量，但那根本是胡扯。

我曾經短暫考慮放棄拳擊。一九八〇年莫斯科奧運時打到了倒數第二回合，一路到

55 貝瑞1982年跟阿里對打，結果阿里陷入昏迷，五個月後過世。

愛丁堡又回來，打敗了那個對手，可是他們最後卻不讓我出賽。我氣炸了，決定再也不要跟拳擊扯上關係。我當時有個瘋狂的點子，就是開一家漢堡店，可是這個想法只維持三天。我受不了，所以又回去受訓，那是我深愛的東西。拳擊就像毒品，名氣也是。

我常常想到，如果拳擊這條路沒成功，會發生什麼事。我熱愛音樂，父親是歌手，所以也許我會走上演藝這條路。兩個兒子都是樂手，所以我身上多少也有這種特質。我對文字也很有興趣，當你擔任評論員，老是說同樣的話很無聊，你就會尋找不同講法來說同樣的內容。我喜歡用新字，也喜歡用字不尋常的書籍。可是你一定要記得，說話是為了表達而不是為了留下印象。你可不想成為浮誇的白痴。

如果可以回到過去，我會試著跟我爸相處更多時間。我確實跟他住了好一段時間，但他常常出門工作。他過世之後我很難熬，但我努力要克服，決定繼續奮鬥。我後來沒再打世界冠軍賽；我的職業生涯也轉了向，而我知道有什麼已經消失不見，也許是我爸，也許是從愛爾蘭搬到英格蘭。事實是，我對拳擊的愛消失了，雖然我花了好一段時間才承認這點，因為我知道人生再也不同於以往。永遠都會有個空洞。

如果可以回到過去跟年少的自己說什麼，我會說：「嚴陣以待，繫好安全帶，這趟旅程會很精采。」我永遠無法想像自己後來的經歷——那種程度的成功和受歡迎，兩千萬人在電視上看到我贏得世界冠軍。而對街那個女生，當時我瘋狂愛著她，但她並不知道，想到我最後能娶她回家，真不可思議。

傑米・奧利佛 Jamie Oliver

英國主廚

二〇一二年十二月十七日

十六歲的我等不及去倫敦找第一份工作。我中學生涯過得很辛苦，表現得並不理想。我有閱讀障礙，不知道自己在光譜的哪個部分，但學校並未花太多心思在我身上，因為我的狀況並不是最糟的。我寫字一向有困難，閱讀長篇敘事時，從來無法專注太久，我會把字母混在一起。對於想像力，我則從來沒問題；我寫食譜，會對著語音聽寫機講話，再請編輯將我說的內容轉換成文字。我想跟小孩說你不是事事都拿手，也不要緊。

大多十六歲的孩子都天不怕地不怕，而我也是如此，但我當時確實擔心沒機會跟人上床，我的愛情生活就像一片該死的荒漠，一直沒什麼動靜，基本上女生都躲我躲得遠遠的。我當時不是很有自信；跟女生說話的時候，聲音還會發抖。

我想跟十六歲的我說，他最後會跟一個模特兒在一起，他不會相信的。雖然我到那時已經認識茱兒。她第六學級的時候轉到我學校，可是每次只要開口跟她講話，我的聲音聽起來就像卡通角色史酷比。所以我有點躲著她，因為我講話聽起來就像個大白痴。不過一年半之後，我不知道她為什麼改變心意，認定自己還滿喜歡我的。我一發現這件事，躍躍欲試，我不想錯過那個機會。但我邀約她出去，講起話還是像史酷比。她沒聽懂我說的話，但邊笑邊說：「不管你剛說了什麼，我的答案都是『好』。」

如果我現在遇到十六歲的傑米，唔，他跟二十一歲上電視節目《原味主廚》（The Naked Chef）的傑米沒有多大差別。無疑地，那個傑米有不少惹人心煩的細微之處，可能會讓我這樣的三十八歲傢伙看不過去。我當時積極到不可思議，認為自己無所不能。我熱愛自己的音樂，騎著速克達，每五秒鐘就說一次「超讚」。我很惹人煩，但我真心做自己。過了十五年，有了四個孩子，肩上扛著重擔，我現在個性沉穩多了。

我想跟年少的我一起坐下來喝杯啤酒，要他堅持信念、相信自己的直覺。如果我告訴他，事態未來會怎麼發展，他會很震驚，跟世界各地的政府合作，參與各式各樣的事業，那肯定會把他嚇個半死。我年少一心想下廚、在鄉間經營一家不錯的小酒吧，有個滿好的葡萄酒窖加上優質的當地啤酒——當時我只有這個夢想。然後他們到我當時工作的餐廳River Café，拍了個電視紀錄片。我不時在整部片子出現，看起來滿酷的。然後邀約工作的電話就開始湧進來。

我會警告年輕的我，置身於公眾的眼光中要花時間才適應得了，而且永遠都會有人不喜歡你。我會告訴他：「不要變成混帳一個。」我想我確實順利避開了這一點。即使在職涯早期，我身邊圍繞著愛我、尊重我的人，我想我並未變得過度自負，雖然問我也許是問錯了人，我們總是處得很好，一起享受歡樂。我會提醒年輕的我，演藝事業雖然不錯，但重要的是其他事物，我們幫助陷入困境的孩子到「十五」（Fifteen）[56]共事，以及我們推展的運動，都很有意義。

要取得平衡並不容易。我以前一星期工作七天，而我熱愛這樣的生活，但我當時可能不是很稱職的男友。所以當我們生了頭胎孩子波比，我們從零開始，無比珍惜週末和假期。八年之後，我覺得我的生活調整得比茱兒更平衡了，她可以花少點時間在孩子身上。媽媽也需要休息一下，我必須讓她跟我一樣，在工作和生活中取得平衡。

想到要生養四個孩子會嚇壞年輕的我。我原本想像自己有兩個孩子，根本意料不到會有四個。我從沒想過會有這麼多孩子。你永遠以為未來成立的家庭會跟自己成長的類似。我妻子是事必躬親的家長，而這是很艱難的事，我很佩服她的表現。但我從來都弄不懂的是，為什麼有很多妻子都試著證明自己的工作跟男人的工作一樣困難。男人不需要別人時時稱讚他們有多優秀，我們只是埋頭苦幹。可是女生喜歡別人時時提醒她們表現得有多好。這也不打緊，反正男女大不同，男人來自火星而女人來自金星。

我沒有很多遺憾，但我拍過一些全世界最不堪的照片。攝影師會強迫你配合拍攝的爛照片，像是把蔬菜拿來拋接雜耍，以及擺出一副勢利的樣子。那些照片現在都在網路上，我這輩子都擺脫不掉了。

56　傑米的非營利餐廳，提供訓練給來自弱勢家庭、有志成為主廚的孩子。

我會告訴年輕的自己，當你真的很不自在，往往是你表現得最棒的時候。《傑米的營養午餐》（Jamie's School Dinners）和《傑米的美國飲食大革命》（Jamie's American Food Revolution）是我做過最困難的事。必須進入一個地方，帶來大家討厭的「改變」——整個社區的人會痛恨你大約兩個月，在他們從你的所作所為獲益之前。

我以前從來沒有使命感，但經年以來，我環顧四周，智慧增長了，思慮也更周詳。以前我在街角看到一群孩子，心裡會想「這些小混混」，現在我有自己的孩子，再看到街上的孩子時會想，「他們也是別人家的孩子。」如果他們打亂了家庭生活而且健康狀況不佳，也許我們可以確保他們一天至少能吃一餐優質的熱食。你沒辦法什麼都做，但也許你可以做點什麼。

我的生活步調快速又瘋狂。如果可以回到過去，我會花更多時間享受沒有束縛、沒有責任、沒有包袱的時光，那些週末我們可以只顧自己，好好來一場對話而不被打斷一百萬次。我十八歲的時候，帶茱兒到克里特島，過了非常美妙的一週。我事先存了錢好招待她，這樣做很大人。棒極了。

史黛拉・雷明頓女爵 Dame Stella Rimington

英國軍情五處前處長

二〇一八年十一月二十六日

我是戰爭的孩子，出生於二次世界大戰爆發前四年。我們離開諾丁罕，到沃勒西跟奶奶住在一起，跟利物浦隔河相對；利物浦的碼頭遭到轟炸時，我們就住那裡。一九五一年，我十六歲，大家再次對未來懷抱期待。那年舉辦了英國慶典，活動地點在倫敦南岸。那是為了慶祝新的開始。我記得露天遊樂場和穹頂探索館，館內淨是科技新發明，我發現有趣得不得了。政府當時說：「現在黑暗過去了，我們可以有所期盼。」我認為我們再過幾年會舉辦「脫歐慶典」嗎？我很懷疑。

我父親在第一次世界大戰服役過，陷入好幾段憂鬱時期。他很喜歡我和我兄弟，但不大會溝通。我跟母親的關係比較親近。她撐起我們大家。她在倫敦東區擔任產婦，就像《呼叫助產士》（Call the MIdwife）的護士，但那個年代女人在婚後不會繼續工作，於是她在戰後放棄自己的工作。我納悶她是否想過，要是生在不同年代，自己的一生可能會是什麼樣子。當時她一定很有壓力，扛起照顧兩個小孩的重擔，還有經歷戰爭而焦慮無比的丈夫。在我眼裡，她是無名英雄。

我在大學畢業之後擔任郡立檔案員，但我想我最終會結婚，而且會將自己的事業排在丈夫的事業後面。事情也這麼發展了一陣子。他在新德里拿到一份工作，我馬上放棄工作，搖身成為外交官夫人。印度很棒，但我覺得那種生活很無趣，舉辦茶會、參與業餘的戲劇活動。我們回到英國，我以為我們會開始養兒育女，但事情並未這麼發展。我想我在那個時間點是失敗的母親，所以當我好不容易在軍情五處裡找到打字員的工作，丈夫還滿鼓勵我的。

我覺得在軍情五處的工作滿有趣的，但我覺得有點無聊，因為女人在那裡顯然被當成二等公民。跟男人一樣擁有學位，卻被視為男性的幫手。但隨著七〇年代過去，我們有了女性解放運動和反性別歧視法，那些不公平的模糊感受開始增長。像我這樣的女性成為低調的革命家。我們客氣地說著：「為什麼大家不認為我們適合做真正的工作？」而情勢開始轉變。

對我來說並不容易。大女兒十歲時，我跟丈夫仳離。從那之後，我們就是單親家庭，有兩個正在成長的女孩，而我有全職工作，一週七天、一天二十四小時。我們靠著互惠生、保母、住同一條路的女士攜手合作，撐了過來。有時候只能勉強餬口，我承認。女兒們有時會聊起這件事，態度通常很寬容大量，她們說母親有自己的事要忙很不錯，但她們的童年也因此不如一般那麼舒適。

冷戰結束，大家都很興奮並懷抱很高的希望。突然間世界開始有了劇烈改變，我原本抵抗的一切開始崩解。戈巴契夫啟動了那個雪崩似的發展，導致了鐵幕的完全瓦解。有點像是回到了一九五一年，那種世界開啟的感覺。但我現在對未來不怎麼樂觀，覺得這個世界很令人憂心，民族主義崛起、人們退居國界之後、英國脫歐的不確定性。情勢感覺動盪不安；八〇年代晚期那種黃金般的希望並未實現。

冷戰過後，我接到通知說，我升任軍情五處處長；得到那份工作，就像發生在我身上的一連串妙事之一。我既興奮又訝異。頭一次，政府決定對外宣布這項任命，告訴大家我是誰。多年來我跟別人描述自己的工作時，總是非常謹慎，現在我卻出現在每份報紙的頭版上。那段時期很奇怪，結合了興高采烈和驚慌擔憂。母親很驚愕。我從來沒跟女兒聊過我的工作內容，雖然我想她們自有懷疑。她們的朋友都在說：「噢，我讀到妳媽媽的事了。」我有個朋友非常受傷。她向來站在左翼立場，認為情報局是人民的公敵，所以當她發現我這些年來從事的工作時，非常不悅，跟我冷戰了好久。

媒體最初將我描繪為詹姆斯龐德家庭主婦超級間諜，而我們試著加以抵抗。我想我們有了點進展。接著，新的龐德電影請茱蒂．丹契扮演M，據說她正是以我為本。我們並未制止那個詹姆斯龐德的聯想，事情變得非常有趣。

如果我能回到過去重溫一天，就是我跟那些長久以來一直與我們敵對的那些人——前蘇聯情報組織KGB會面的時候。想想我們竟然會幫忙他們規範情報局，好在民主的制度下運作。可是說真的，這就像跟聾人說話，而我們在他們眼裡是來自另一世界的奇妙生物。當然圍桌而坐的只有我是女性。在會議結束前的演說上，其中一人說：「在你們國家，你們有女性首相，女王，現在又有女性帶領你們的情報局。」裡頭有種「你們一定瘋了」的意味，但那是我經歷過最奇妙的事情之一。我原本以為不可能去俄國，以為冷戰會持續我的一生，可是我卻搭著英國大使的勞斯萊斯，米字旗在引擎罩上飄揚，在飄雪之夜開車穿越莫斯科，跟KGB共進晚餐，簡直就像小說的情節。

十六歲的史黛拉要是知道我人生後來的走向，肯定驚奇不已。我見識過的一些東西，她甚至不知道存在。她的世界當然狹小得多；她會擔心我的生活並不安全，因為她來自充滿恐懼的世界，看著世界邁入新的和平。我參與過的一切皆與和平無關——而是志在抵擋威脅，但那並未令我更擔驚受怕。事實上恰恰相反。

翠西・艾敏 Tracey Emin

英國藝術家

二〇〇八年八月十一日

我十六歲的時候，生活相當複雜。我無家可歸，在倫敦的部分時間，只要有地方可睡就睡那裡，最後我回到馬蓋特（Margate），住在健康社保部門經營的民宿。那是一段非常悲傷、令人憂鬱的時光，但為了平衡這種狀況，我打扮得很狂野。我的衣服要不是手作，不然就是舊貨。我的裝扮介於迪奧的「新造型」、「六〇年代穿迷你裙的女生」以及偶爾徹底撒野、百分之百的哥德扮相。

我想，如果有人在我白臉哥德的顛峰時期看到我，可能會嚇得閃到對街去。當時龐克時期結束才不久，還有種反抗的態度在。但就個人來說，我會很同情當時的自己，會將當年的自己納入羽翼底下、試著幫點忙。

我會提醒年輕的自己用保險套。好好玩樂。不要期待男友會解決一切，他們辦不到。也不要任愛情生活擺布，要專心在自己的教育上。

當有人告訴你，你辦不到某件事因為你資格不符時，要明白永遠可以另覓方法完成那件事。比方說，我十七歲時，有人告訴我我永遠上不了大學，因為我沒通過應付普通中學教育文憑考試，但我想辦法整理出一份個人作品檔案，而且學會怎麼畫畫，雖然我沒有學歷證明，但我的決心展現出自己對想做事情的信念。

青春時期，事情總是會被放大。你的一切所作所為彷彿都在走鋼索，但是大多事情最後總是否極泰來。只有攸關生死的情況才會具有災難性且難以應付，不管到什麼年紀都是如此。你必須經歷過這些情緒和感受，才能對人生有所理解，而那是你個人必經的旅程。

我十三歲輟學，看起來彷彿是個錯誤，但我確定如果當時沒離開學校，便無法像現在的我一樣在藝術上如此有成就。我對滿腦子塞滿考試的青少年感到難過，他們可能根本沒興趣。如果你可以只學自己想知道的事情，該有多好。沒有考試值得你折磨自己。如果你今年進不了大學，明年再去，先去旅行吧。

我會告訴年少的自己，「不要偷竊，盡量時時保持誠實。永遠不要忘恩負義。現在就戒菸，因為那真的很浪費時間。」

如果你正在受教育，無論是中學或大學，找份兼職工作，做最接近你喜歡做的事。如果你喜歡看書，到書店打工。如果你喜歡服飾，到服飾店兼差。這樣你對自己喜歡的東西就能有所學習，同時還能賺錢。

我會告訴年少的翠西，「確定不會有人會拿迷幻藥摻進妳的飲料裡，用廂型車載妳到倫敦的二十一公里之外，跟妳做愛，而妳幾乎渾然不覺，更不要說同意了。」我想那就是身為青少年永遠都該避免的事。另一個該要避開的東西就是陰蝨病——還好我這輩子沒得過！

瑪麗・羅賓遜 Mary Robinson

愛爾蘭前總統

二〇一八年八月六日

我夾在兩組兄弟之間成長，有兩個哥哥、兩個弟弟，我們五個人在六年之間陸續出生。十六歲的我成了個男人婆，對於平等和正義有強烈的感受。我兄弟總是說我是家裡最受疼愛的孩子；父母的立場很清楚，希望我跟兄弟享有同等機會，但在愛爾蘭梅奧郡（Mayo）當地的社會並沒有給我同樣的感受。

青春時期我的選擇很少，大家期待我不是早早結婚——我並沒有興趣——就是成為修女。當時我信仰很虔誠，家人也是。家族有人當修女，她們在英格蘭和印度過著非常豐富的生活。寄宿學校一畢業，我跟修道院長說我想當修女，但幸運的是，她要我先離開一年仔細想想。父母對我很滿意，送我到巴黎住一年。當然了，那趟旅程改變了一切，我回國之後打算攻讀法律。

我崇拜父親，他是優秀醫生。我以前很喜歡陪他在晚上到病患家裡看診。路途上他會跟我說故事，然後他進病患家裡，留我在車上看書。最後他從那些沒電可用的窮苦佃農家裡出來，我看著他站在前門的昏暗照明中，跟那家母親談話。他會彎下身子，耐著性子傾聽。我等啊等，希望他回到身邊來跟我說更多故事。但他在那裡足足站了二十分鐘，因為他知道身為醫生傾聽非常重要。我想就是因為他，我才將我的回憶錄命名為《人人都很重要》（*Everybody Matters*），因為他堅信這一點，而我成長期間也篤信這點，不管多貧窮、多老邁或多拙於言辭，人人都很重要。

母親突然心臟病發過世，對我來說是可怕的損失。她只看過兩個孫子，包括我的大女兒泰莎，這個名字就是照我母親取的。然後母親在泰莎的第一個表親出生兩天之後辭世。母親是全家的生命和靈魂，是全家的核心，她對我的影響力超過我原本的認知。我競選愛爾蘭總統時，意識到必須讓大家瞭解我。在那之前，我一直很重隱私；我天生就很害羞。但我越是以個人為出發點跟人對話，敞開心胸，變得更友善、更溫暖，也更懂得傾聽，我就變得更像我母親。這改變了我切入公眾生活的角度，而我自此不再回頭。

一九六八年我從三一學院畢業，到哈佛上法律學校。那年在我心裡留下深刻印象，美國法律學生試著躲避徵召，譴責那場他們稱之為不道德的越戰。他們的理想精神，年輕人決心訴諸行動、為社會帶來改變，在在打動了我。那跟我習以為常的愛爾蘭很不一樣，愛爾蘭的年輕人只會被動等待機會。然後轉眼三十歲了，依然還在等待機會。接著到了四十多歲，可能被允許接下承擔某些責任的角色。那就是為什麼我在一九六九年回愛爾蘭時，看到當時有一場參議院選舉，會質問候選人為何永遠是年長的男教授。我的同事就說：「如果妳感受這麼強烈，何不自己投入競選？」身為二十五歲年輕女子的我非常突出，強烈主張我們必須讓愛爾蘭更開放，讓這個國家自由化。

如果我要給年少的自己建議，我會告訴她，妳不能用太快的速度改變事情。我當選參議員後做的第一件事，就是擬定讓家庭計畫生育合法化的法案。我受到報紙和教堂的嚴厲抨擊——尼克[57]燒了我收到的那些仇恨信件。都柏林的大主教寄了封信給城裡的每個教區，好對信徒公開宣讀，說我提出的法案是「對這個國家的詛咒」。這種狀況對我來說很沉重，動搖了我的心志。現在我更懂得，如果想針對性道德這類在社會根深蒂固的事情帶來改變，你必須投注時間讓大家認同你的看法。你必須教育和勸服大眾，跟大眾對話並且秉持耐性。最後那項法案終於通過，但花了整整九年。當我在一九九七年成為聯合國人權事務高級專員，必須在其他大洲處理有害的傳統習俗時，像是童婚和女陰割禮，法案那件事就成了我銘記在心的重要教訓。

如果我可以跟任何人來最後一場對話，我會找尼爾森．曼德拉。他是我見過最了不起的人，他選我成為人權組織元老會的一員時，我覺得非常與有榮焉。我希望能跟他相處更多時間，學習他不可思議的人道精神、溫柔和寬恕力。還有他的幽默，他很能逗人笑。他用幽默讓你不要將他奉為完人，但你就是忍不住，因為他很令人折服。

我記得父親不只一次接生完回家以後，告訴我母親對方問他：「醫生，是男生還是孩子？」他說：「我氣壞了。」這番話說服我，父親認為我和兄弟們是平等的。但學校和

57 羅賓遜的漫畫家丈夫尼克．羅賓遜（Nick Robinson）。

更廣大的社會並不這麼認為，我不能擔任輔祭員或神父。我在擔任律師的生活中很早就得知關於教會經營「抹大拉洗衣房」（Magdalene laundry women）的事。我聽說過很多故事，都是母親在醫院被神父奪走孩子。我也得知未婚母親受到的待遇，因為我受邀擔任未婚母親組織「珍愛」（Cherish）的會長。我很佩服那些女性。她們受到罪犯般的待遇，被視為墮落的女人，卻充滿戰鬥精神。

讓我的孩子知道，他們是我人生中最重要的，對我來說一直很重要。我記得我當選總統的那個晚上。一場盛大的派對過後，我們回到家，我把他們三個叫過來，告訴他們：「雖然我現在是總統了，但你們是最重要的。」身為母親的我必須對他們說這番話，而且心口合一，對於這點我毫無疑問。有時候情勢很艱難。我記得一趟前往印度的長途旅程，是代表愛爾蘭的重要出訪，我在當地正逢女兒的生日，我覺得離她好遙遠。我現在生活依然十分忙碌，但我很高興成了祖母。我現在有六個孫子。我奮力因應氣候變遷對未來的影響，想到孫子即將成長在什麼樣的世界，就會湧現陣陣精力。

Chapter 8

Courage

勇氣

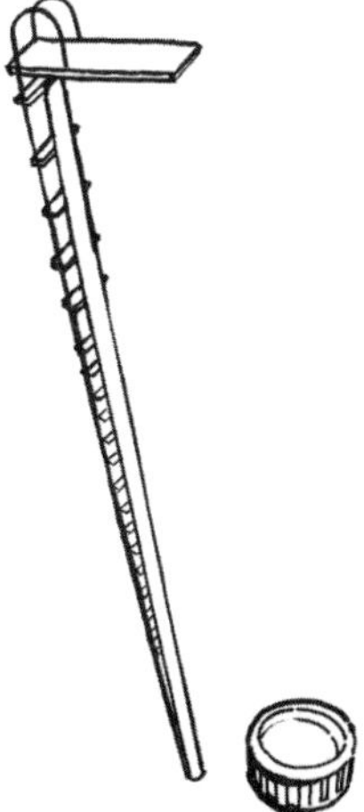

珍・林奇 Jane Lynch

美國演員

二〇一三年一月七日

十六歲的我評估自己是同志無誤，但當時不知道怎麼稱呼這種身分。我在芝加哥郊區長大，不認識任何同志，只知道是大家竊竊私語在說的事情，是壞事。所以那段時間很嚇人。我跟一大群朋友廝混，我們都很愛找樂子，但我的內心深處藏著祕密，所以總是覺得自己像雙面間諜。我有種感覺，如果大家真的認識我，就不會認為我有這麼棒，所以我在學校過度補償，拚命成為最有趣也最善良的孩子。其中一部分是真心的，但主要是我認為同志是自己性格上的缺陷而過度補償的結果。

我這輩子有大半都覺得自己在隱藏什麼。我有這個祕密——我的天，我甚至不曾對自己說出口。我記得十六歲，我一直在寫日記，我當時寫，「我想我可能是同志。」然後帶著日記盡可能走到距離學校最遠的地方，在一家雜貨店後面找到垃圾桶，然後把日記丟進去。

我真希望十六歲有《歡樂合唱團》（Glee）這部電視劇。我希望我可以告訴年少的自己，「嘿，有更多像你這樣的人。現在感覺起來很可怕，但情勢會隨著時間改變，大家會變得更包容，他們不只會變得寬容，也會更有愛心。二十年內，妳的這個面向就跟用右手寫字、身材高挑和一頭金髮一樣稀鬆平常。」我現在有個推特帳號，至少有一半的追蹤者是高中孩子，他們會說這類的話：「我真希望妳是我媽。」年少的我會覺得這點很諷刺——我十六歲的時候，好希望有人能來拯救我。

我想我一直很有趣，這是天生資質，後天培養不來。我很擅長搞笑，所以我全力發揮，扮演班級小丑。我記得起心動念是希望讓大家喜歡上我，那就是我採取的策略。但我那種幽默不是那麼明顯，所以有些人要花點時間才能體會到我的風趣之處。但那是很好的考驗，如果室內有個人笑了，我就會集中火力在那人身上，啟動逗那個人狂笑的行動。

如果我現在遇到年少的我，我想我會覺得她很好笑、老愛自嘲、個性貼心。我很小心不去傷害別人的感情，雖然我確定有時候我沒自己想的那樣可愛。我當時有點脾氣，容易受挫，我好希望被人理解，當我不被人理解或是母親只是對我翻翻白眼或搖搖頭，我的火氣就會上來。如果我跟年少的珍說她長大會成為其他同志小孩的角色典範時，她會很得意——另一方面來說，她會覺得不自在，因為其他孩子又為她做了什麼？

在電影《人狗對對碰》（Best in Show）拿到角色大大改變了我的命運。直到當時，我主要還是做客串演出、拍電視廣告和配音，雖然足以維生，但是在《人狗對對碰》之後，選角經紀人才開始因為我具有個人特色的演出而考慮我。我認識克里斯多夫．葛斯特（Christopher Guest）[58]的時候感覺他真正看到了我，而我也看到了他。那就是他讓大家試鏡的方式，他們只是坐在他的辦公室，他不是很會閒聊，但他可以立刻看出某個人的狀況，判斷自己是否喜歡這個人。如果我可以變回十六歲，從兩千年開始認識葛斯特，那會很棒。

如果我告訴青春期的珍，她必須等到四十歲才真正成功，她會陷入絕望，她希望自己能夠馬上飛黃騰達。但現在我很高興事情是這樣發展的；對我來說是最完美的道路。

我會告訴年少的我：「現在就放下香菸，妳不需要每個週末都去喝酒，因為最後會變成天天喝。」我十六歲喝不少酒，隨著年紀增長，宿醉得很嚴重。我會告訴她：「別輕易碰酒，妳個性裡有易於上癮的特質。」我依然在跟酒癮奮戰。

我從來不計畫也沒考慮過會成為繼母，我說過，孩子們我有過什麼貢獻？可是現在我有了一個真的很棒的孩子；我想我沒辦法將她設計得更好。她十一歲，很有趣，但是以某種成人的方式，而不是瘋狂荒謬的方式。她伶俐機智，雖然是個老靈魂，但也仍是個孩子，所以我必須當她的家長。我觀察妻子的作法，她對親職很拿手；隨著每天過去，我越來越愛她。她是這麼好的母親。沒什麼比小孩更能讓人發揮本色。

我昨晚做了個關於五十三歲的夢，因為我明年五十三，這個夢好可怕。不過我轉念一想，「唔，那還有什麼替代方案？那就是死亡。」我想等我七十歲，我會回顧五十三

58 傳奇作家、導演，也在《人狗對對碰》和《搖滾萬萬歲》（This is Spinal Tap）裡演出。

歲，然後想，「啊，當年的美好時光。」我四十歲才開始意識到年紀，五十到來真是震撼。你以為能夠停下來思考一下，不，五十一轉眼就來。我一直持續跟更年長的人往來，如此一來就會覺得自己還年輕。

哈莉特．哈曼 Harriet Harman

英國政治人物

二〇一七年二月六日

我青春期總是忿忿不平。大家都說「憤青」，我則是女憤青。我看著母親替我爸打理早餐，然後為他料理晚餐，雖然她有律師資格卻無法執業，因為她把擔任家庭主婦放在優先。我想，「不可能，我以後絕對不要這樣。」我不想接受這樣的世界：女人的唯一價值在於她模樣好壞。

母親從來沒跟我們說過，「我希望妳們擁有我沒有過的機會。」因為那就會像是發牢騷，不接受自己的角色。她只是隨遇而安。但她跟我爸都很積極要我們受教育，好自立更生，獨立自主，有自己的看法。我跟三個姊妹青春期變得很叛逆。

青春期的我衝勁十足，但不是都跟政治有關。當時有歌手傑克森五人組。還有迷你裙、時尚偶像瑪莉．官（Mary Quant）以及可以貼在眼皮頂端的大片黑色塑膠睫毛。我當初沒把自己弄瞎，有睫毛剩下，還真是奇蹟！可是當我回顧過去，我覺得整個人都受到這種強烈的態度所左右。我姊妹也所見略同。我出生就進入姊妹情誼！這裡有一整世代的女性冒出頭說：「是，我們知道一直以來是如此，但以後不會再這樣下去。」

我想十六歲的我可能滿煩人的。我個性執拗，不順服。「好辯易怒」或許正好用來形容當時的我。我回顧當年，覺得有點替我媽難過，她當時得應付我。她以優雅的態度吞忍下來，但我想我一定有點像是夢魘。我不想回到那個動盪的時期，也不想面對當時的一堆問題。我並不懷念十六歲，我想六十六歲的我對自己是誰以及自己成就的事有清楚認識，遠比年少時期的當時好得多。

如果可以回去找年少的我，我會告訴她對於這點不要覺得有罪惡感：身兼母職與工黨政治人物，試圖讓政黨進入政府。兩種事情都沒做好、卡在這兩者之間所引發的焦慮感，讓我痛苦不堪，但現在我覺得再怎樣也無法把事情做對，因為有那麼多可能出差錯的地方，所以頂多只能隨遇而安。在完美的世界裡，我願意完全放棄工作直到我最小的孩子五歲，做兼職工作到最小的孩子十三歲，然後再回到政治工作上，不讓中間這些歲月帶來任何衝擊。但那是不可能的事。

我刻意做些事情來協助我身為母親時脆弱且往往不存在的自尊。我星期五總是接孩子放學，我想在學校操場上跟別的媽媽聊天，感受一下當前的情勢。不穿高跟鞋、不拿公事包，也不穿套裝，一身運動裝搭配運動鞋，提個塑膠袋。然後我們會外帶餐點回家。那些星期五讓我覺得，至少每週有一天我好好扮演媽媽的角色。

十六歲的我會很詫異，我竟然會成為國會議員，更不要說進入內閣。當時的內閣全是些自負老派的人以及柴契爾夫人！有一天我會進入政府，年少的我要是知道了，肯定會說：「少來，絕對不可能。」可是我必須警告她，會花很長時間才能有所改變。我們在一九八〇年代早期抗議男人殺害妻子卻沒被判殺人罪，因為他們說誰叫妻子不忠、挑釁他們，一直要到二〇〇九年我們才廢除那種作法。我會告訴年少的我：「妳必須堅持很久，但很值得。」

我進下議院時，幾乎沒什麼女性，而在裡面的女性都有一種女族長似的柴契爾風格。花呢套裝、絲質襯衫、頸間大蝴蝶結——我才不要做這樣的打扮！我當時三十二歲，想要呈現時髦的樣貌，但穿著碎花連衣裙出現在下議院，只是讓我覺得更格格不入。一般的國會議員是五十四歲男人，而我是個有孕在身的三十二歲女性。我希望自己的打扮不會招來批評，又能給我選區選民信心，相信我會替他們爭取福利。我必須呈現專業的樣貌，所以才會穿上時髦的褲裝，配上高跟鞋和墊肩。

我清楚記得自己的處女演說。我當時非常焦慮，大腹便便，穿著紅絲絨孕婦裝。當時很令人畏怯，但我很清楚自己想要說什麼，覺得說出口是無比重要的事。如果大家知道我的膝蓋在發抖，對於我所代表的女性來說，可不是好事。婦女會在街上走過來說：「加油。」我不能讓她們失望，我必須證明，女人跟男人一樣有能力在下議院演說。那些想法讓我覺得比實際的我更強大。

工黨一直沒有女性當上首相或副首相，這點讓我極為難過。我們是個講求平等的政黨，保守黨出了兩位首相，對我們黨的女性來說真是折磨。但是雖然能夠看到女性掌權很重要，但更重要的是實際上能為一般女性做什麼，而保守黨大砍預算，嚴重打擊了女性勞工和母親。

我遇到的很多女人，樞密院顧問官和國會議員，說我啟發了她們投入目前的工作。但我並不希望她們追隨我的腳步，我希望她們做得比我更好。除了過去的老問題，我們現在有新的問題。可是能夠參與激進的婦女運動，是很不可思議的事；當年我們意志如此堅定、力量滿滿，準備突破困境，能夠身處那個時代，我備感幸運。我現在看到新一波的女性準備做同樣的事，我絕對支持她們。

麥克斯・哈斯汀斯爵士 Sir Max Hastings

英國歷史學家和作家

二〇一〇年三月二十二日

我十六歲的時候把父親當成英雄崇拜，覺得自己永遠無法達到他過的那種生活和他那種冒險犯難的職涯。大家總是說：「試試看嘛，哈斯汀斯，加油，全心投入吧。」但我是出了名的膽小。父親跳降落傘、到克里斯塔滑雪道（Cresta Run）滑雪、擔任戰地記者——想到要延續家族傳承我就害怕不已。直到後來，我才意識到父母根本不是什麼大人物。雖然他們是相當成功也很有意思的記者，但客觀來說，我對他們的地位有著誇大到荒唐的想法。

我真希望自己當年意識到這全是屁話：青春時光是人生最棒的時期。我發現青春期滿可怕的，不知道自己做得到跟做不到什麼。變老的好處是，你知道自己不會成為國會議員或打贏溫布頓，你會認命接受自己的本質。年輕的時候，沒有自知之明是很折磨人的，或者說至少那是我的經歷。

我很不會跟人相處，完全不瞭解怎麼跟別人起共鳴。我把自己從未受邀去參加派對歸咎在父母身上，但回顧過去，我才明白那是因為我自己不大有魅力。父母忙著過自己的生活，而母親態度很強硬，說我該自己想辦法交朋友。我想她說得沒錯。

關於寄宿學校最棒的事情就是，之後不會再有事情一樣糟糕。早早熬過人生的糟糕片段，好處還不少。往後多年，我置身在越南或福克蘭群島那樣的戰區，為自己感到難過，筋疲力盡，渾身髒兮兮、傷痕累累時，我會想，「至少我不在寄宿學校。」我的人生只會漸入佳境。我們都會遭逢失敗和失望，我以前老是嫉妒著每個人，但現在我寧可選擇面對自己的困境而不是別人的。

我為那些中學的風雲人物感到難過，很多級長（prefects）和校隊足球隊長最後都到郊區的高爾夫俱樂部當祕書。他們之所以在學校發光發熱，是因為他們循規蹈矩，而人生中真正的成功人士往往不會墨守成規。

我會告訴自己：「女生吃完漢堡，答應跟你上床的機率就跟你約她出去、花大把鈔票請她吃晚飯一樣。」想想我以前老是浪費錢約女生出去，結果卻沒什麼進展。我現任的妻子是我十七歲第一次約出去的對象，她說在當時，好女孩不會做那樣的事，我真希望我早點知道。

我會喜歡年少的麥克斯嗎？片刻都不會——他會嚇壞我。我以前是維多利亞人以前稱之為「呆頭呆腦」的人：手眼協調力很差，肢體和社交上彆扭至極。我妻子總喜歡提醒我以前有多彆扭。

我身為編輯犯下的一個錯誤是，因為崇拜父親，我太重視肢體勇氣，花了多年時間強迫自己投入他參與過的英勇活動。現今我意識到道德勇氣更重要也更罕見，而女人比男人更可能擁有這種特質。我承繼了父親所有的偏見和主張，很久以後我才領悟到裡面有不少都很愚蠢。我依然算是某種保守派，但我現在對世界的認識比以往多得多。他是右派保守黨，相信不列顛是世界上最偉大的國家，對其他地方不大看得上眼。隨著年歲漸長，我才知道他的想法有不少都很瘋狂。

我對母親心生敬畏。她冰雪聰明，總是打扮得光鮮亮麗，非常機智且伶牙俐齒。我也滿怕她的。當年大家不時興親吻，那是戴安娜王妃之前的年代，大家不大常擁抱。回顧過去，這點還滿令人傷心的。身為一家人，我們對肢體接觸很緊張；我試著以不同方式對待孩子，但我一方面試著避免我父母犯過的錯，卻依然犯下自己的失誤。我女兒近來說，她不記得她小時候我常陪伴在身邊。我說，「我從來沒錯過到海邊度假的行程」，她說：「是沒錯，可是你從來就沒露出玩得愉快的樣子。」

青春期，我深陷自己的困擾與生活，對別人起不了興趣，這就是為什麼我不大跟別人處得來。我花了好久時間才領悟這一點。我以前非常不快樂，獨自坐在公寓彈奏〈Patience〉這首曲子。我的職業生涯一路福星高照，但我賣命工作的部分原因是因為我沒有社交生活。我從那之後學習甚多。

雷諾夫・范恩斯爵士 Sir Ranulph Fiennes

英國探險家

二〇一一年十一月二十一日

我十六歲無憂無慮，可是一九六〇年代每個人當然都很清楚冷戰的局勢。如果你來自軍人家庭，想要入伍服役，就像我那樣，你會更意識到這件事。不知怎的，當時有個挖掘核戰避難所的風潮。我和同村朋友會在樹林四處遊蕩，在溪流裡撈蝌蚪，在峭壁上挖核戰避難所。我們挖得很深，把那裡當成我們這幫人的總部。我當時的女朋友有時候會到樹林跟我會合，我很得意地帶她參觀那個避難所。更後來，我娶了她。

十六歲的我只想做父親在戰時喪生時所做的事——蘇格蘭唯一的騎兵團，皇家蘇格蘭灰騎兵指揮官。父親在我出生以前就過世了，但我對他的作為很有意識，他的每個故事我都銘記在心。我們家族幾個世紀以來都跟陸軍有關，所以我成長期間聽的都是那些故事。那就在我的DNA裡，就某個程度來說，你的血緣造就了你這個人，所以我爸的特質會有一部分複製在我身上。

我知道我需要考過A-Levels（大學預備課程考試）才能進入皇家蘇格蘭灰騎兵。我被送到布萊頓一家特殊的補習班，但考兩次A-Levels都沒過，大多是因為我是在迷你裙時尚進入高峰時進那所學校的，所以很難專心讀書。如果可以回到當時，我會埋頭苦讀、通過考試。我確實進了蘇格蘭灰騎兵，但只是短期的任命。我想我在那裡的時候，他們可能會更動A-Levels的蠢規定，但是他們並沒有，所以我無法留下來。

我想我不大會冒愚蠢的險，這是我從父親那裡學到的教訓。如果只是對冒險有狂熱的人，並不會成為皇家指揮官，尤其在二次世界大戰。我們現在的探險隊，如果可以，依然會閃避不看好的冒險。我們喜歡趕在敵手之前搶先打破世界紀錄，但我們知道要避免鋌而走險。但當你年輕，確實會過得放蕩無羈。當時我湊巧在上炸藥方面的訓練課程，不幸的是，在朋友的慫恿之下，我最後用了陸軍的炸藥轟掉了平民的地產。那是個錯誤，最後我被趕出了特種空勤團。

我參加七場馬拉松以前，現已過世的妻子珍妮帶我到布里斯托的外科醫師那裡，他幫我做過二條冠狀動脈繞道手術，之後我曾經昏迷三天。我想她覺得如果我去跑馬拉松，可能會又心臟病發，希望醫師會勸退我。醫生說他替三千個人做過同樣的手術，沒人回來找他問能不能跑馬拉松，更不要說七場。所以他說他其實沒什麼意見，但我千萬不能讓心跳超過每分鐘一百三十下。我們跑了馬拉松，可是我在趕時間的狀況下忘了打包監測器，所以我一直沒辦法判斷自己的心跳有沒有超過一百三十。

有很多事情我想回到過去奉勸年少的我。關於探險隊，當我們從蘇聯出發要去北們極，比挪威的對手領先一步。他們奪得世界冠軍，我們回顧過程，自問哪裡做錯，我們搞砸天大的好機會。我們來到大片的開放水域時，沒辦法把雪橇當成獨木舟來用，最後在距離北極大約一百六十公里的地方拋下雪橇，只是扛著大行囊繼續往前走。後來我們糧食告罄，不得不靠蘇聯的直升機撤離。我會告訴當時的自己，要提早做更好的規畫，也會告訴自己，要更小心地預先規畫在零下五十度的狀況下保護腳趾，也許就能讓我免於壞疽。我們盡全力從這些錯誤中學習。

妻子珍妮死於癌症後，我過了悽慘的一年。又一年之後，我認識了露易絲，她將我從自毀傾向拯救出來。她對我投入的事情自有看法，她有六年時間忍受我從極地探險換成登山，但是二〇〇九年攀登聖母峰之後，我說我不會再登山了，而我也說到做到。

我對自己的成就相當滿意，可是如果可以回到過去，跟十六歲的自己提這些，他也不會被打動。他會說，我明明知道我爸會希望我做哪些事，我不該試著做其他事情。他會說，我做過的其他蠢事都只是次好的。

薩爾曼・魯西迪 Sir Salman Rushdie

印裔英國作家

二〇一六年五月三十日

我十三歲從印度來到拉格比[59]，到了十六歲，我已經是墨守成規的公校學生。我那個年紀所寫的作品都繞著寄宿學校打轉，幸運的是那些稿子都消失了，但我記得寫那些東西的男孩是想法老套的公學保守份子，包括政治觀。那反映出我的經歷，我來自富裕的印度家庭，然後跟來自其他地方、家庭背景類似的男生一起被送到一所學校。所以我的世界觀會很保守，也不意外。我非常循規蹈矩，我想我是後來才有了反叛精神。

我那種墨守成規的人格倒是有個例外；我沒想到當我入學，會被當成非我族類，因為我不是英裔白人。這種覺醒真是嚴酷，在早年讓我過得相當辛苦。我在來到英國的學校以前原本很快樂。我原本以為如果我擅長運動，我的背景不會是問題。有另外幾個印度和巴基斯坦男生，他們的板球球技高超，似乎沒有我那樣的經歷，但我實在拿運動沒辦法。

我們家對宗教一點都不投入，父親沒有宗教信仰，母親的信仰程度只到不希望我們

59 沃里克郡拉格比的一所獨立寄宿名校。

吃豬肉。我們的朋友和鄰居都是這個樣子。宗教信仰現在又成了焦點，感覺滿奇怪的，不過在當年，宗教信仰不會是個話題，也不大受矚目。不過我還滿喜歡宗教故事的，伊斯蘭教有好些不錯的故事，雖然我認為《舊約聖經》的故事最精采。在劍橋，我寫了份關於先知穆罕默德以及伊斯蘭早期歷史的報告。就在我為了這份報告做研究的時候，我湊巧讀到所謂的「魔鬼詩篇」故事。我記得當時在想，這故事真不錯。二十年後，我發現這故事有多精采。

我到英格蘭讀大學，非常擔心自己會像中學那樣繼續受到種族歧視。但我父親說服我，到劍橋讀書是很好的事。現在我很高興他當初這麼做，結果在那裡的時光非常快樂，抵銷了中學帶來的諸多傷害。我在六〇年代中期到劍橋念書，那個十年劍橋正是社會變遷的中心。能在那段時間度過十八歲到二十一歲非常好。那些年非常政治，是抗議越戰的時期。是我政治覺醒的時候，也是反文化的時期。有些人稱它為「青年震撼」(youthquake)——年輕人第一次對社會產生影響。參與其中讓我以不同的眼光看待一切——我自己、我的世代、性別和社會。

我很愛六〇年代中期的諷刺作品和超現實主義。我有張《超越底線》的唱片，背下很多段子，我到現在還背得出其中幾則。幾年之後，當時我在廣告業工作，我跟彼得．庫克和杜德利．摩爾共進午餐，我當時想找他們參與一個廣告案。杜德利非常有興趣，人也極好，但庫克遲到一個鐘頭，醉醺醺地來到，拒絕參與，態度蠻橫，硬把杜德利拖走。我很失望，因為我原本很期待見到他。杜德利人好得不得了，而庫克醉到頂點。

我也許會向年少的我強調，父母為我做出多大的犧牲。我想成為家長才會讓你明白父母對你的付出，你在當時會以為理所當然或不怎麼在乎。我現在明白，我遠渡重洋去上學對他們來說是非常痛苦的事，對我母親來說肯定是。他們為我做最好的打算，但對他們來說並不是。父親給我離開的選擇，而我現在也不完全明白自己當初為何會說好，雖說我在孟買讀書讀得很開心。我想父母不辭辛勞送我出國支持我，之後當他們期待我能回到家鄉，我卻說我想留在英格蘭並成為作家——這句子的兩個部分都讓他們覺得可怕。對他們來說，當作家不算真正的工作。

我當時沒看出來，但現在我明白自己的世界觀大半來自父親。他的興趣成了我的興趣，連我的姓氏也發明自父親的哲學興趣[60]。如果我可以回到父親依然在世的時候，我會想跟他聊聊他的想法如何影響了我，也想表達我的感謝。至於我母親，我現在更清楚明白她為了送我出國念書放棄了多少，以及她有多麼善體人意，雖然那樣的分離讓她非常痛苦。

我還滿以年少的自己為榮的。他既有膽識，也有強大意志力。我在一九六八年離開大學，《午夜之子》在一九八一年出版，我花了將近十三年找到自己的作家之路。我會回頭告訴年少的自己，「你能堅持下去太好了」。耗費十二年人生試著做一件事，不保證你會表現出色或獲得成功，你需要有強大的欲望和意志。

60 他父親採用了Rushdie這個姓氏，是為了向哲學家伊本．魯世德（Ibn Rushd）致敬。

在《午夜之子》之前，我在那十二年期間常常心生動搖。那段時間我一直心存懷疑。早期創作大多都不成功，大半都沒出版。我出版的首部小說《格里茅斯》（*Grimus*）獲得的反應很差，要是現在拿來讀，有大半內容我都寧可藏在沙發後面。我當時在廣告界兼職，同事常常要我別那麼笨。他們告訴我，如果我集中火力在廣告上，可以賺進大把鈔票，我到底在騙誰啊？廣告業的每個人都幻想可以寫本書或寫部電視劇，但大部分人永遠都做不到。可是我內在有點什麼促使我持續耕耘。

如果我可以回到過去，跟少年魯西迪聊聊，我顯然必須跟他說，前方會有大麻煩。要他準備面對整整十年的……人生中不大美好的時光[61]。可是我對於創作《魔鬼詩篇》並不懊悔。我認為那是我做過最棒的事情之一。我很高興我們可以挺身奮戰，捍衛那本書，最後也成功了。那場風波已經過去，那本書有不少人閱讀，也被列入大學的諸多課程。大部分人都喜歡這本書。所以這本書從那些不喜歡它的人攻擊中存活下來，現在到了喜歡的人手中。它終於能再成為一本小說。

如果我可以回到過去，想打動年少的我，我會讓他看看我寫的那十七本書。作家馬丁．艾米斯（Martin Amis）說了一句精采的話——他曾經說他想要留在身後的是一整架的書。你會希望自己能夠說：「從這裡到這裡，全都是我。」我想寫作人生有個重點就是它很漫長，而你不會覺得哪本書可以容納你這個人。那些書就像你旅程見聞的報告。我有點驚奇自己竟然寫了十七本書，雖說有很多作家寫了更多。十六歲的我可能會最喜

61《魔鬼詩篇》在許多國家遭禁，1989年伊朗的宗教精神領袖發下追殺令，命令伊斯蘭教徒因為他那本「瀆神的」小說殺了他。接著便是長時期的威脅、企圖謀殺、書店爆炸的事件。

歡我為兒子寫的那些書——《哈倫與故事之海》（*Haroun and the Sea of Stories*）和《盧卡與生命之火》（*Luka and the Fire of Life*）。雖然它們的目標讀者是十二歲的孩子，但神奇地吸引了各種年齡層的讀者。我常常請那些對我作品有興趣的人從這幾本書起步。

你可以問我前幾任妻子的想法，可是我想我人還不錯，相處起來滿愉快的。我確實對第一次婚姻的結束感到懊悔，對方是我長子薩法的母親。她在薩法十九歲時不幸過世，其實到了那時我們雙方已經重建了不錯的關係。在她人生的最後一天，我在醫院握著她的手。婚姻結束了，但關係並沒有。我們當初在一起，年輕得不得了，經過十五年，我們長成了相當不同的人，但我們分手的時候很平和。我想大體來說我是個體貼的丈夫，但妻子可能不會同意。我一位前妻在一本書[62]裡面辱罵我，所以大家的看法顯然有出入。

我是合群且喜歡社交的人，但媒體卻將我描繪成愛去派對的玩咖，這真的是誤解。我偏好小群的人，理想上是一對一。我不喜歡大型聚會，沒辦法好好跟任何人談話，也聽不到自己思考的聲音。

對我來說，當個稱職的父親非常重要，我想兩個兒子會跟你說我們很親近。以薩法的例子來說，尤其重要，首先因為他年少時期母親就過世，其次因為他成長期間父親飽受攻擊。追殺令啟動的時候，他九歲，這件事形塑且標記了他的整個童年。我試著主動解釋當時的情形，因為我想最糟糕的狀況是聽別人說起，因此感到害怕。我當然為他的

62 第四任妻子帕德瑪・拉克希米（Padma Lakshmi）的回憶錄《*Love, Loss and What We Ate*》。

安全感到害怕，他母親和我竭盡全力想給他一個勉強正常的童年，但那段時間讓他吃了不少苦頭。他原本可能會長成亂七八糟的人，但他有強大的力量、通情達理，個性非常平穩溫和。

如果我可以回到過去重溫人生的某一刻，我會從一九七九年開始。我當時才完成《午夜之子》，長子正要出生。事實上，我記得我寫完以後，要他母親坐著別動、跨起雙腿。我想當時我三十二歲，即將成為父親，而兩年後這書出版並大獲成功，可能是我人生中最美好的時光。

理查・哈蒙德　Richard Hammond

英國電視主持人

二〇一三年一月十四日

十六歲的我想引人注目、想要反叛、想與眾不同。我並不喜歡中學。我從不認為當時受到霸凌，但近來我想也許我當年就是，因為長得矮小。要承認這種事滿可怕的。我處理這件事的方式是否認它，說那只是好玩而已，說我不介意。我是哥哥，在我心裡哥哥被人找碴是不行的。所以我想我就是試著先下手為強，然後大發雷霆。我滿好鬥，性情火爆。十六歲有種感覺就是正要邁開大步進入世界，而這點讓那段時間變得很煎熬。

十六歲那年，我轉到男女文法學校，結果心思都沒放在課業上。我對女生積極得不得了，但我根本毫無頭緒。我以前一直讀男校，我們在那裡常常聊到女生。但實際上在女生身邊，我嚇得無法動彈，滿腦子都是不當的想法。我確實交過幾個女友，把那些關係看得好重。我愛得很深，關係結束時會傷心落淚，然後到了下星期我又會移情別戀。

我對音樂、藝術和摩托車很有興趣。我急著想要一輛機車，父母慷慨地替我買了一輛二手50cc本田電動機車。一時之間，一切順遂起來，我得到機車和獨立。我向朋友的爸爸買了皮夾克。你會以為這會讓我看來很酷，但並沒有，我是個矮小的傢伙，在村裡的迪斯可舞廳，穿著我向朋友爸爸買來的，臭烘烘的可怕皮革老外套，睥睨著正在享樂的人們。我希望有藝術氣息、個性難纏、深色眼眸的女孩能看看我，覺得我那陰沉的魅力無法抵擋，但這件事從沒發生。如果可以回到過去，我會告訴年少的自己，女生比較喜歡笑容可掬、可以一起歡笑的男生。可是說真的，關於胸口那個難以控制、強力跳動的東西，一個四十三歲大男人又能跟青少年說些什麼？

如果我現在遇到年少的理查，我會想，「真是個自大、傲慢、自以為是的小混蛋。」我內心深處知道我不是那樣的人，但我想我呈現出來就是這個樣子，我用這種方式來因應自己的不安全感，以及因為身高而被找的麻煩。我直到今年才對自己承認當年覺得受到霸凌，要承認這點真可怕。為了自己的幸福著想，我想回到過去，摟住那個皮包骨的憤怒長髮叛逆小子，告訴他一切最終都會好轉。可是我擔心那些不安全感和憂慮就是給我繼續努力的動力，如果你把它們抽走，也許我就不會發展成今日的我。

那段時間之後我所經歷的事情、我擁有的事業和生活，都是年少的我會想要的。成為電視主持人，開著車子，到世界各地拍攝自然歷史節目——我極有熱情的兩件事——我永遠也想不到自己可以過這樣的生活。我會很想回去告訴年少的自己：「你會到波札那看大象，也會開車橫越沙漠。」如果我知道未來會發生什麼事，我就會信心滿滿、快樂無比地大步走進村政廳。

人生是一連串無盡的選擇。你的身體一直在改變和移動，那不是線性的過程。如果我五歲買了不同的鞋子，就可能影響我往後的人生。也許我會成為藝術家，或搶劫犯。我差點到大學讀建築，但最後我沒接受，因為我當時身無分文。我記得坐著思考，「我沒辦法花整整七年讀書，一面陷入更多的債務。」那就是我沒選擇的諸多道路之一，一條可能會通往不同生活的道路。

年少的我會喜歡成為名人，但我不會理解那種狀況的現實。有時就是很尷尬。上星期我搭火車，清楚意識到有很多人在看我。我不怪他們，可是有時候感覺很滑稽，雖說也令人受寵若驚，因為那表示他們都在看我主持的節目。我會告訴年少的自己：「別害怕媒體，你跟其他人一樣有權上媒體版面。就因為你不住倫敦，沒有一堆光鮮亮麗的朋友，不表示你就沒有那個選擇。投入其中，跟大家聊聊。沒有所謂的魔法；他們都只是平凡人，就連流行明星和首相都是。」

我很同情那些因腦傷受苦的人[63]。你會經歷一段非常難捱的時光，質疑自己、質疑自己的理智、個人的情緒和自己的個性——這是個異常艱難的過程。我以前總說，這件事並未改變我，但當然改變了我。在醫院臥病好幾個星期，思索自己的人格，就會帶來某種影響。但是如果你很幸運，那段經驗就可能振奮人心且帶來啟示。那次撞車是我經歷過最重大的事件之一，它改變了我。可是話說回來，生兒育女、長到四十歲、得到第一台摩托車，也都改變了我。它們一起成就了今日的我，而現在的我覺得非常幸運。

63 理查2006年拍電視節目《瘋狂汽車秀》（Top Gear）的時候，以的時速463公里撞毀了噴射引擎汽車。

Chapter 9

Fate

命運

麥坎・邁道威爾 Malcolm McDowell

英國演員

二〇一四年六月二日

十六歲的我正在就讀林賽・安德森（Lindsay Anderson）[64]會稱為「小公學校」的地方就學——這件事他一直無法原諒我。我夏天考試，投入莎士比亞戲劇，一面打板球和橄欖球。學校對我是很棒的地方，一個安全的避風港。我成長期間在利物浦父親經營的酒吧度過了混亂的歲月，入睡時聽著杯子碰撞和喧鬧笑聲，聞著樓下竄上來的香菸氣味。我喜歡嗎？這樣說好了，我並不常回顧過去。

我會向年少的我解釋，酗酒是種病。遺憾的是，我父親就是酒鬼。他個性鮮明耀眼，但身為孩子，我並不在乎那種事，我只希望他能陪著我，而從那個角度看來，他一向令人失望。如果當時知道他有病，影響也不大，但會幫忙我理解他這個人。我想他還滿以我為榮，因為我的板球球技頗佳——不過他對戲劇毫不在乎。

年少的我會為了身為北方人而感謝上帝，雖說這讓他在南方的學校引人注目。身為北方人救了我一命。它會讓你有所依歸，給你一種很大的幽默感。而那種幽默是強悍且

64《假如》（If）和《幸運的人》（O Lucky Man!）的傳奇電影導演，兩部電影都由邁道威爾主演。

諷刺的，有時候為了生存就需要那個。還有北方的音樂，我在十七歲晃進The Cavern這家夜店，看到一個叫「銀色披頭四」的樂團。真不可思議。

如果我今天遇到十六歲的麥坎，我們不會有多少共同點。他對自己打算做的事以及人生將有何際遇深感不安，他有點憂愁。可是我們有同樣的好奇心與幽默感。他是非常樂天的少年，好奇心很重，想發掘各式各樣的事情。我依然會盡情投入眼前的生活，對我來說能夠開懷暢笑依然很重要。

我十一歲開始在學校演出。我的處女秀是《阿拉丁》，我扮演阿拉丁。在莎士比亞的戲裡，我扮演過《馴悍記》的皮楚喬、《仲夏夜之夢》的巴頓和《十二夜》的費司特。我總是擔任要角，但從來不是很沉重的角色，也沒飾演過反派。我的校長對劇場很著迷，會帶男生去莎士比亞的故居史特拉福（Stratford-upon-Avon）和倫敦的舊維克劇場（the Old Vic）等地方。我們非常幸運，有機會在晚上演出莎士比亞戲劇，在一片大草坪上，上頭是一棵巨大的柏樹。真是一大享受。

回顧過去，我想，「要是我沒遇到林賽．安德森，我會做什麼？」我就不會拍《假如》，也因為如此我才有機會參與《發條橘子》（A Clockwork Orange）。能夠參與這些「抓住時代脈動」、時機正巧的美妙電影，真是不可思議。《假如》的上映搖撼了一切——你無法想像它對英國的體制帶來什麼影響。它嚴重背叛了他們的階級。林賽這個公學校畢業的小子竟然反咬他自己的階級一口；簡直像是間諜集團「劍橋五人組」（Cambridge

Five)，伯吉斯和麥克林（Burgess and Maclean）等人，將我們的祕密洩露給俄羅斯人。

十六歲的麥坎會很愛《假如》和《發條橘子》。我記得坐在利物浦萊姆街的奧迪安戲院看著《年少莫輕狂》（Saturday Night, Sunday Morning）的亞伯芬尼（Albert Finney），心想「我想要做那種事」。那對我來說是個醒悟的時刻。

參與《假如》的經驗令我振奮不已，事後我有了信心，我闖出了一條路。從那裡直到跟庫柏力克[65]共事，至今依然刻骨銘心，如同四十多年前電影上映的當時，對我來說很不可思議。那齣電影歷久不衰，真是難以置信。總是有人邀我去參加上映活動，永不休止。

我想關於事業，我不會給年少的我任何建議，因為我什麼都沒學到。如果有人來找我，告訴我他們想當演員，我會說：「老天爺，不要吧。你會很受傷，他們會啃光你再吐出來。」百分之九十五的演員隨時都沒工作；百分之九十的演員年收入不足一萬英鎊。這個數字是我隨口瞎編的，但雖不中亦不遠矣。當然了，如果有人跟年少的我講這件事，也不會有什麼差別。我依然會變成演員，因為我就是非演戲不可。我不可能做其他事情。那就是差別所在。

我真的不知道我之前為什麼會變成酒鬼。你會以為因為我爸的緣故，我會比較警覺一點。我在八〇年代早期有了酗酒問題，我們當時不知道原來酗酒會父傳子。可是我當時的狀況也不好，當時生活有許多變動，我想我就仰賴酒精來應付。可是就像癌症或糖

65 在《發條橘子》裡。

尿病，酗酒是一種疾病，而且可以治療，我花了點時間才想通。我有兩三年喝得很凶，然後兒子查理出生，我知道我非戒酒不可。我已有三十年滴酒不沾。

我花不少時間載孩子來來去去——我是司機。那就是為什麼我不再做劇場；我不想錯過兒子們的童年。我沒辦法在倫敦或紐約長時間公演，滿可惜的，因為我還滿喜歡的，可是那由不得我。我對孩子的態度頗為嚴格，可是這是我的二次機會，我已經比以前放鬆，身為家長是件美麗的事。

如果我可以回到人生的任一時刻，會是有人告訴我，我拿到《假如》的主角那個晚上。我當時正在皇家宮廷劇院演出《十二夜》，當簾幕降下，舞台經理告訴我，有電話找我。是選角指導梅莉安・布里克曼（Miriam Brickman），她把消息傳達給我。我難以置信，衝到酒吧去慶祝。我買了香檳，環顧四周，但沒看到那齣戲的同仁，只有一個我隱約認得的男人。我告訴他，我拿到了電影的角色，請他喝了點香檳——他一定納悶不已。我知道即將翻轉人生的事情剛剛發生在我身上。

茹比・韋克斯 Ruby Wax

美裔英籍喜劇演員

二〇一〇年四月二十六日

我十六歲是年輕叛逆的嬉皮，深愛披頭四。我跟最美的啦啦隊長交朋友，想方設法進入中學的祕密團體，那就表示我得以接觸到男生。她人很棒，長得又美，但私底下是無政府主義者。我真心愛她，但我利用她當盾牌，因為其他人都很冷酷。

我會奉勸年少的自己離家出走，找份服務生的工作。我當初不應該一直留在父母身邊。父母對我失望透頂；他們覺得我是呱呱落地的人裡面最失敗的一個。我長相平庸，沒有才華，學業普普，又很叛逆，如果你是咄咄逼人的父母，這是你會碰到最糟糕的組合。他們還滿殘酷的，而我樂於讓他們失望，我真心想好好教訓他們，而我真的也這麼做了。

回顧過去，我心裡想不出年少自己的形象。也許我真的是個魯蛇，而且這麼想的不只我父母。也或許我當時滿美的。當我回頭去看舊照片，覺得自己還算漂亮，但我當時覺得自己像條狗。在那個時期的很多照片裡，我確實一副老在生氣的樣子。

我真希望自己沒浪費教育，但我的家庭生活了無章法，我根本無法專心。我的腦袋運作不了，把大學搞砸了。現在的我則全心讀書，過去五年我一直在研讀神經科學。我以前不明白自己有那麼好學，但現在我真的是，而且起步實在很晚。我申請了碩士課程，正要寫信去問我是否獲准入學。

我為了逃開父母身邊而去歐洲，但是當我到格拉斯哥讀戲劇，我真心喜愛。我愛格拉斯哥，大家都好滑稽，我覺得自己找到我的族類，因為他們擁有同樣明智的幽默感。然後我進入皇家莎士比亞劇團，認為演戲成了我的定錨，但我漸漸明白我演戲的功力有限。我非常失望。

艾倫・瑞克曼（Alan Rickman）跟我說過：「妳真的可以寫喜劇。」他逼我這麼做。我並不喜歡寫作，但我知道我能寫出不錯的台詞。我追求的從來不是逗笑，我想寫出精采的台詞。如果我可以寫悲劇，我也會這麼做，對我來說，重點向來不在逗笑這件事上。

我搞砸了在美國的機會。我堅持要做紀錄片，他們卻要我主持脫口秀節目。我知道我當時錯了，要是我可以乖乖閉嘴就好，我想我現在就會非常富有。

如果你告訴年少茹比，總有一天她會成功，她會覺得很驚奇。我十六歲看不到前方的任何東西，可是如果你在我三十五歲告訴我，我以後會有自己的電視節目、三個很棒的孩子和非常穩定的婚姻，我永遠都不會相信你。可是莫名地，這些事情就是發生了。

詹姆斯・厄爾・瓊斯 James Earl Jones

美國演員

二〇一〇年二月二十二日

十六歲的時候，我在密西根農場過著安靜但豐富的生活，由祖父母扶養我長大。祖母教我很多關於仇恨的事情，祖父則教我很多關於正義的事。

我讀了不少法國作家凡爾納（Jules Verne）的作品，我和一位死黨擬訂計畫要做一架可以鑽地的機器，以便前往地心。祖父認真看待這件事，告誡我們不准繼續胡鬧。

除了祖父外，我在高中的英雄是唐納德・克魯奇（Donald Crouch）教授。我的人生有過那麼多風波，等我上了小學，我已經結巴到無法好好講話的地步；等我上高中，幾乎成了啞巴。克魯奇教授發現我寫詩，挑戰我朗讀自己的作品。因為那是我自己寫的內容，我可以憑記憶講出口。

老師鼓勵我寫信給羅斯福總統談談關於正義和不義的議題。我會讓年輕的詹姆斯・厄爾知道，聯邦調查局會發現那封信具有煽動性，而在他加入陸軍以前對他做了番調查。我也會告訴他，他會對歐巴馬總統以及美國選了他而心生佩服。

大人禁止我談起父親，他在我出生以前就跟母親離異。我讀中學時在雜誌架找到一張他的劇照，是莉莉安・史密斯（Lillian Smith）小說改編的《異果在百老匯》（Strange Fruit on Broadway），由梅爾・費勒（Mel Ferrer）主演。父親邀我到紐約跟他會面；母親聽到這件事，為了反制，就給我一張到聖路易斯的火車票，她就住那邊。我父親從沒原諒我當時選擇到聖路易斯，而不是去紐約。

我會告訴十六歲的自己，總有一天會見到父親，他會帶我去看瑪歌・芳婷女爵（Dame Margot Fonteyn）跳《天鵝湖》，以及偉大的非裔美籍歌劇演唱家萊恩泰妮・普萊絲（Leontyne Price）表演《托斯卡》。他也會帶我去看音樂劇《花紅酒綠》，後來又去看亞瑟・米勒的劇作《激情年代》，跟那則故事一樣冷冰冰、令人沮喪。在我心中點燃火焰的正是《花紅酒綠》，我在密西根的小歌劇院找到舞台木匠的工作。

我想十六歲的詹姆斯・厄爾不會對他身為演員的成就覺得折服；會真正打動他的是一回好收成、整年順利地捕獵松鼠，或一袋不錯的鹿肉。

讓我登上雜誌封面的角色是《前景大好》（The Great White Hope）[66]，但會讓年少的我最得意的是《哭泣的大地》（Cry, the Beloved Country）。《星際大戰》是意料之外的輕鬆差事，但也沒多少進帳就是了。如果我當初爭取穿上黑武士達斯維達戲服，我就會成為百萬富翁，但我當時選擇擔任特效人員，只是負責錄下聲音。不過，我很高興能夠參與這整個計畫。

66 瓊斯在百老匯飾演拳擊手傑克・傑佛森（Jack Jefferson）而贏得東尼獎，並因為1970年的改編電影得到奧斯卡提名。

巴茲・艾德林　Buzz Aldrin

美國太空人

二〇一三年九月二日

年少時期，我知道自己的學業表現不錯。父親從一九一九年到二次世界大戰都是飛航先鋒，所以我想駕駛飛機，而在一九四五年要實現這目標的最好方式就是透過軍校。我在韓戰期間以第三名從西點軍校畢業，所以完成飛行員訓練以後，被送到韓國參加空戰。我出了六十六趟任務，射下兩架戰機。

我十六歲在社交上滿不成熟的。我並不害羞，但在高中也不怎麼受女生歡迎。父親因為所作所為而成為角色模範，但他並不是很擅長經營父子關係。他戰爭期間離家在外時，母親和兩個姊姊是家中的主宰。我想我跟母親滿親的，她會去看我打橄欖球賽。

我當初並未馬上受到太空旅行的吸引。一九五七年，我正在德國飛超音速戰機F-100，當年蘇聯發射第一顆人造衛星「史普尼克」(Sputnik)。我們當時正處於防範核武的狀態，免得蘇聯侵犯歐洲，而有「史普尼克」飛過我們的頭頂並未引起太大興趣。但到了一九五九年，《生活》雜誌刊出「水星號」太空船的照片，提起挑選頭一批太空人的事。我並未受過試飛訓練，所以我想我並不符合資格，但在一九六三年，美國太空總署放寬規定，將焦點更放在學業成就上，也就讓我幾乎成為榜首。

我和阿姆斯壯（Neil Armstrong）之所以有機會到月亮上漫步，是意料之外的變動結合悲劇所造成的結果。原本我完全未被排進雙子飛行計畫，但一場意外使得兩位太空人喪生，將我順勢排了進去。接著我參與了非常成功的太空漫步任務，所以我知道我會有表現的機會。一九六七年「阿波羅號」失火，另有三位太空人喪生，包括我的好友艾德．懷特（Ed White），因為人員的異動，我和阿姆斯壯接受指派，投入「阿波羅十一號」任務。

阿波羅可能是訓練最密集的任務，我們有以小時為單位的詳細時間表，我想我們當時對任務非常有信心。我一九五三年曾經參戰，因應緊急事態是家常便飯。你要學習接受隨時可能發生的事況，不然就幹別行。我們知道自己可能無法成功降落，但我們想我們依然可以中止計畫並返回地球。我們當時認為我們有大約百分之六十的機會可以登陸，但有不只百分之九十的機會可以安全返航，即使我們並未登陸。

每趟飛航都有專屬設計的徽章貼布。我對於找出得以象徵人類第一次登陸月球的東西頗有興趣；我想不出很個人化的東西，但我們最後想到用我們國家的象徵——老鷹，降落在月球上，背後有地球的圖案。有人提議讓老鷹的嘴裡啣著橄欖枝，和平的圖像，但老鷹展開爪子看起來太有侵略性，這個形象就被駁回，於是我們將橄欖枝放進牠的爪間，最後就敲定了徽章的樣子。當然了，我跟阿姆斯壯都同意我們要將太空船命名為「鷹」。

我覺得如果我們成功登陸，我想做點個人化且具有象徵意義的事以表達感謝。我獲准在月球表面以酒和聖餅，給自己聖餐，但有人當時勸我不要提起這件事，有人強烈反對「阿波羅八號」的成員朗讀《聖經》，而我們不想因為宗教招惹批評而引發更多麻煩。

如果我們可以重來一次，我想我踏上月球時，應該負責在月球表面進行實驗。因為阿姆斯壯先踏上月球，他就控制了我們接下來做的事情。不知怎的，我走到階梯底部時，頭一件事卻是尿在太空裝裡。接著我往外眺望，聽見阿姆斯壯用「美」（beautiful）這個字眼，但在我心裡引發的感覺卻不是美，我稱它為「壯麗的荒蕪」（magnificent desolation），然後想到自己眼前的景象已有數千年不曾改變。

我可能會奉勸年輕的我在退休以後，做點計畫好保持忙碌。登陸月球之後，我覺得不管我做什麼，都可能比不上這件事。那就是為什麼我決定成為第一個回到軍中服務的太空人。我想在學院成為軍校生的指揮官，但我沒得到任命；我成為試飛員的指揮官，這滿奇特的，因為我從未受過這類訓練。那不是我想做的事，所以一年後我辦了退休。我變得憂鬱，開始酗酒。兩年前跟第三任妻子離婚時，又面臨類似狀況，但在戒酒三十四年後，我稍微懂得怎麼因應憂鬱。

我並不特別想成為另一星球的寂寞先驅。我想我們絕對應該送人永遠占據火星，但我想我天生的個性並不適合擔任自願者。

我沒有什麼後悔的事，但也許我當初不該讓憂鬱和酗酒中斷我的第一場婚姻。我非常愛第一任妻子和三個孩子，但我前後結婚了三次，現在是離婚狀態。也許我可以稍微慎選一下，但是木已成舟。我很以最小的兒子為榮，他有博士學位，還會說俄語，是一家火箭公司的副總。我正在跟大兒子一起處理一些麻煩，我試著幫助他改變生活。女兒是家裡唯一有孩子的，而多虧那個孫子，我現在升格為曾祖父了。那可是個傳承啊。

丹尼・狄維托 Danny DeVito

美國演員

二〇一二年七月十六日

我十六歲住在紐澤西，喜歡看電影、和朋友廝混。如果可以回到過去，我會要自己多打開書本，多閱讀，學好歷史和地理。我會要自己習慣學習。至於交女朋友的事，我會要自己放輕鬆，別有壓力。我會說：「星期五晚上有大活動，你也不必這麼擔心，不用為了參加而卯起勁打扮，那個活動還會在那裡很久很久。不用為了交不交得到女友而壓力那麼大，好好享受跟朋友在一起的時光。然後別抽菸。」我當初抽菸是為了融入團體。事實上，我會要自己不要那麼擔心團體，他們那群人不是很靈光。也要自己好好對待姊妹，花更多時間陪伴父母。哎，真希望我當初這麼做了。

我十六歲滿腦子都是女人。我還算受歡迎，因為我愛搞笑又外向，但我畢竟不是布萊德．彼特，不會有人追著我滿街跑。我有兩個姊姊，大姊比我大十六歲，所以比起那些不懂異性的男生，我占了不少優勢，我早早就知道很多男生看不到的事情。我見過姊姊的男友們，聽他們閒聊，我還滿瞭解男女交往這回事。我不想聽起來太世故，但我想比起我很多朋友，我跟女性相處起來更自在。我會告訴年少的我，多利用那種優勢，多在他們身邊流連、聽他們講話，有不少重要知識可以從姊姊那裡學到。

年少的我不知道未來要做什麼。高中畢業以前，我暑假都會去當園丁打工賺錢，後來姊姊送我去讀美髮學校。她開了家美容院，希望我去她那裡工作。我說：「安琪，我不要，我對美髮沒感覺。」她說：「要不然你要做什麼？你又不上大學；你總要做點事吧。」我照她的意思做，因為她一直滿精明的。她給了我一個小工具箱，我就去上美髮學院了，我走進去的那一刻就知道我永遠欠她一份情。那裡有四十個女生，大概只有三個男生。接下來的半年對我的人生有長遠的影響。

我對頭髮頗有一套。如果我看到某人，對方的頭髮是紅的，下次我一看到對方的髮色變得淺些或暗些，我都會記得。我總是知道某人剛剛剪了頭髮。這個話題可以拿來破冰，相信我。即使別人沒要求我，我也會主動給人建議。我會告訴他們，「依你的臉形來看，那個髮型不大適合，也許你可以考慮剪一點瀏海。」我總是盯著別人的頭髮，運用自己的知識在一些同事和合演的明星身上。我有一次因此惹上麻煩。我們當時在彩排一幕圍桌而坐的場景，這群人包括一個年紀稍長的女演員。當時髮型和彩妝還沒完成，我看著她並說：「嘿，妳頭髮裡有線耶。」我扯了扯那條線，結果她的眉毛彈回原位——她的反應就像「該死，丹尼——那是我臉拉了皮。」我又不知道，我以前又沒看過。

我父母都過世了，但我很幸運他們一直很挺我。我爸媽比大多父母都年長許多，我媽生我的時候已經四十了，所以我很清楚他們壽命有限。父親過世的時候，我就在他身邊，母親也是。父親因為中風和心臟病突然過世，但是事情發生的當兒，我們全家正聚在一起。這點非常奇怪，因為那件事就在我們所有人眼前發生。但是因為他們的年紀，我會想到他們還剩多少時間，從來毫不猶豫地告訴他們，我有多愛他們。你永遠不會想錯過向他們表達愛意的時刻。

我對自己在《飛越杜鵑窩》（One Flew Over the Cuckoo's Nest）的表現很引以為榮。我在外百老匯已經演過那個角色，所以我有很長時間可以研究這個角色。我們為了研究而造訪了幾間機構；我們說我們是研究所學生，他們就放我們進去，那份經驗令人大開眼界。那是一部很棒的電影，但年少的我對於自己在蝙蝠俠電影飾演的企鵝人，會非常折服——他床上有那本漫畫。我不得不告訴他，電影最後跟漫畫有點不同，因為有這個叫提姆．波頓（Tim Burton）的瘋狂傢伙。

如果我跟年輕的丹尼說未來會怎麼發展，他會非常興奮。我想他不會覺得害怕。我會對他很溫柔，不會隨便打擊他。我會和他坐下來懇談並說：「我來自未來，這就是你要做的事情。」如果我告訴他，他以後會在這些電影導戲和表演，生養三個孩子，過我目前的生活，我想他會漾起笑容說：「太好了。」

我會跟年少的我說——我想這話是達賴喇嘛說的，「如果你遇到好事，接受它之後放手。如果遭遇壞事，同樣接受它之後放手。」我想那是過人生的好方法，就在陰陽中間，這樣你就能隨時準備好因應一切。那並不是我天生的習性，是吃過苦頭以後才學到這個教訓，但你必須學習信任：事情總會解決。

婚姻是一條雙向道。你們兩個必須有同樣的追求。你必須善體人意並有所退讓，才能夠共同生活。如果你們要當永遠的伙伴和朋友，就是必須有施也有受。[67]

我的生活還滿完美的，沒什麼是我想改變的。我最珍惜的時刻就是跟家人共度的時光。過去二十年來，我們每年都跟三個孩子出門度假。度假期間，有好幾天時間會逐漸解壓，之後就會覺得無比放鬆、十分舒暢。那就是你會真的想要好好把握的時光。

67 在這個訪談之後，狄維托和他的妻子演員莉亞・培曼（Rhea Perlman）於2017年仳離。

伊旺·麥奎格 Ewan McGregor

蘇格蘭演員

二〇一一年十月三日

十六歲那年對我來說非常重要。我搬到柯科迪（Kirkcaldy）攻讀戲劇，最後發現很花工夫也得負起不少責任。那一年很難熬，我成長了不少。我從九歲就想當演員，那絕對是因為我舅舅[68]的關係。他會來克里夫（Crieff）活動，跟在地人天差地別。他如此多采多姿、浮誇招搖。不是說克里夫當地的人就不是，但那裡的農夫多過演員。我在還不知道演員是怎麼回事以前，就想效法他，而我從來沒真正改變主意。

我生性向來樂觀。那不是選擇，我天生如此。我成長期間非常快樂，身邊圍繞著好友和家人。在克里夫這個地方成長，再完美也不過，我們成天踩著單車東奔西跑，一早出發，晚上才回家。我們享有真正的自由和獨立，是我孩子所沒有的。

我總是希望去倫敦，想闖出一片天，主要因為我兒時很愛去那裡拜訪舅舅丹尼斯。可是當我十七歲在市政廳音樂及戲劇學院修課，離開蘇格蘭突然感覺很揪心。我還記得我爸放我下車，將我留在一間很破敗的房間，我看到他環顧四周，我們兩個人都在想，

68 演員丹尼斯·勞森（Dennis Lawson）。

「幹，這也太驚人了。」那種離開家的感覺，跟我當初到柯科迪很不一樣。這真的是更大的事。我變得很強調自己的蘇格蘭身分，記得自己還把蘇格蘭格紋緞帶縫到自己的牛仔夾克上。我是個出國到倫敦、作風過頭的蘇格蘭人。

我會告訴年輕的自己，得不到電影的角色也別擔心。我當時大約十九歲，還在上戲劇學校，正要爭取兩個案子。一個是電影，是個動人且悲傷的戰爭故事，另一個是編劇家丹尼斯．波特（Dennis Potter）的BBC戲劇《衣領上的唇印》（Lipstick on Your Collar）。我對兩個案子都很興奮，但我最想參與的是另一部電影。我渴望到在最後試鏡功敗垂成，沒拿到那個案子。後來那部電影胎死腹中，所以如果我當初拿到那個角色，等於為了一部後來沒拍成的電影，錯過和丹尼斯．波特共事的機會。我想命運起了一點作用。

戲劇學校可能會打擊你的自信，因為校方老把焦點放在你的弱點上。找經紀人茲事體大，因為它給了我一絲希望，表示我對自己從事的事情可能頗為擅長。我想，「噢，有人想要我耶。」而得到演出丹尼斯．波特系列的機會，是頭一次我感覺有人想要找我而不是他人來演戲。突然間我以前的自信都回來了。我走進經紀人的辦公室，她要我坐下並說：「你接下來會工作半年，收入是兩萬四英鎊。」我不得不打斷她並說：「拜託，我可以打個電話給我爸嗎？」我想告訴他，我之後會好好的。

如果我現在遇到年少的自己，我做的一些事情他可能不會覺得很酷，但我想要這麼想：我們有同等的動力和同樣的衝勁。孩提時代，我一直想投入有份量的工作，我想我已經辦到了，不過活著就是在學習，終究會明白情勢不總能如己所願。我很幸運能夠拍大電影和小電影，有過各式各樣不同的體驗。我有非常單純的作法——如果我喜歡那個故事，我就會接演。

我已經快十一年沒碰過酒了，我很偶爾才會注意到自己沒碰酒。我現在發現，即使沒有酒助興，我也能輕輕鬆鬆在友伴面前展現外向的個性，而我以前總得先喝幾杯才能展現真正的自己，但現在我都以自己的真面貌抵達現場。以前那種喝酒方式只會讓我陷入慘境。

我拍《猜火車》（Transpotting）的時候，並未這樣想：「這就是我——這是我發光發熱的時刻。」但我對這部片子確實有種神奇的感覺。我想那本書很棒，真正捕捉了這個國家的精神。我知道丹尼．鮑伊是導這部戲的不二人選。這部片的選角好得不可思議。所以我抱有很高的期待，但我萬萬想不到……我記得頭一次在倫敦跟我太太和舅舅一起看這部片，發麻顫抖地走出戲院。真是傑出。但當時我已經有很強的自信，所以並不覺得它對我的事業有特別的助力。現在，我當然明白它確實有，它紅遍全球，讓我備受矚目。

我很喜歡到蘇格蘭，不管是為了工作或只是回老家走走，我喜歡在格拉斯哥拍《末日情緣》（Perfect Sense）的感覺。我在那裡拍過四部電影，雖然我不是那裡的人，我看著它從一九九四年我們拍《魔鬼一族》（Shallow Grave）以來有了改變。那是個美好的地方，我想在那部電影裡，這個地方扮演了鮮明的角色。

我想不管住哪裡都無所謂，如果你選擇不要過於耽溺，不管到哪裡都能維持自己家庭的隱私。我覺得你必須刻意強求，而我永遠不會那麼做。所以我的生活過得非常不錯，家庭生活在蘇格蘭，有些朋友在美國，還有四個孩子。加總起來相當豐富，沒剩多少時間可以做別的事。我忙著跟小孩相處，而我喜歡這樣。很完美。

奧茲・奧斯朋 Ozzy Osbourne

英國樂手

二〇一四年十月二十七日

我兒時很叛逆；不喜歡承諾，工作都不持久。我因為沒幫忙家計，老是被母親吼。其實我有點漂泊性格。我離開家，可是沒什麼地方可去。我以前都會在別人家的沙發上混時間。在勞工階級的環境裡，我有點像社交花蝴蝶。

我閱讀障礙滿嚴重的，但當時大家並不瞭解什麼是閱讀障礙。我去上學，是伯明罕的中等學校，一班有四十五個孩子，全是男生。那些小鬼老在瞎混，躲在廁所後面抽菸。如果你想學點東西，那不是最好的環境。我當時是個瘋瘋癲癲的傢伙。我逗那些強壯凶悍的傢伙笑，好讓他們喜歡我。

我試著找出自己擅長的事情。我試了點竊盜，但不是很拿手。我沒犯過什麼竊盜大案，不到三星期就被逮了。我爸對我說，「那很蠢」，我確實覺得很蠢。我沒付罰金，就被關進牢裡幾個星期。這番教訓來得又快又猛，確實遏止了我的竊盜事業。

近來有人問我，我收過最棒的禮物是什麼，我突然想到，要是父親在我十八歲沒買一支麥克風給我，我現在就不會在這裡。他看出我對流行樂真的很有興趣，就買了支麥克風送我，不久之後，我認識了那些後來組成「黑色安息日」（Sabbath）的傢伙。我因為有自己的麥克風和擴音系統，才有機會加入樂團。要是沒有這些設備，我永遠沒機會接下演出活動。

首先是我和吉澤[69]。我們在樂器店刊登廣告，東尼和比爾[70]跑了過來。他們才因為在卡萊爾（Carlisle）跟他們的團「神話」（Mythology）吸毒而被逮，整個團四分五裂，因為當時吸毒被逮到，可是會傳遍全國的大消息。東尼看到我，臉色一沉，因為他不喜歡我。他的反應像在說「噢，不」，但我們還是開始即興演出。東尼在當時名為Cumberland的場地有點名氣，所以我們在那裡有些演出，還有在蘇格蘭邊界的Inverness。

年少的奧茲永遠不會相信，他可以擁有我這樣的生活。那個來自伯明罕的亞斯頓（Aston）孩子，最後怎麼有辦法住到比佛利山莊的房子呢？我永遠不會忘記有個聖誕夜，我爸難得答應讓我熬夜，這樣我就能看到全世界最美的女人。他打開電視，伊莉莎白．泰勒正在朗讀一首詩。幾年之後，我受邀參加一場慈善會，想不到坐我旁邊的就是伊莉莎白．泰勒。我當時滿腦子都是，「要是我爸可以看到我現在的樣子就好了。」真不可思議。

會讓年輕的奧茲非常意外的是，他活了這麼久。我不是生性暴力的人，但這輩子做

69 吉澤．巴特勒（Geezer Butler）是黑色安息日樂團的貝斯手。

70 東尼．伊歐米（Tony Iommi）和比爾．瓦德（Bill Ward），分別是吉他手和鼓手。

過好些非常愚蠢的事。我還沒拿到麥克風以前，有數不清的機會可能會害死自己。我在七〇和八〇年代過了些有毒品和酒精長伴的瘋狂歲月。有二十年左右的時間，我喝不少酒，吸很多毒，活得很任性。後來那種生活方式再也行不通，所以我不得不去尋求協助。現在我不碰酒、不抽菸，也不吸毒了。但我活著肯定是靠著跟老天借來的時間。

回顧過去，我覺得非常幸運。我六十五歲，過了精采的一生。我依然會做蠢事，但已經不會醉醺醺地上車了。我以前都會跟雪倫說：「我才不會那樣。」然後我喝了幾杯，隔天早上醒來，她會說：「你幹嘛做那種事？」這陣子以來，我腦袋清楚，但我在十年前摔下四輪越野機車，結果跌斷頸子，我當時的時速才六點多公里。很典型的意外。有一天我會去散步，罕見的鳥會朝我肩膀拉屎，鳥屎裡會藏著罕見病毒，然後我就消失不見。

我不會給誰什麼建議，尤其是年輕的自己。如果你要我幫忙你我懂得的事，老實說，我懂的並不多，但可能會給點建議。可是我會說：「如果你想嘗試什麼，儘管去吧，可是記得每個行動都會有反作用。」就像賭博一樣。我不懂那些沉迷賭博的人，因為賭博是行不通的。我去過賭城拉斯維加斯，玩過幾次吃角子老虎，就是沒什麼快感。你喝醉時以時速一四五公里飆速駕駛，這種事很蠢，不過我前後做過無數次。

我對自己做過的事覺得羞恥嗎？每天都是。我最後一次喝得爛醉，回到家時少了輛法拉利。人生中有雪倫是很幸運的事，因為她會狠狠念我一頓，雖然以前我有時會很痛恨這種事。我會想，「她為什麼這麼嫌棄我？我現在明明好好的。」可是有時候我狀況並不好，我老是讓人頭痛，我以前很瘋。

如果我可以重過人生的某一天，就會是跟雪倫結婚的那天。我整天喝得醉醺醺，竟然走不到新婚套房。最後他們發現我趴倒在飯店走廊，失去意識。我想回到那一天，在那天結束時跟我妻子同枕共眠。

保羅．麥卡尼爵士 Sir Paul McCartney

英國樂手

二〇一二年二月十三日

十六歲的我試著勉強熬過中學、學習吉他、跟女生約會，最後一點在當時毫無可能，因為我真的很缺乏自信。那就是為什麼很多男生一開始會組成團體——為了女生和錢。對我來說，所有女生似乎都高不可攀，我想不通要怎麼走到某人面前並說：「想一起去看個電影嗎？」這種事太可怕了到底該怎麼進行？要攬住她嗎？要坐在那裡等著她先開口嗎？還是說你該率先發話？要買牛奶巧克力球請客嗎？我想有幾次我確實邀到女生一起去看電影，但即使在那時，也很難像詹姆斯．龐德那樣表現得得體迷人。

我想我後來瞭解到，我可以將十六歲對女生的感受寫成歌曲。所以我就這麼做了。事實上，我回顧那段歲月，可以寫的不只是浪漫的事情，還有別的東西可以寫。比方說，我在利物浦的住處附近有幾位老太太，我和其中一人成了忘年之交。我以前都會去替她採買，然後我們就會稍微談談她的人生。能跟完全不同世代的人聊聊很棒，你不會想「這只是個老人家」，而會瞭解他們曾經年輕過，有過你可以起共鳴的神奇經驗。

對我而言，替那位老太太購物成了很愉快又有教育意義的體驗。我想那份體驗帶出了〈Eleanor Rigby〉，這首歌講的是寂寞的人。

我完全拿日期沒辦法，研究披頭四的專家比我記得還清楚，但我想我十六歲就認識約翰和喬治。喬治以前都會跟我搭同一輛公車。當時我已經在寫歌；我十四歲寫下第一首歌。所以當我認識約翰，我說：「我有幾首歌跟一些小段落」，他說，「我也有。」那就是讓我們順利建立連結的東西。我們想，「唔，如果我們每人各自寫了一首，也許可以合寫一首。」我們就這麼做了。頭幾首歌很簡單，但我們在接下來幾年漸漸發展，我們並未意識到自己在做什麼，最後成了寫歌雙人組，也變得非常出名。

我爸對我的歌曲創作帶來莫大影響。他在家裡會彈鋼琴，我常聽他彈奏。他教我和兄弟怎麼處理和聲，也讓我愛上和聲。我們組成披頭四時，很喜歡一起唱和聲，這是很棒的結合，也是人們熱愛合唱的原因。我記得如果收音機上有點現場音樂，我爸就會把頭從門探出來，用拳頭一起敲打節拍。那就是他的小習慣。單是看到音樂節奏為他帶來喜樂，對我就成了令人留戀的回憶。他會要我傾聽擴音器傳出來的低音，然後會說：「那就叫貝斯。」有趣的是，我最後成了貝斯手。

我十六歲失去母親還沒多久。我想就像任何悲劇，如果你運氣好，你的心思就會想辦法處理那股痛楚，讓你能夠順利撐過去。我這個生活在利物浦的十四歲男生，有可能往下沉淪或是繼續往前行。音樂助益頗大，給了我美好的感受，用以取代悲傷的感受。

當然，約翰也在年少時失去母親。這個共同點讓我們有了連結。

我想我是滿有衝勁的小鬼。我想在學校好好表現，覺得自己滿努力的，但不是所有老師都有同感，最後我的表現不如所願。我愛夢想，但我想那不是壞事。我確實記得當時沒上到什麼音樂課；我們有個音樂老師，但他只是放上貝多芬的唱片，然後走出教室。我們是一群利物浦少年，就把唱片拿開，掏出撲克牌來玩，等老師快回來，再把唱片放回去，趕緊揮掉剛剛抽菸的煙霧，好好坐在書桌前。我滿幸運的，可以用不同的方式發掘音樂，後來音樂成為我的熱情所在。

如果我可以回去告訴十六歲的自己，他的人生會怎麼發展，他一定不相信。我以前就想過這點。只要現場彈奏〈Back in the USSR〉這首歌，我常會對觀眾說：「如果你們跟兒時的我說，總有一天我會跟俄國總統見面，而且他會來參加我的演唱會——唔，這種事絕對不可能吧？」關於披頭四、羽翼樂團（Wings）和我目前的樂團，有那麼多事都非常驚人，回到過去就會像是《回到未來》。我必須跟年輕的我說：「我是從未來過來的，我現在說的每件事全部屬實。撐下去，別喪志，你絕不相信以後會發生的事。」

我也會告訴年少的我：「對一切別這麼緊張，這世界沒你想像的那麼糟。」我在不錯的家庭成長，我當然不能替每個人發言，但以十六歲的自我來說，我以前總是在想，「我永遠交不到女友，我永遠找不到工作」。我對那些事情都緊張兮兮，知道自己對「你要拿你的人生怎麼辦？」這個問題沒有好答案。

我孩子出生的時候就是令人狂喜的時光。我無比幸運，因為我來自利物浦的大家庭，常常有人要我幫忙照顧表親或姑姨的小孩。約翰是獨子，身邊沒有任何嬰兒，所以他第一個孩子出生，他得從頭學起，他就是沒那個背景。他就是認為嬰兒是玻璃做的那種爸爸，老是擔心沒抱好摔碎他們。可是父職對我而言很自然，這點是很大的祝福。我的新專輯[71]有幾首歌，靈感來自家族歌唱大會，就是音樂將所有親戚凝聚起來的那些魔幻時刻。

年少的保羅．麥卡尼會很愛名氣這個概念——那就是他的夢想。可是有趣的是，人生會給你小小的徵兆，你起初不會認為是徵兆，直到夢想成真，然後你想，「我在想那會不會是個徵兆。」我記得我和約翰最初一起廝混，我夢見自己徒手在花園挖土，找到一枚金幣。我繼續挖下去，又找到一枚，然後又一枚。隔天我跟約翰說了我做的夢，他說：「真有趣，我做了一模一樣的夢。」我想你可以說這場夢成真了。我記得幾年以後跟約翰說：「記得我們做過的那場夢嗎？」所以這場夢的訊息是，「繼續挖掘吧，小伙子們。」

71《深情之吻》（Kisses on the Bottom, 2012, Hear Music）。

Chapter 10

Ageing

年老

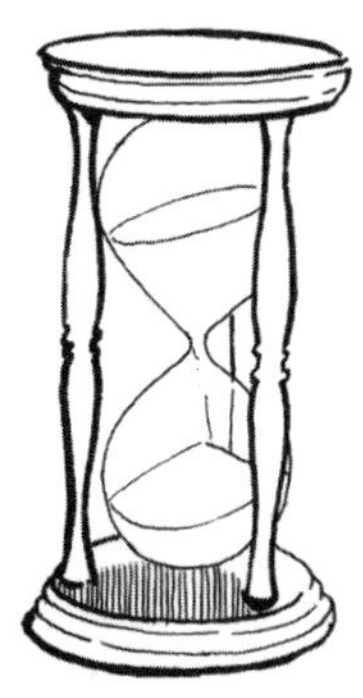

傑佛瑞・洛許 Geoffrey Rush

澳洲演員

二〇一六年五月九日

我對童年有相當清楚的記憶，我在十五歲有個大變化。我從八歲開始學鋼琴。母親工作獨力扶養孩子，非常足智多謀，希望我和姊妹學好鋼琴。到了十五歲，我跟鋼琴老師鬧翻了，當時我也加入學校的戲劇社。對我來說，戲劇是創意和自由的綠洲。我對運動不怎麼拿手，對老師的死板教法不感興趣，這些男老師頂著腦後和側面削短的髮型，大多來自二次世界大戰時期。我的髮長則超過衣領，我加入戲劇社時，立刻知道戲劇社的人正是我的族類。

我們的戲劇社團原本有指導老師，他們的教導令我獲益良多，可是他們後來另謀高就，所以我們學生決定自己經營這個社團。我們做過老掉牙的戲，像是《可敬的克萊登》(Admirable Crichton)或《毒藥與老婦》(Arsenic and Old Lace)。雖然我對參與劇場和加入搖滾樂團相當執著，但是我壓根兒沒想到要靠這個維生。我覺得自己被創意活動團團包圍，卻無處發揮。我原本以為自己最後可能會去當廣播員或老師。

有時我看著當時以柯達布朗尼相機所拍的老照片，看到這個長了面皰、彆扭的瘦巴巴小孩。我不知道我會不會給他建議，恰恰相反，因為他對我的影響仍在。他教我怎麼面對人生，時時變動、影響大量且多元。他常常換學校。他有媽媽、兩個深情的祖母和缺席的父親……他十五歲認識了繼父，是個知道時事諷刺劇《超越底線》和劇作家山繆・貝克特（Samuel Beckett）的剪羊毛工，還是愛聽深夜廣播的真正老派鄉間左派人士。我對那位少年依然有非常強烈的連結感，他提醒我接受新事物，永遠隨時保持警覺。所以我會說：「謝謝，彆扭的少年，謝謝你教導我對六十歲的我來說，依然有指引作用的事。」

我記得我十二年級的成績單。一直到十年級，我的學業成績都很優異，在班上名列前茅。我愚蠢地以為自己想成為天文學家——我熱愛的另一個東西，所以在一些老師的誤導之下，我研讀進階數學和物理學。我明明努力向學，十二年級的成績單卻淨是低分，我跟校長說我不同意他們的看法，而他不懂我為何一直待在戲劇社團。他將我趕出他的辦公室，我回頭高喊說，我在那所學校原本過得很愉快，他卻把整件事毀了。我只是覺得校方對孩子如何成長茁壯相當無知。

我人生中最驚人的事件之一發生在我大學即將畢業的時候。一九六九至七一年間，昆士蘭州立大學的校園朝氣蓬勃。我們當時的州長很右派，所以有很多抗議活動，大學裡滿是演員和托洛斯基主義者（Trotskyites）。我快離開那裡時，昆士蘭劇團團長看中了我，提出三年期合約。我被選中這件事留下非常強烈的回憶，因為這件事翻轉了我的人生。我星期五考完期末考，星期一就到劇團做第一次彩排。一九七二年，我在第一份報稅單寫上「演員」，我當時想，「真不錯，我要努力維持下去。」

我會告訴年輕的自己，不用非得在二十一或三十歲闖出名號。我跟昆士蘭劇團共事之後到歐洲，當然也包括戲劇聖地：倫敦。我在劇場開開心心工作了大約二十四年。然後女兒出生了，我想，「我現在靠的是州政府補助的劇場薪資，錢不是很多。我必須開始賺點錢。」我為了《西貢小姐》（Miss Saigon）做了大概五次試鏡——我熱愛音樂劇——最後剩下兩位競爭者。然後我接到一封信，信上說《鋼琴師》（Shine）這部電影要開拍了。那只是我演出的第二部劇情片，當時我四十三歲。

我讀《鋼琴師》的劇本時，心想，「哇」。我習慣了莎士比亞和劇場劇本，但《鋼琴師》的主角並不是國王，他是個在外圍、脫離常軌的傢伙。我覺得他就像古典的神聖傻瓜（holy fool）。我進入那個角色的方式可能帶點自傳色彩。我總是著迷於這個問題：局外人如何在故事中心得到體面的地位。那部電影改變了我的人生，我贏得奧斯卡獎，頓時備受眾人矚目。好萊塢做了什麼？他們給我一部關於李伯拉斯（Liberace）的電影，因為他也彈鋼琴。我不得不說，我並不想成為「鍵盤片種」（keyboard genre）的新面孔。

《王者之聲》（The King's Speech）是我第一次讀到裡面有澳洲要角的跨國故事。我很愛那種來自南半球的人物和皇家王者角色之間的碰撞。對我來說，那是個極棒的經驗，坐在桌邊和德瑞克．雅各比（Derek Jacobi）、麥可．甘邦（Michael Gambon）一起讀劇本，心想，「哇，這就對了！」我們都知道這是個精采故事，但不知道這部電影會得到什麼樣的反應，可能只會被當成小眾英國時代劇而不受重視，但接著我們開始得到迴響，大家都在說：「這部片子的重點不是口吃，而是在於自己最棒的一面。」然後電影紅遍半邊天。我收到觀眾的大批來信，信裡說這部片子幫了他們很多。那部電影帶來好些美麗的成果。

我會告訴年輕的自己，「不要以為你五十歲就會過氣。」我四十三歲做了個攸關命運的重大決定，我離開長年耕耘的劇場，踏進新世界，跟國際電影的大咖共事。我現在六十幾歲了，正在享受這段中年才真正開始的人生時光。這就是我的意外故事。每個人都有一個，而且全都不一樣。

克莉希・海德 Chrissie Hynde

美國樂手

二〇一四年九月十五日

十六歲的我只有一個興趣：音樂。別無其他。當時一九六七年，時值音樂的全盛時期，正當一切蓬勃起飛的時候。所有的英國樂團、吉米．罕醉克斯（Jimi Hendrix）……我在俄亥俄州的郊區成長，靠著廣播過活。越戰如火如荼，青年文化正要起步。當時，世代之間有很大的鴻溝，我們有個座右銘：「不要信任超過三十歲的人。」對我們來說，重點在於音樂和毒品。我當時還小，自以為無所不知。

我會告訴年少的自己要尊重父母。我父母都是循規蹈矩的人，是來自郊區、勤奮工作的美國人。他們搞不懂我是怎麼回事，也對我的狀況不怎麼滿意。我們不大能溝通——不管談什麼都會吵起來。這種意識形態的碰撞就是事情開始出錯的時候，但現在我明白父母只是想要守護家庭的正派人士。我當了祖母才明白那件事有多困難；我知道維繫家庭上，我不如我父母成功。

我總覺得自己得要把握時間快快行動。當你覺得在自己家鄉像個陌生人，那種感覺並不舒服，而在陌生國度覺得自己是陌生人，輕鬆得多。我從來沒看過護照，不認識什麼想離開的人，但我就是想掙脫現狀。我充滿動力。我並未在美國到處旅行，我直接去倫敦，因為樂團都在那裡。

我會勸告年少的自己不要受到毒品的伏擊。首先，我會要她趕緊戒菸，而不要拖了四十年才戒。抽菸是我們社會最大的圈套，酒精也是。我會告訴年輕的我，只要抽大麻就好，我在毒品和酒上虛擲了很多時間，結果沒有好下場。我很重隱私，從來沒公開自己的爛事，但我的樂團在一年中死了兩個人，也許就能傳達很多事情。

當你努力想付清帳單、保持平靜，但關係正要瓦解、自己陷入混亂的情緒時，想耐住性子對待孩子有時並不容易。等你是祖輩而且更放鬆，會比較容易。我不曾讓我跟孩子的合照公諸於世。唯一一次是在喬．斯特拉默（Joe Strummer）的葬禮上（我的孩子在那時已經長大成人），「我們就為喬這麼做吧」，因為我們愛他。

我有過美妙的時光，我住在夢想之地。我愛倫敦，向來如此。我在這裡過著非常平凡的生活——我依然會買《Viz》雜誌。我帶著倫敦交通牡蠣卡四處走跳，我搭公車。大家自然以為不可能是我，所以就沒來煩我。如果你閉上嘴巴，別跟媒體講話，你就可以過正常生活。

瑪麗安・費斯福 Marianne Faithfull

英國樂手

二〇一一年一月二十四日

我喜歡上學，是個聰明的小女孩。我有很多朋友，我愛他們，他們也愛我。一切都很順利。我打算去上大學，正朝著那條路走。我滿有安全感。我對大學確實有些疑慮，覺得我應付得來嗎？還是會崩潰？想到要競爭我就害怕。我自尊心很低，花了好多年才克服。

父母都不好相處。他們在我六歲時仳離，事情變得很複雜。父親很冷漠，但母親很奇妙，我從她身上得到很多愛。後來等我接受心裡治療，我的精神科醫師常會說：「妳之所以會好轉，是因為妳早期有過愛的體驗。」

如果我現在遇到那個女孩，我想我會喜歡她。我們會聊聊書本、劇場和芭蕾。我總是樂於面對人生的體驗，對一切懷抱興趣，但我並不羨慕她，我現在有自信得多，知道自己在做什麼，這種感覺很棒。

我以前總認為自己的一生是個錯誤，但我現在認為我犯過的唯一錯誤是吸毒。離家在外、遠離難纏的家庭是對的；來到倫敦錄唱片，開創自己的人生也是對的。我結婚生下兒子尼可拉斯也是對的，即使我當年才十七歲。但我要是等待下去，永遠不會生孩子，因為接下來忙得不可開交，所以這點我並不後悔，兒子是我人生最棒的關係之一。但是毒品拖慢了我的速度，讓我自覺一文不值，我當時活在恐懼中。

要是當時我明白自己為何有逃離男人的衝動，會有幫助。母親和外婆都不喜歡男人，她們認為沒有男人，生活會更幸福。她們培養我愛的能力，我卻無法貫徹到底，因為我總是在自己被趕出去以前，就想先逃離。我花了多年時間才明白，人可以身處於關係中，同時覺得自由。

我是稱職的女友，對伴侶從事的事情抱持興趣，我認為我付出不少。米克[72]自己也承認我們當時怎麼共事，他幫我一起背《三姊妹》（Three Sisters）的台詞，我幫他處理歌曲，我們一起度過充滿樂趣的時光。我沒預期會從那件事得到財務上的報償，我堅持只為〈Sister Morphine〉這首歌拿錢和居功，但我做的事情遠遠超過，而我非常引以為榮。我和米格在那方面有真正的連結，我們在關係裡平起平坐，但最後我不得不出走。當我離開他，非常悲傷，我就是忍不住，但錯不在他。

我會告訴自己，變老其實沒那麼糟糕，只要有針灸、運動、美食和朋友。我在嘴唇上打了點肉毒桿菌和膠原蛋白，下巴也抽脂過，好消除雙下巴，我對這點毫不難為情。我會奉勸人不要太早做這件事，但我想我現在的模樣比二十年前更好看也更年輕。你必

72 米克・傑格（Mick Jagger）是滾石樂團的主唱。

須喜歡自己，才能照顧自己；而二十年前我還做不到。

我會告訴年輕的自己，罹患重病不代表你的餘生要活在恐懼裡。我得了乳癌，但我從來不相信疾病是種懲罰，雖說有些人這麼想。我滿幸運的——早期發現。我現在強烈主張要好好照顧自己。明年要做健康檢查，我有點緊張，但我覺得很健康，也很快樂。

阿曼多．伊安努奇 Armando Iannucci

蘇格蘭作家和喜劇演員

二〇〇九年十日十九日

我是奇怪的少年，有兩種截然不同的個性。在家裡我老是泡在書堆裡，有個學校的後進在圖書館查我的名字，看到我一星期借出二十七本書。但我也是班上的丑角，老愛模仿老師。我天生就有點表演才華。我在家裡避提我丑角的那一面，可能因為我覺得無法靠那一面維生。我的目標是當醫生。在大學我依然對學術很投入，準備針對米爾頓的《失樂園》攻讀博士學位，因為喜劇不是份工作。

有好長一段時間我都自信缺缺，時時因為自己熬得過去而覺得驚奇。我深深覺得自己很沒用，不只在學術上，也在任何方面，而我成功唬過了不少人。我非常緊繃，但朋友告訴我，我外表看來沉著冷靜、很有把握。我不這麼覺得，而事情就從那裡滾雪球似的發展。要是能做更多電視喜劇《今日》（The Day Today）會很不錯。我後悔我們只做兩季的劇集《我是艾倫帕特奇》（I'm Alan Partridge），兩者相隔五年。

我清楚意識到我對時尚和潮流不感興趣。部分的我認為那無所謂，因為我就是沒興趣，但另一部分的我會想，「難怪你看起來這麼差。」但我對打扮就是提不起勁；部分的我喜歡融入群體、不要引人注目。

我去參加派對時，依然會以為自己誰也不認識。我沒辦法喊著「嗨！」一面闖進別人的對話。我的喜劇大英雄之一比利．康諾利（Billy Connolly）來《人人有份》（In the Loop）的紐約首映，走過來說：「阿曼多，你好嗎？」我心想：「他竟然知道我是誰！」然後我說：「可是你是我的英雄耶！」而他說：「噢，我都不曉得，我們幾年前就該聚一聚的。」真呆，但在我神經質的心裡，大家言下之意是：「你誰啊？我才不想跟你講話，我想跟那邊的那個人聊。」

我總覺得自己的心理年齡是四十多歲，所以當我四十歲，我覺得很好，不明白有什麼大不了。但我沒料到身體會這痛那痛，也覺得有點僵硬。如果我能給年輕的我建議，我會說：「準備這麼想吧，『我想我只能用笨拙的姿勢離開這個座位』」，然後每次坐下或站起來的時候都會嘆口氣。」

我依然無法相信自己能夠擔起父親的職責，雖然我孩子不叫我爸，他們叫我「大D」。但大兒子已經長得比我高大。大兒子快十六歲了，另外兩個孩子分別是十歲和七歲。能夠看著孩子成長很不錯，但很棒的是可以和大一點的孩子成為朋友、有相同的幽默感，可以和我一起看喜劇。那是我人生的一個美好部分。

伊恩・藍欽 Ian Rankin

蘇格蘭作家

二〇一二年十一月五日

十六歲的我生活重心都放在搖滾樂和書本上，我不常出門。我在卡頓登（Cardenden）成長，是個勞動階級的採礦村落，那裡沒有私有住家。我的生活周遭都是親族，有個舅舅就住後側籬笆過去的地方，有個姑姑住在兩戶人家之外，所以一舉一動都受到監視，不管做什麼都無法卸責。即使你覺得自己格格不入，也必須裝出融入的樣子，因為你不想被痛打一頓。我的臥房有音響和唱片，待在房裡最開心了，我在那裡寫差勁透頂的詩，寫那些不肯多看我一眼的可愛女郎。

我在女生身邊害羞得不得了。我還記得聖誕節前兩個月，學校不再上體育而開始改上跳舞課，我難為情到難以動彈。所有男生在室內的一側列隊，女生在另一側，你必須挑一位舞伴，接下來的四十分鐘就跟對方合跳「快樂哥頓斯」（Gay Gordons）傳統舞蹈。你必須讓那些凶悍的孩子先挑，因為要是你挑中他們喜歡的女生，你就等著在下課被踹。那對每個參與其中的人來說都是夢魘。

我會告訴年少的自己，培養一點打扮的概念。我穿牛仔背心，背上縫有大賣場販售的貼片——和平標誌和聯邦旗幟——搭配又大又鬆的長褲。最糟的是我的鞋子；我說服我媽說我需要馬汀大夫靴才能融入團體，但她用郵購的，貨到時發現根本不是正品；而是深紅色的莫卡辛皮鞋，飾有小小的流蘇。我以前常被拖去拜訪姑姨伯舅，或是到黑潭的廉價民宿度假，而我總是躲進書堆裡。

如果你遇到十六歲的伊恩，你會看到某個有點善於逢迎又害羞的人。我想身為蘇格蘭人，我們可以跟人來一場對話，卻完全不看對方的眼睛。我會待在臥室看漫畫，想像自己身處另類世界，或是忙著編寫故事。想也知道，我從來沒拿那些故事給任何人看，全藏在舊書桌的抽屜裡。

我父母不常閱讀。我不知道我對閱讀和寫作的熱情來自哪裡，但打從我懂得閱讀以來，我就不想停下來。卡頓登有家小小圖書館，由礦工一起出資設立，我記得我十二歲可以開始借閱大人書的那種戰慄感。我不能看《教父》和《大法師》那類的成人級電影，但沒人阻止我借書，它們提供了替代性的刺激感。它們含有禁忌知識，就是你不該知道的東西。我很愛圍繞著書本的那種危險刺激感。

我手上有我十幾歲後期和二十歲初期的日記，裡面的我似乎很害怕事情的走向。我大學的頭兩年頗辛苦，研讀那些又舊又脆的文本。我媽在我開始讀大學時病倒住院，接下來的七八個月漸走下坡，所以每個週末我都回卡頓登，看著她越病越重、我爸情緒崩潰，自己再回愛丁堡。整個世界看來好荒涼，我想回到過去，告訴年少的自己，最後會有快樂的結局。

我想我爸熱愛我的寫作事業。他將我的書分送給朋友，但他在我二十九歲的時候過世了，當時我只出版了兩三本書，悲傷的是，他從沒看到我獲得成功。我希望他還在我身邊，我想我有時候將那件事放進了書裡頭。我的新角色麥肯．法克斯的父親就住療養院，由麥肯支付費用，但他不見得想去探望父親。我爸要是活著，現在也九十多歲了，如果他還在，也許我跟他之間的關係就會像那樣。

我想年少的伊恩會因為自己事業的發展而驚呆。如果他當初曾經夢想要寫作，他會想成為純文學小說家，而不是寫在機場書店可以買到的那種書。他會希望大學研讀他的作品，或成為中學的指定讀本。我不確定他會不會想成為知名的流行作家，我還是不確定自己現在是否習慣了。我在電視上看起來可能相當放鬆，但我花了二十年才做到這點。當我最初參加藝文評論節目《The Review Show》，緊張得不得了。

我覺得自己屬於不老的世代。我依然聽我十六歲聽的音樂。我的打扮依然跟以往類似，雖說長褲沒那麼寬鬆，而我已經丟了那件牛仔背心。我依然把錢花在書、專輯和啤酒上，但我確實逐漸放慢速度，注意到兒子走路比我快，而我以前無論去哪裡老是用衝的。有如李歐納．柯恩說的，「我以前用來玩樂的地方都在痛。」(I ache in the places where I used to play.) 這些想法可能也寫進我的書裡，但小說主角雷博思探長比我更糟。他現在已經六十多歲了，他永遠比我大十歲，還是個大菸槍。

我意識到我似乎沒有長壽的基因；母親在將近六十的時候過世，而我爸在七十二歲離世。有時候我覺得自己應該試著往人生塞進更多刺激的活動，但轉念一想，「我又不喜歡刺激的事情。我並不想高空彈跳，甚至不想到非洲草原看野生動物。我想坐在房間裡好好看書。」

瑪格麗特・愛特伍 Margaret Atwood

加拿大作家

二〇一六年十月三十一日

一九五五年我十六歲，住在加拿大。這段時間流行的是貓王、搖滾樂、圓裙、便士樂福鞋、穿著無肩帶洋裝參加學校的正式舞會——雖然我從未做到那個地步。你可能會覺得很意外，到了十二年級，我跟伙伴莎莉代表學校參加「消費者瓦斯家務小姐」競賽。我們必須在瓦斯爐上烤馬鈴薯、用瓦斯熨斗燙襯衫。我們並未贏得比賽，但我們得到很不錯的墜飾手環。

我會勸年少的我一件事，就是上祕書課程學怎麼盲打。我到現在還是不會打字。職涯顧問替女生弄了張短短的清單，上頭列出可能從事的行業：小學老師、護士、空服員和家政員，後者類似營養師或裁縫師。那些事情我全都不想做，但身為重視金錢的孩子，我查了查薪水，發現家政員收入最高。所以我修了那些課程，學習怎麼繫緊拉鍊，但我一直沒學怎麼打字。

我會告訴十六歲的瑪格麗特，別再擔心自己的頭髮，頭髮就是那個樣子，妳無能為力，所以就算了吧。事實上，經過一些不順遂的實驗之後，我到三十歲才終於接受了自己頭髮的模樣。

青春期的我讀了不少書，但也做了很多其他事情。我做自己的衣服，在學校表演人偶秀。我們製作那些人偶和舞台，負責配上所有角色的聲音。我滿有生意頭腦的，可以透過那件事賺錢。我們最後找到經紀人，在小孩的聖誕派對上演出。我也創作並演唱以家政發想的歌劇，還參加籃球隊；當時不需要長得高就能打球。我非常投入。

重要考試到來的時候，我成了更焦慮的少女，但也不到嚴重的地步。我對男生就沒那麼焦慮了，身邊總有不少人選。當時大家追求的是穩定關係和單配偶制，也還沒有避孕藥。你不需要擔心性愛，因為不會有機會做，這是大家的共識。

十六歲是我開始寫作的年紀。我朋友記得我在學校自助餐廳宣布這件事。她後來跟我說，「妳那時候好勇敢，大聲說妳打算當作家。」可是那是因為我不知道人不應該這樣說。我不知道當時哪來的靈感。當時沒有角色典範，而我對這行一無所知，但是我正在讀海明威和歐威爾，還有很多科幻小說，在學校也讀了十九世紀經典。我出去買了本叫做《作家市場》（*Writer's Market*）的書，書裡告訴你可以把作品賣到哪裡去。書裡說真正的羅曼史利潤最高，所以我計畫寫羅曼史來賺錢，然後在晚上寫自己的傑作。起初我不怎麼拿手，但我想我沒問題，所以我持續耕耘。

如果我現在遇到十六歲的我，我會想，「妳是哪個星球來的啊？」我跟同伴們都不同，因為我在樹林裡長大，不怎麼在意別人的想法。我愛挖苦人，說話犀利譏諷，愛開玩笑，當時在別人眼中，我和朋友可能還滿苛刻的，但我們那種態度是從電影學來的。

我想我的獨立思考來自父母。母親也不照樣板走，她從來不因為我是女生而要我別做哪些事。父母對我想以寫作為業不大高興，因為我要怎麼賺錢？我考慮當記者，但父母帶了個男記者朋友回家來，他告訴我我最後頂多只能寫寫婦女版和訃文。所以他們成功將我從那條路轉移開來，卻不是轉進科學，他們原本希望我走的路。

如果我要給年輕的瑪格麗特一些建議，我會要她別再把行程排得太滿。但過去五十年來我老是說說而已。我會要她好好處理自己的強迫症，我得找到方法停下來，因為耗掉我太多時間，而人幫不了世上的每個人。要我回到過去向年輕的瑪格麗特吹噓我後來的事業，會滿困難的，她不是個輕易覺得佩服的人。如果我跟她提起我的成就，她會說，「嗯，所以妳辦到了。」我所有的小說裡，她可能會最喜歡《使女的故事》——她當時正在讀《華氏451度》(*Farenheit 451*)和《一九八四》(*1984*)那樣的暗黑科幻小說。

我會告訴年輕的我：「忘掉種種風波，事情終會好轉。情勢會漸入佳境，直到妳三十歲。然後妳四十歲以後甚至會更好。」我二十歲不知道人生會怎麼發展，所以我滿心焦慮，想著我會遇到適合我的伴侶嗎？我的事業會成功嗎？我會過得快樂嗎？到了四十歲，至少我已經知道人生的一半情節。比起二十歲多歲的女性，身為四十歲的女性，大家比較可能會好好聽妳說話，如果妳事業有成的話。

活到七十六歲，會有不少人都過世了，沒機會把想說的話都跟對方說。父母過世以前，已經不大能進行那類的對話，但我在人生稍早的時候提前說過，因為你永遠意料不到何時生離死別。

如果可以回到過去，我可能會重溫我們到北極的其中一趟旅程，那裡其實是美妙無邊的地方。我們一九九一年也在法國住過一陣子；也許我會回到過去重溫那些美好的秋日。或是在北加拿大的某年夏天，非常美麗。但早上真正給我起床動力的，是期待接下來會發生什麼事情。花太多時間回顧往昔，就等於坐在老人搖椅裡哪兒都去不了。

羅傑・摩爾 Sir Roger Moore

英國演員

二〇一四年九月二十九日

我十六歲已經工作了半年，在一家專門替陸軍和空軍製作教學動畫影片的公司。我的工作是在燈箱上描繪插圖。我很愛這份工作，可是有一次我去實驗室取片子，出了點誤會，結果他們辭退了我。失業之後我經常跑游泳池。

我的青少年時期，戰爭方興未艾，真可怕。我記得有天回家，我媽剛發現她兄弟在義大利戰死——是她這輩子最愛的人之一。他是職業軍人，他那個排裡有人踩到地雷，結果他連帶被炸飛。可是除此之外，我的青春期快樂無憂，不需要扛什麼責任。

我跟父母的關係很好。我是獨生子，很受寵愛。我不用分享，我以前總是玩笑說，他們只有一個孩子，是因為頭一次嘗試就臻至完美。但其實是因為我是個大寶寶，孕期常踢母親肚子，在我出生後，醫院勸告我母親別再懷胎。

我從沒想過要演戲，但我總是喜歡到處耍寶。在班上我常被點名高聲朗讀詩詞和故事。父親在警界服務，他的職務是要畫出意外現場作為呈堂證供。他主要在家工作，要是陽光明媚，他就會帶我去游泳而不是工作。有人問我以後計畫走哪行，我說我想當我爸那樣的警察。

如果我可以跟十六歲的羅傑聊聊，我會說：「準備忍受批評。準備加入一個多數人都失業的產業。好好存錢。保持微笑。注意禮貌。熱愛工作就是了。」

年少的我會很詫異我竟然成功了，他當然夢想要成功，但如果落空，他也不會擔心。我記得當我有足夠的錢買五根菸或搭公車的時候。我要不是必須一路步行到倫敦，不然就是坐上公車後悔自己連根菸也沒有。所以當我兩者都付得起，我會坐在公車頂層吞雲吐霧，擺出姿態讀台詞，好讓每個人可以看出我是個演員。

回顧過去，我一直非常幸運。我記得在紐約——我沒拿許可就擅自過去——不到一個星期，就找到直播電視劇的工作。接著好萊塢召喚我，我必須決定跟哪家美國電影公司簽約。還滿荒唐的，我當時才二十六歲。

我既不是亞伯．芬尼（Albert Finney），也不是湯姆．寇特內（Tom Courtenay），我不像他們天賦異秉，所以對演戲我必須下功夫。我的人生還過得去，但這樣的人反倒有機會扮演美妙的角色。我這輩子都在扮演英雄，因為我看起來像英雄，拿到的工作幾乎只要求我端出原本的樣子，無須更多。我還滿想扮演真正的反派。

變老不曾困擾我。妻子和孩子愛我，所以沒關係。我數著殘餘的頭髮說：「噢，還在啊。」我變得有點像米高．肯恩的故事，關於一個有三根頭髮的男人，男人去找理髮師，理髮師問他想怎麼分邊，他說左分好了。可是後來掉了根頭髮，理髮師說：「要怎麼辦？」男人說：「中分吧。」然後又掉了一根頭髮，理髮師問現在該怎麼辦，男人說：「就保留亂亂的樣子吧。」

我不喜歡看我以前演的電影。我很自大，不喜歡被提醒我不如自己想像的好。我看到我在電影的那些靈活身手，是我現在再也做不到的，比方說快跑上樓，我就會想「可惡」。我不曾坐下來看完整部詹姆斯．龐德電影。我可愛的妻子是瑞典人，認識我以前沒看過多少我的電影。她看過龐德電影，當時在哥本哈根，美國大使夫人邀她去參加私人試映會，但那部是《第七號情報員》（Dr No）。所以她知道的詹姆斯．龐德是史恩．康納萊，而不是我。我拍的詹姆斯．龐德裡，她最喜歡哪一部？她沒說過。她在房間對面，我來問她……她說是我秀了空手道的那一部，我想她指的是《金鎗人》（The Man with the Golden Gun）。是的，那部片我拍得津津有味。兩位龐德女郎莫德．亞當斯（Maud Adams）和碧麗．愛克蘭（Britt Ekland），我覺得她們都很貼心。

我想有時候好運降臨，事情就會開始發生，你必須認出那些時刻，然後善用它們。我有時確實會躲進自己的殼裡，而我痛恨爭辯，一旦脾氣失控，就會辯輸。我總是告訴大家：「傾聽別人、掂量情勢，接受好的建議，拒絕你認為對你無用的建議。」我自己是否好好照這種建議做？其實也沒有，但我就是持續努力。那首歌怎麼唱？「繼續向前走，直到路的盡頭。」

Chapter 11

Hindsight

後見之明

伊恩・麥克尤恩 Ian McEwan

英國作家

二〇一九年四月十五日

十六歲的時候，我長得削瘦蒼白，戴著搖滾歌手巴迪・霍利（Buddy Holly）風格的眼鏡，頂著一頭濃密深色頭髮。我十一歲就在離家三千兩百多公里的住宿學校就讀，性情略微憂鬱，雖然我當時沒有分析工具，無法辨識這種狀況，也不曾對自己這麼說過。但十六歲左右，我意識到雖然那是學校，但那個地方妙不可言，位於薩福克郡的奧韋爾河（River Orwell）河畔一帶。我正逐漸意識到文學，接觸不少詩詞和音樂。我頭一次聽巴哈，也聽了不少爵士和電子藍調。我對人生激越昂然，對一切興致勃勃。我正踏上神奇的甦醒之路。

就讀男校，我生活中最缺乏的就是異性。所以有很多的渴望都轉化為對音樂和書籍的熱愛，這有點不自然。十六歲時，有個很有魅力的英文老師告訴我，我很聰明，而我這輩子頭一次突然覺得自己很聰明。他將格雷安・葛林（Graham Green）、艾瑞斯・梅鐸（Iris Murdock）、布里安・阿爾迪斯（Brian Aldiss）、威廉・高汀（William Golding）

介紹給我。我變得很積極又嚴肅；我開始覺得研究英國文學就像神職工作，而我打算獻身其中，或許有一天找份教英文的工作。

我以前很期待放假回家，但才不到一週就會坐立不安又無聊，因為身邊沒有別的小孩。我父親是軍人，駐紮在德國，所以我從十二歲就會從薩福克郡前往德國，單槍匹馬，先搭船再轉火車。我很愛父母，他們很和善，很重視我的教育。但教育給我的東西，對文學和藝術的愛，對他們來說意義不大，結果我變得有些傲慢，現在的我會譴責當年的自己。我曾經有整整五年時間都認為沒讀過《荒原》的人不值得與之對話。我真是令人難以忍受。

直到很後來，我才認清父母的人性全貌，我看出他們是由兩種我幸運避開的力量所形塑：大蕭條和第二次世界大戰。我領悟到我這代人的父母有很多都曾經直面深淵、窺見死亡，而那種死亡的規模是我們這世代難以想像的。所以當一切結束，國家開始稍微繁榮起來，他們便會緊抓著日常、穩定和規律不放。我後來明白那些狀似無聊的事情，比方說替汽車打蠟，對經歷過殺戮的人來說多麼有安慰作用。所以我很樂意將這個訊息送給年少的我：「你過著安全無虞的生活，一定要體恤經歷過險境的人如何在固定作息中得到慰藉。」而我們做了什麼？我們只是把頭髮留長，赤著腳走來走去，就認為自己走在尖端上。簡直胡扯。

我想年輕的我會很驚奇，一九七二年，就在我大學畢業過後，我會看到一本文學雜誌的封面──《新美國評論》(*New American Review*),上頭有四個名字,字體大小相同,菲利普.羅斯(Philip Roth)、鈞特.葛拉斯(Günter Grass)、蘇珊.桑塔格(Susan Sontag)、伊恩.麥克尤恩。我當時二十二歲,差點暈厥,看到自己名字列在我那麼崇拜的傳奇作家之間。

一九七三或七四年,馬丁[73]介紹克里斯多弗[74]給我認識,他們一起做了些訓練,非常可怕,害我的肋骨發疼。不管何時我走進去,小克就會用第三人稱模式說:「身材削瘦、諷刺成性的伊恩.麥克尤恩來了。」在那段時間,我認識了其他青年,或者說主要是男性,後來成為一輩子的朋友,像是詹姆斯.芬頓(James Fenton)、克萊.格瑞恩(Craig Raine)、克萊夫.詹姆斯(Clive James)、朱利安.巴恩斯(Julian Barnes)。我們一起在鎮上跑來跑去樂翻天,各自出版了頭幾本書和文章。

馬丁出了名的花心,我不像他,我喜歡專注在一段關係上。我從一開始就熱愛父職,十分熱愛。我一九八二年結婚,舉家遷往牛津,生了兩個兒子,另有兩個繼女。當時我們一大家子都住牛津,那段時間其實很美好。我現在常跟孩子碰面,他們為我的人生帶來無上的喜悅。

如果我可以回到過去,跟人來最後一場對話,我想我會選擇我的初戀。她叫波莉.拜德,我們在大學陷入愛河,後來一直是朋友。二〇〇一年,她開始生病,後來在二〇〇三年死於癌症。我去探望她,在生命的忙碌和進程中,在憂鬱和希望的時刻裡,我

73 小說家馬丁.艾米斯(Martin Amis)。

74 記者和作家克里斯多弗.希鈞斯(Christopher Hitchens)。

們不曾坐下來針對她行將死去這件事深入一聊。她是個很不錯的人，我依然想念她。

死亡總是在，有如你逐漸走近的遠山。我想你就是必須試著讓人生過得充實。你享有「意識」這份贈禮長達七十或八十年，希望你能物盡其用。說真的，我對這點覺得有點傷心。我覺得人生何其美好。然後會遇到這些時刻，你會想，「這一切終得結束，甚至不是終結於無物，而是超越無物。」其他人的生命也有盡頭，這並不會讓我更好過。拉金（Larkin）的詩作〈晨歌〉（*Aubade*）有一行：「不在這裡，不在任何地方。」相信有來世的人永遠不知道他們弄錯了，所以對他們來說這點肯定帶來很大的慰藉。但對我來說並沒有。

如果我可以重溫一天，就是一九七六年，我當時跟幾個朋友結伴到加州的大瑟爾（Big Sur）大健行。我那時二十七歲。我們過了個美妙的下午，海浪在四周拍岸，周圍有著不可思議的植被。我們要回到帳棚時，感覺如此快樂，渾身舒暢，我們決定沿路跑八、九公里。就是你年輕時，那種輕鬆美好的跑法，我們穿越那片景致，我心裡只是想：「我在天堂，真美。」我感覺到那一切的喜悅——身體的跑步動作、四周絕美的風光、好朋友，夕陽正西下，想到即將到來的夜晚。我想，「我在天堂有個小角落」。我當時知道這一點，而那個時刻一直留存在我心中。

Slash

英國樂手

二〇〇八年三月十日

我十六歲活得像個隱士。我不喜歡學校，我不介意學校這個概念，但我無法融入那裡的人之中。我不覺得學校有那麼重要——我的吉他才是。我老是蹺課，獨自喝不少酒，在高中球場露天座位上彈吉他。我不管到哪裡都帶著吉他。我徹底吸收齊柏林飛船（Led Zeppelin）、罕醉克斯、AC/DC、史密斯飛船（Aerosmith）等樂團的作品……

我十六歲的性愛生活還不錯。我有個分分合合的女友，她是我的床伴。當時，十六歲的人不像現在這麼容易找到很多人上床，但我還過得去。要是我當時知道以後會以彈吉他維生，還有加長型禮車、尖叫的女粉絲以及伴隨而來的毒品，我對未來會覺得很滿意。

我會告訴年輕的自己，成功不見得跟外在看來的一樣。當你爬到事業的顛峰[75]，你的內心往往不覺得有那麼高昂，往往跟求存與掙扎更有關係。局勢有了轉變[76]時，能夠從中掙脫，真讓我如釋重負。能夠逃開、遠離內在的爭論，讓我嗨翻天，比起優遊自

75 1987年，「槍與玫瑰」樂團的首張專輯《毀滅欲》（Appetite for Destruction）在美國售出一千五百萬張。

76 Slash於1996年離開樂團。

在，我更喜歡辛苦掙扎的那部分。

我會要十六歲的我放心，我不會改變很多。確實有些時期，我開始墜入深淵[77]。但我想我的現實感、對音樂的投入，幫助我走了出來。我想我不曾變得目中無人。我向來滿好相處的，對人也不錯。只要手邊有香菸和酒，我就會好好的。

十六歲的我要是想到以後會成為父親，肯定會魂飛魄散，但我現在有兩個小兒子，各為三歲和五歲，我的人生有了全然不同的動力。更重要的是，那個醉醺醺、嗑藥嗑到茫的 Slash 讓我覺得無趣，我對自己在「槍與玫瑰」樂團的樣貌感到厭倦，能夠將之拋在後頭我覺得也好。不過當時我當然很樂在其中。

77 Slahs的自傳叫做《*Smack, Crack, Groupies and Firearms*》。

阿斯戴爾・坎貝爾 Alistair Campbell

英國記者和前唐寧街新聞官

二〇一二年一月三十日

我覺得自己青春期過得滿開心的；我在某個程度上可能十分焦慮，因為十二年後我因為精神崩潰進了醫院，但是每一天我都覺得狀況不錯。我在學校很用功，兼了好幾份差。我在蘇格蘭有個大家族，假日都在舅舅的農場工作，我很喜歡那裡。他以前都會付我覺得荒唐的錢，所以我跟他住在一起，閒來會跟另一個工人到酒吧大喝特喝，玩得不亦樂乎。我彈奏風笛，熱愛足球、板球，當然還有伯恩利足球隊（Burnley FC）。到了十六歲，我把大多時間和錢都花在伯恩利的賽事上，我在學校從不摘下伯恩利圍巾。老師們試著逼我脫下，但我死都不肯。

雖然我交過幾個女友，卻要到年紀更長些才真正認真談感情。我向來自信滿滿，從不擔心自己是否有魅力，或是能否有機會跟女生溫存，我總是覺得會有女生主動來找我。當時跟人談一段認真的感情並不是當務之急。

十六歲的我如果聽到他最後解決了喝酒的毛病，他會鬆一口氣，他已經開始喝太多，正在擔心這件事。我到酒吧點酒從來毫無顧忌，而且打從一開始就喜歡上喝酒。我的另一半費歐娜回顧過去，說我似乎千杯不醉。我確實酒量驚人。喝醉時，有時我會變得暴力，很幸運的是，沒人嚴重受傷。我現在不大喝了，我注意到酒喝多的人很快就變得無趣。

我不是因為加入政黨而關注政治，但我相當堅持己見，而且絕對反體制。我最想要的是成為足球員，但我不是很擅長，所以那條路行不通。不過，關於我目前這樣的生活，很棒的事情之一就是會受邀做些事情，像是跟足球球王馬拉度納（Diego Maradona）打一場慈善球賽，那是我以前夢想要做的事。同時，如果你告訴我，我最後會從事跟文字和語言有關的事，我也不會訝異。我以前很常寫作，寫詩詞、歌曲、短篇故事。我們家族沒有記者，但我爸以前每星期都會買《星期日郵報》，我記得自己從頭讀到尾。也許那是我會對新聞業起興趣的早期跡象。

我不希望聽起來太傲慢，但我總是覺得我會過跟大多人不一樣的生活。可是如果你告訴年少的我，他會成為記者，在冷戰末期到馬爾他參加布希和戈巴契夫的高峰會，說他會跟後來成為首相的人成為朋友，說他會遊歷世界晉見總統、國王和女王，跟橄欖球界的克萊夫．伍德沃（Clive Woodward）、足球界的亞歷克斯．弗格森（Alex Ferguson）那樣的名人結為朋友，我想他會說，「會才怪，我想你扯過頭了。」

我想年少的我可能會擔心成年的我會太融入體制。但我拒絕加入上議院，也沒接受騎士爵位，可能會讓他覺得高興。我已經不再常回約克郡，但我想他會覺得我一直跟自己的根和家族保持連結。英國緊抓階級結構不放，是我所不樂見的。當我替工黨工作時，我們不得不面對英國媒體嚴重存有偏見的情況，我們的作法是以高明的策略來設定議程，我很得意我們辦到了，而且贏得三次普選，一路以來逐漸改變這個國家。

我想，直到我崩潰以前，我並沒意識到自己有憂鬱症。我想大多人會說，我還滿無憂無慮的，雖說誰曉得大家心裡真正在想什麼？我現在對運動很癡迷，但我年少沒投入那麼多，我以前踢點足球、打點板球，但日常作息並不包括健身。如果人生可以重來，我會讓運動成為生活更大的一部分。我以前也抽菸，那是另一件我希望我從沒碰過的東西。我已經戒菸二十年，但我依然有氣喘。我現在認為抽菸是個可怕的習慣，但當時是自我認同的一大部分。

我記得跟一位資深公務員說過，我不懂為什麼有些公務員不能跟我們配合得更好，她說：「你必須瞭解，他們有些人怕死你了。」我說：「可是我這個人這麼容易共事，我很強調團隊合作。」她說：「你的辦公室打來說想跟我談談，整層樓的人都陷入恐慌。」我說：「唔，反映出來的是他們的狀況，而不是我。」她說：「是沒錯，但那也跟你的名聲有關。」

我不確定我想回到過去，換個方式做事，特別是真正重大的決定。愛爾蘭[78]原本可能會出差錯，結果滿順利的。一般認為伊拉克的事情走偏了，但我依然認為我們做得沒

78 坎貝爾是東尼．布萊爾交涉「耶穌受難日協議」（Good Friday Agreement）的團隊成員。

錯。我希望更少人喪生嗎？當然，但我會重擬那份檔案嗎？完全不會——後來說那是我們參戰基礎的那些人，當時卻說那毫不相干。我和東尼（前首相布萊爾）在處理這件事上萬般小心。

我對擁有高知名度抱著矛盾的情緒。部分的我到今天還是不喜歡被拍攝。我到銀行、建築公司或建設公司演講，可以拿到不少報酬，因為我跟東尼共事過而頗有名氣。我有著非常有意思也多樣化的人生，有一部分我喜歡，一部分我不喜歡。

我一直覺得喜劇影集《幕後危機》（The Thick of It）很滑稽。那是誇張的模仿，但如果你真的去分析馬爾坎．塔克這個角色，他是權力和媒體之間的接合點，企圖控制政治訊息和媒體，那就是我以前在做的事。每天在推特上總是有人會說這類的話：「有人剛跟我說，我是這個組織的阿斯戴爾．坎貝爾。」那可能意味著他們是媒體人，也可能表示他們是政治操盤手，或者可能表示他們是帶領團隊的高手。可是如果過了十年，別人依然會談到你，你一定是做對了什麼。我還是記者時，我很討厭柴契爾政府的諸多作為，我當時想，工黨代表了英國的市井小民。我們改變了討論政治的方法。一路以來。我和上議院議員彼得．曼德爾森（Peter Mandelson）認同這整個媒體的東西，但我對我們做的事頗引以為榮，因為我們站在反體制[79]的立場。

我常常思考「幸福」這件事，有部分跟歸屬感有關。我先是覺得自己是不列顛人，然後是蘇格蘭人，再來是約克郡人。英國人還排在滿下面的。我在政治上的部分興趣是追

79 坎貝爾於2019年7月離開工黨，說它「不再能代表我的價值觀」。

求幸福，我想用這種角度來看待政府政策會很好。當我們看著，比方說教育好了，我們是不是能幫忙孩子變得更幸福？那不只是玩得開心而已，而是關於自我實現。我們掌握政權之後做的最棒事情之一就是讓孩子免費上博物館。我喜歡這個想法：每個政策制訂者不應該只是考慮到經濟、社會和平等，這些都很重要，但我們也應該問什麼能讓整個國家更幸福。兩百萬人每天勉強掏出辛苦賺得的錢去買《每日郵報》，這樣的國家怎麼會快樂？我學會不要去聽清晨廣播節目「今日」（Today programme）——何必在一天初始就害自己頭痛。

如果我可以回到過去重溫某一天，我會回到孩子出生的時候。三場普選勝利應該是我人生最輝煌的日子，但我在那幾天都很沮喪，無法好好享受。皇家節日表演廳（The Royal Festival Hall）[80]和那一切——我當時跟東尼說「我只想回家」，他說：「我也有同感。」我想是壓力的關係。其他人都欣喜若狂，而你只是在想，「老天——接下來呢？」

80 1997年工黨普選勝選之夜舉行派對的地點。

班傑明・澤凡尼 Benjamin Zephaniah

英國詩人

二〇〇九年三月二十三日

十六歲的時候，我剛從伯明罕的少年感化院出來。我是個忿忿不平的年輕人，討厭警察和任何穿制服的人物。我在不同女友的住處輪番過夜，偶爾會去探訪我媽，她很擔心我。我有點叛逆，以闖空門維生，每晚狂歡派對，我當時覺得這種生活很棒。

即使在當時，我的內心深處、部分的我已經想當詩人，但我一直放在心裡。「詩人」這個詞召喚出死去白人的形象，但當我聽到詩詞，我立刻愛上，並想，「這就是我想做的事。」當槍枝開始出現在街頭，我決定搬到倫敦試著當詩人。

我會跟那個十六歲的孩子說，「我知道你有閱讀障礙，很難沒錯，但試著多讀點書吧。」我會說：「對這一點不要覺得羞愧，也不要害羞，把詩詞帶進你的生活。」我記得打家劫舍時，會停下來看看架子上有什麼書，然後想，「哇，他們讀雪萊耶！」我搬到倫敦後，還騙人說我是寫小說的——我還沒準備好要進入詩壇。

最後我在倫敦的書店得到真正的教育。Page One Books提供新手發表作品的補助，如果我加入他們的合作企業，就同意替我出版。蕾絲邊女性主義者、非同志女性主義者、馬克斯主義者、愛爾蘭共和黨人都是我的老師，他們將很多作家以及思考與提問的新方式介紹給我。他們讓我有了自我覺知。

我跟你說我欣賞年輕班傑明的什麼地方，他的生活非常隨性，可以輕鬆在全國各地遊走。我現在沒有那樣的自由，雖然我沒背房貸，我有個房子、錄音室和六台電腦。我記得以前住眾女友那邊時，我總是睡在最靠近出口的地方，這樣如果警察來了，我就可以立刻溜走。這種事真的發生過！

我以前對女性非常暴力，就像我爸對我媽那樣，但我現在永遠不會那麼做。如果我看到男人對女人動手，我就會要他好看。我曾經刻意開車拖著一個女生在路上走了幾碼路，還先用車門夾住她的頭髮再拖。多年後我遇到她便向她道歉。她說她現在永遠不會對我動念，因為我再也不是真實的人了——我聽了太多自由派白人的話。這讓我理解到自己進步了多少，而有些女人依然對自己的性別缺乏自信。

我會告訴年輕的自己，他應該準備活得比自己預期的久，我原本以為自己活不過三十歲，因為我的生活風格和圍繞在我身邊的人。我年輕時都跟老得多的人打交道，但現在我都跟年輕得多的人來往。可能因為我從未生養孩子，也不曾有身為父母那種保守的顧慮，因此莫名地可以跟年輕人產生連結。我坦誠地對待他們，我不會遮掩自己的過去，也不會對他們說教。

我想我在婚姻上犯了大錯。我妻子當時非常年輕，我對她下了最後通牒——要不是現在嫁給我，不然我五年內都不會再求婚。這樣施壓可能是個錯誤。我們幾乎沒吵過架，但我有天回家，她已經離開。如果我們吵過架，也許我就能稍微料到事情的走向。

我最大的恐懼就是孤獨老去，而現在這件事正發生在我身上。我想這不自然，對你的心理健康有不好影響。我們是群體動物，我們喜歡互相照顧和保護。我希望一年可以做愛至少一兩次。雖然我有狂熱的粉絲，他們會說愛我，但其實並不在乎我，這點有時會讓我覺得寂寞。

班尼・安德森 Benny Andersson

瑞典樂手

二〇一七年十二月四日

十六歲的我是個平凡的孩子，對於要拿人生怎麼辦一無所知。我不知道我該當樂手或作曲人。我是個自學的人，但我當時已經摸索出鋼琴的操作方式。接著有個搖滾樂團「The Hep Stars」邀我加入，他們失去了風琴手，所以我就順勢入團。我會告訴年輕的自己：「只要繼續做你正在做的事。你不必這麼擔心。只要順其自然，一切都會否極泰來。」

能在六〇年代初期身為十六歲是很棒的事。我聽著來自英國的各種音樂：披頭四、滾石、奇想樂團（The Kinks）、何許人樂團——多美好的時光啊！海灘男孩的布萊恩・威爾遜（Brian Wilson）是我的英雄之一，但啟發我創作音樂的絕對是披頭四的藍儂和麥卡尼。我十九歲寫下第一首曲子，叫做〈Funny Girl〉，我依然認為那是一首好歌——歌詞很差但旋律不錯。我當時想，「也許我這輩子應該試著做這件事」，至今沒有任何理由覺得懊悔。

在六〇年代，一般不認為玩搖滾樂是真正的工作。我們從一九六五到六九年是瑞典最大的樂團，但我父母依然會說：「你在Hep Stars之後要做什麼？」ABBA成軍以前，有幾年時間我們四個為了食物和房租都得工作，而我來自經濟狀況不佳的家庭背景。音樂一直善待著我，但我懂得掙扎求存的感受。

我很年輕就為人父。即使我認為自己十六歲就滿成熟的，在學校比同學都早熟，但那種狀況並不理想。而我在外巡迴更是雪上加霜，但現在都上了軌道，而且已經維持多年。現在我兒子五十三歲，女兒五十一。他們說：「我們很高興你當初投入那些事，因為那表示一家都能過上舒適的生活。」他們沒抱怨，但我不確定他們真正的想法。我較小的兒子陸德維，三十五歲，他成長期間我一直陪在身邊，我喜歡親力親為。我們什麼都一起做，現在我們正在進行下一部的《媽媽咪呀！》電影。我妻子覺得羨慕，因為她沒有他那麼常見到我。

ABBA是自然而然成團的。比詠（Björn）認識昂內塔（Agnetha），兩人訂了婚，幾乎在同一時間，我認識了芙烈達（Frida）。芙烈達和比詠都是單飛的樂手，我有自己的樂團，而昂內塔也有自己的樂團。然後我和比詠合力做了張唱片《Lycka》，意思是「幸福」。我們請我們的妻子為一首歌唱和聲，突然間，哇——她們聽起來真不錯！比詠說我們應該試著用英文寫點流行樂來唱。時值一九七二年，我們寫了〈People Need Love〉，結果一炮而紅。之後，為了讓大家知道來自北極的我們是存在的，我們決定參加歐洲歌唱大賽。頓時之間，我們有了瑞典之外的聽眾。

我認識比詠五十一年了，就像有個兄弟似的。那段友誼至關緊要，我們每個星期依然會通話。我們不是很相像，這就是為什麼我們的交情仍然很好。ＡＢＢＡ成員的關係向來很好，我們都是好朋友，經年以來常常聚會聊天。

如果酒喝太多、太常喝、喝太長時間，就會惹上麻煩。我十六年前決定戒酒，我想那可能是我這輩子做過最好的決定。突然間，你變得時時身強體健。那是我做過最棒的事。

我年少時不怎麼關心政治，但我現在是，這點會隨著年紀而來。你意識到每件事都很重要。我很投入，我有自己的看法，我支持跟我所見略同的人。比方說，我想 The Big Issue 雜誌就是很棒的作法。名列我清單第一的是性別平等[81]，但當今的局勢因為英國脫歐、加泰隆尼亞、美國由川普掌權而相當混亂。英國脫離歐盟就像你朋友轉身並說：「我不再喜歡你了。」對我們來說感覺很不好，但我們就等著看是不是真的會發生。

有很多事情是年少的我會很期待的。我不懂ＡＢＢＡ的音樂為什麼到現在還這麼受歡迎，但我希望是跟那些歌曲的品質有關。我們都沒想到樂團在一九八二年解散之後，我們的音樂還持續流行三十五年，但唱片現在聽來就跟當初一樣充滿活力。我們很幸運。《妙麗的春宵》（Muriel's Wedding）這部好電影保留了那些音樂的生命，後來滅跡樂團（Erasure）錄製了幾首曲子，大獲成功。然後《ABBA Gold》發行了。現在一定有幾百

81 安德森捐款給瑞典的女性主義行動先鋒黨（Feminist Initiative Party）。

萬個小鬼都不知道ＡＢＢＡ這個團體，卻知道《媽媽咪呀！》裡的曲子！我很以這些為榮：我們以ＡＢＢＡ達到的成就，音樂劇《Chess》的音樂，瑞典當地一齣叫《Kristina》的音樂劇，講的是十九世紀北美的瑞典移民，在這裡大獲好評——其實更像歌劇。

以後會有數位版本的ＡＢＢＡ。我不知道我們會不會使用３Ｄ全息投影，但那是個龐大的計畫也是極大的殊榮。我們有一年半可以籌備。很令人興奮，因為我們站在科技的最前線。我們必須讓觀眾覺得不虛此行，他們要明白，即使我們本人不在場，但我們依然是在的。

ＡＢＢＡ結束之後，我並不覺得有任何不同——我只是繼續做我喜歡的事情。當時我想試著替劇場寫音樂，音樂劇作詞家提姆．萊斯（Tim Rice）帶著下棋音樂劇的構想跑來——我當時還說花力氣做這種題目也太無趣了吧！我組了個小樂團，因為我想回到我在瑞典民謠音樂的根源。我們現在是個十六人樂團，叫做「班尼．安德森樂團」（Benny Anderssons Orkester）。我們每兩年巡迴一次，帶來長達四小時的表演，不只架設舞池供人跳舞，也演奏音樂。我依然樂在其中。

喬治男孩　Boy George

英國樂手

二〇一四年二月三日

十六歲的時候，我自以為早熟得不得了。我想成為大人，不想當小孩。我是龐克族，穿龐克制服，擺出龐克姿態。頭髮梳得尖尖，塗黑嘴唇，畫眼線，穿著拉鍊長褲。接著，轉眼之間，我又搖身變成新浪漫主義：高聳的髮型、彩妝，另一種無法無天的模樣。起初我媽非常反對我打扮成那樣出門，試著阻止我。我爸讀著報紙，只瞥我一眼說：「他想出去被揍一頓，就隨他去吧。」漸漸地，我媽意識到我不會改變，她便放棄轉而配合我。她很能駕馭縫紉機，替我做了很多東西，因為我買不起。

年少的我有過一段充滿自由、音樂和刺激的時光。我的工作是在印刷廠操作機械，所以可以照自己意思打扮。我把倫敦地鐵當成走秀伸展臺，大家都盯著我看，真棒。我在地鐵認識人，跟他們韻事不斷。我記得我到地鐵銀行站遞送郵件，有個很帥的義大利男人直盯著我看。他先問我是不是女生，我喜歡他的反應，接著他問我有沒有女友或男友。最後那晚我跟他一起去參加派對。

年少時期，我不管做什麼都是跟我爸唱反調，但現在我明白我跟他一個樣子。我爸不是那種老套的人。他是愛爾蘭裔，當過拳擊手，他有時可以不講理到不可思議的地步，但他並不笨。他字跡很美，長得很帥。我出櫃的時候，他的反應很神奇。他擁住我並說：「你還是我兒子，我愛你。」徹底的矛盾。我繼承了他更好的特質。他這人十分慷慨仁慈。他會幫陌生人或住同條街的婦女做任何事情。但如果面對的是真正愛他的人，事情就會比較棘手。

我媽優雅時髦，我爸在四十三年的婚姻過後離開了她，她原諒了他。他過世時，她非常尊重對他的回憶，這點讓我愛她更深。我快三十歲時，跟我爸長談過一回，我跟他說：「你對媽這樣，你們為什麼不乾脆離婚？你們可以當好朋友。」他說：「你不懂，兒子，重點在於『忠於家庭』啊。」結果四十三年後，他為了更年輕的女人離開了她！他做過一些糟糕的事情，但我們現在可以笑談那些事了。我們說：「噢我的天，記得爸在街上追著那個駕訓員跑，因為媽學開車時一定穿上最好的外套，爸就認定她出軌了？」當時整個死巷裡的人都跑出來看熱鬧。我們當時覺得好丟臉，但現在可以拿來當笑料了。

如果要給年少的我建議，我會說，嫉妒不會增加你的魅力，要是你砸破某個傢伙的窗戶，他也不會更喜歡你。我近來正在想我最後的那段關係。我搭計程車到這男生家，想辦法穿過安全門。我看起來一定很可怕。我為什麼以為他會說：「嗯，既然你都闖進我的公寓、試圖幹掉我，我真的想跟你在一起。」我回顧過去自己都怎麼因應失戀，我現在不會再做那些事了。實在有失體面。我現在是佛教徒，我會為我傷害過的人祈福。我最後一段關係出差錯，我就直接放手。我跟自己說：「好了，小鬼，別再出醜了，你現在年紀太大了。」

我會告訴年輕的自己別碰毒品[82]。要是我當初知道會害自己陷入怎樣的慘境，會惹出什麼風波，又為母親帶來多大痛苦，浪費金錢和時間就好了，而且毒品並不會讓你覺得更好。我也會勸自己少說話、多傾聽。我認識了一些追求靈性的能人，他們都告訴我必須傾聽。我記得上治療課程，我整個人來瘋，成為眾人的焦點，結果老師說：「可不可以閉上你的鳥嘴？」

我十六歲並不在乎名氣。我的整個事業是一場意外，我創立樂團是因為其他人都這麼做。我沒有野心，只是想要波希米亞式的生活風格。後來我遇到強．摩斯（Jon Moss），他加入我的樂團，我當時正在跟他交往，全心投入。但只有在最後六年，我才把自己做的事情當成工作，以更尊重的態度來進行。但我現在已經不再像年輕時抱著「全有或全無」那種孤注一擲的心態；我無法想像再用那種感覺來過生活。我沒有「關掉」的按鍵。

你常常會用後見之明來理解自己的人生。我坐牢[83]的那段期間，感覺沒學到什麼，只是勉強撐過難以預料的每一天，應付那些失常的人。後來我才領悟到，我多麼需要自

82 喬治在80年代後期斷斷續續吸食古柯鹼和海洛因。

83 他在2009年服刑四個月，因為將一位男保鏢監禁在自己的公寓裡。

己的同伴以及獨處的時間，才能好好思考。當時我讀了不少書，讀那些我過去騙人說我讀過的所有東西：王爾德、狄更斯、《咆哮山莊》、《第22條軍規》。我請朋友寄經典來給我。我發掘了不少自己喜愛的，現在我很常閱讀。

年長之後，我明白為什麼有人會花那麼久時間才出櫃。我現在正在讀莫里西（Morrisey）的自傳，我真愛他。我理解他為什麼沒有大張旗鼓地出櫃。我想他想避免用清楚明確的方式定義自己。無奈的是，當你出櫃，大家就會用你在床上的作為來定義你。很多人不敵催促而出櫃，可是當他們出櫃，媒體卻說：「你滿嘴都在講自己是同志的事。」我一直告訴大家，身為同志只是一週三小時的事。我在「文化俱樂部」（Culture Club）樂團處於巔峰遇到莫里西，他知道我是狂熱粉絲，但對我的態度很差。他不肯跟我說話，後來還說我令人難以忍受。不過話說回來，也許我就是。

迪倫・莫蘭 Dylan Moran

愛爾蘭喜劇演員和演員

二〇一五年一月二十六日

我會跟十六歲的我說，不要把每件事都看得那麼重。我回顧過去，驚愕地發現自己總把每件事都看得天大地大。我非常緊繃，自以為是。心思全都放在自己、書本和詩詞上。也不是說那些事情再也不重要了，但在當時，感覺不是生就是死。現在我想對年少的我說：「如果你把人生當成一齣戲，你就是出現在第七幕那個正在尋找鑰匙、笨拙健忘的角色。」

我在中學過得很糟糕，學業表現不佳，無法融入環境。但我讀不少書，戰後美國小說，像是約翰・齊佛（John Cheever）、菲利普・羅斯、索爾・貝婁（Saul Bellow），那些地位崇高的文壇大老，也接觸不少劇場，契訶夫和肯尼思・泰南（Kenneth Tynan）。我也常寫作，經常思考以後要做什麼，我四周有不少人計畫成為牙醫或會計，而我似乎不會走上那些路。

年少的我會焦慮不安嗎？應該吧，我可以接受焦慮不安這個說法。當時很宿命論、很悲觀，活到四十歲，就會有很多模糊地帶，但身為青少年，一切非黑即白。那就是青春期的狀態。我不是在都市成長的，我們住在偏遠地區，距離都柏林四十八公里。我急著想進城裡，和朋友在幾英畝的乏味之中度過時光，彼此逗樂子。回顧過往，感覺非常天真，我當時其實一無所知，但擁有一群不錯的朋友，而我們有過不少歡樂。那些很會說有趣故事的人總會吸引我接近。

身為愛爾蘭天主教徒，你在很年輕的時候，那種東西就會進入你的血脈，不管你對它的感受如何。我成長期間，我所知道唯一不上教會的家庭就是我們家。那不是被動的拒絕，而是激情激烈的摒棄。我痛恨教會，有人老是說教宗方濟各多麼有進步精神、多麼有前瞻性，我總是覺得不可思議，他只是另一個穿著長袍的五百歲男人，談論別人的事情，從一個系統發布詔書，而那個系統的基礎是兩千年前一位政治革命家的言論。過去幾年，我很著迷於東德，因為我想歐洲大陸也有類似的經驗；我想在東德領導人何內克（Erich Honecker）和其他同夥底下的東德，跟教會底下的愛爾蘭非常類似。

我十九歲去喜劇俱樂部，問能不能讓我上台五分鐘，事情就這樣了。我焦慮得要命。「我當然希望能成功，但要是出醜怎麼辦？」可是冒險一搏裡顯然有點迷人之處。其實就是腎上腺素的癮，而不是勇氣。喜劇脫口秀有個典型的故事架構，通常有很多的自憐，不管是悲劇與否。通常混合了高自尊以及為自己難過，因為時時試著搞笑，其實是可疑的活動，就像時時試著拆解連別人都沒看到的炸彈。我越來越好奇那是怎麼回事。

有時候會看到非常悲傷的狀況，裡面的人永遠都在「開啟」的狀態，總在說笑，而那個人基本上根本慘得不得了。他們緊繃不已，把笑聲當成某種打嗝。

我想如果年少的我遇到四十三歲的我，他想到的頭一件事會是，「你怎麼走到這麼遠的？你有過什麼經歷？」但他會很滿意他走了出去，做了自己真心想做的事。我真的不大能接受以自己不想做的事情維生，我想我撐不了多久。把我放進辦公室，我最後會進監獄去。我的時間都花在思考寫作上；我在投入寫作和投入運動這兩種人之間，找到了雷同之處：他們都有同樣的執迷。每天早晨眼睛一張開，我的第一個念頭都跟工作有關。

我會告訴年少的自己，別抽菸，拿個小煙灰缸，在裡面點個篝火，繞著它走。看看你有什麼感覺。

我現在四處巡迴，又回頭去做喜劇脫口秀，我又習慣了起來。脫口秀的素材完全仰賴你在人生目前所站的位置。我昨天晚上正在談我怎麼走到人生的這個點上：我環顧屋裡的東西，像是燒短的蠟燭或一段繩子，我會收進口袋並想，「搞不好能派上用場」。我到底在等待哪種災難場景，到時那段老蠟燭會變得不可或缺？我到底在想什麼啊？

意識到自己不再年輕的時候，依然會一時震撼——我就活在那些震撼時刻構成的海嘯裡。人生的後半場感覺就像一個大陰謀理論——發生在你身上的事，不會有人預先告訴你。我成長期間並不看重體能和長相，這點讓我高興，因為當你年紀漸長，想要強求這兩樣，只會白忙一場。在我的年代，我們以前醒來手裡就抓著一塊派，然後就會拿菸來抽——現在大家突然都變成健身先驅珍芳達（Jane Fonda）。我不擔心自己的健康，但我的確擔心自己的死亡。

當我回顧過去，我從來不曾站上金山銀山對著天際欣喜吶喊。我是個非常平凡的人，與妻兒相伴共度。早些年，有些晚上當我走下舞台，發現剛剛做了我原本不知道自己有能耐辦到的事，就像喜劇版本的花式滑冰後內三迴旋跳躍。第一次發生那種狀況時，你會想，「噢對，所以我是神。我應該調整一下，最好替自己買些質料好的長褲。」

肉塊 Meat Loaf

美國樂手

二〇一三年三月十一日

十六歲的我滿心都是美式橄欖球，因為我有機會可以打人。我宣洩怒氣。那就是我七〇年代後期帶上舞台的東西。事實上，我依然將怒氣帶上舞台。我一直是表演者，大學時代我有一個民謠三人組，六〇年代有過幾個樂團，但我沒把娛樂看得很認真，直到七〇年代到好萊塢演出音樂劇《毛髮》（Hair）。大家可以看到我對演戲有點隨性，有人告訴我，如果我把演戲看得更重，我的演技可以很好。

基本上，在音樂界，我總是從局外往內看，因為我是演員。大家總是說：「唔，如果你是演員，你唱歌就不會是真心的，你感覺不到那些曲子。」我說：「去跟《慾望街車》的白蘭度或狄尼諾或強尼．戴普說這種話看看。」有時候音樂評論家不怎麼聰明。就好像在跟演員說：「這是你的劇本，我們需要你本人來傳達這個訊息。」有些傢伙到我的臉書上說：「我更喜歡自己寫歌的人。」所以我說：「OK，我寫過歌，只是我不喜歡。」不是很多人知道我寫了「野性呼喚」樂團（Bucks Fizz）的〈Magical〉。

我向來不想按牌理出牌，現在依然有這種感覺。政府做的大多事情我都不認同。我從來不曾公開替總統候選人做任何事，直到我跟米特．羅姆尼（Mitt Romney）坐下來對談，我們一對一談了中國、美國的失業狀況和國防議題，房裡沒有其他人。來我臉書的人覺得很驚奇並說：「我們都不知道你有這麼聰明。」難道我叫肉塊，大家就以為我是個蠢白痴。我讀莎士比亞和田納西．威廉斯，時時閱讀。我總是盡量多讀跟我行業有關的內容。

我爸是個酒鬼，一連會失蹤三到四天。我不記得他打過我母親，雖然這個記憶可能被腦袋自動擋掉，但他會打我，把我摔來摔去。不過，酒癮是種疾病，我並未耿耿於懷，我愛父親。有很多人會說：「噢，我小時候被打得很慘，所以現在我也打人。」他們不肯為自己的問題負責，但我不這麼做。就我來說，我爸對我的人格沒有影響。我發狂的時候，不是我爸的錯，是我自己的錯。我的個性容易成癮，但那也是我的問題。

如果我遇到年少的自己，我會想賞他一巴掌——他的腦袋不清楚。母親因為乳癌病了很久，占了我童年的大段時間，那部分的記憶都被我擋掉。母親在我十八歲的時候過世，也許心理學家會幫我處理那件事，但我好得很，不想處理它。如果我可以回去找年少的自己，我會要他別對母親大吼。她臨終對我說的話是：「你都去哪了？」我跑到加州去了，我無法面對這件事。我花了十年才接受她的死。

年少的我不會喜歡後來的名氣。他們在行銷《地獄蝙蝠》（Bat Out of Hell）這張專輯時，一直拿那些把我形容成「閃亮新星」的廣告給我看。我一直把「星」這個字拿掉。我不這樣看自己。我猜我算是名人，但那不是我的目標。我不像瑪丹娜，她推出精采的作品，非常聰明，但她的目標是成為明星。我的目標是工作。

我的每首歌都有不同的性格，我有小小的觸發物讓它們鮮活起來，拍拍手或什麼的。就像有靈體附身似的。我在舞台上有種狂野，要是你抓對要害，這種特質也會在舞台下浮現，就像我在電視真人秀《名人版：誰是接班人》（Celebrity Apprentice），對著蓋瑞．布塞（Gary Busey）大吼。不過他們沒有把那段剪掉，我在事後深感歉意。

我什麼都不後悔，因為你沒辦法改變過去。我的事業延續了四十七年，我犯過錯，但只是因為我當時沒有更好的想法。我很有叛逆精神，但當有人要我做什麼，我發現很難說不，我不能讓人失望。我的醫生要我別用我的聲音，我說：「唔，我今天晚上要唱三個鐘頭。」

我八〇年代失去過聲音，但我當時不知道原來跟身心有關。我原本唱得好好的，後來跟陶德．朗德格倫（Todd Rundgren）[84]起了點衝突。我針對他的編曲說了點什麼，他說：「如果你沒辦法用音樂的說法跟我講話，就別跟我講話。」所以我就大罵「操你的」。接著唱片公司催我們在短時間做完一張唱片，我覺得那樣很蠢。《地獄蝙蝠》花了很久時間，所以品質才那麼好。要擺脫那個處境，除了失去聲音之外別無他法，結果就真的唱不出來。

84 樂手和唱片製作人。

我希望可以回到一九七五年的那一天，當時我到紐約一家咖啡館坐下來點了咖啡，然後問隔壁的傢伙：「可以麻煩你傳代糖給我嗎？」我一聽到他的回答，就知道是約翰．藍儂。如果我在音樂界有偶像，非他莫屬，我好想跟他聊聊，我什麼都想說，最後還是判定，「不行，那太蠢了。」所以我只跟他說：「謝謝你傳代糖過來。」

米克・佛利伍　Mick Fleetwood

英國樂手

二〇一五年五月十八日

十六歲的時候，米克・佛利伍老愛做白日夢。學校、順從、遊戲規則，這些事情都讓我很困惑。我十五歲離開中學，立刻感覺無比自由。我快樂又興奮。我愛探險。我搖身成為傳奇人物迪克・惠廷頓（Dick Whittington），準備到城裡闖蕩。我有個可能會實現的奇想——到倫敦當鼓手。

我姊姊莎莉和蘇珊給我很大的啟發。蘇珊是個優秀的演員，莎莉人已經在倫敦，在我著迷的藝術世界擔任雕刻家。我去上寄宿學校的路上，她帶我逛遍切爾西（Chelsea）那帶的咖啡酒吧，我當時一定將那些地方浪漫化了。我看到學生抽著菸、彈民謠吉他，角落裡放著藍尼・布魯斯（Lenny Bruce）的唱片，我想要加入他們的行列。我真正懂得的唯一事情就是怎麼打鼓。我沒有特殊天賦或技術能力，但我可以演奏，那可以是我的切入點。

我深知我父親——他就是我，我就是他。他年輕的時候就出門探險，沿著萊因河划獨木舟。他見識到種種事情並寫了下來，他是個夢想家。他加入軍隊和英國皇家空軍但並不喜歡，但飛行令他著迷。比起戰鬥飛行員，他更是飛行員，他喜歡在天地之間遨翔。他不是那種蓄著八字鬍、滿口大話、吹捧戰爭遊戲的傢伙。他是盡忠職守的人，但他對自己必須將人碎屍萬段極為反感。他對事情往往想得很深，一輩子可能都有寫作的抱負。所以當我想做點突破規範的事情，他喜不自勝。他自己當年會很希望能這麼做。

我的人生過得有趣瘋狂，但我從不覺得自己一敗塗地過。我總是夢想在樂團擔任鼓手。我想那份願景我不曾稍忘，但當樂團變得火紅，人生變得很複雜時，我就有點迷失。就很多方面來說，依然如此，但所幸我依然從事著我能力所及的事，我總是繼續彈奏。是，我有時候會分心，但即使我在財務和家庭方面屢屢碰上問題，我依然彈奏不輟。

我在學校考試沒過時，打鼓的能力就像是個安全網。我現在比較瞭解當時出了什麼差錯，但我一向有種幸福的感受，即使在情勢最糟的時候，也有音樂幫我撐過去。我父母總是說：「你沒問題的。誰在乎你銀行裡有多少錢啊？」

如果能夠回到過去，我會找個方法，不要背棄我該珍惜的人事物，我會希望當初不要跟我頭幾個孩子，愛蜜麗亞和露西，以及第一任妻子那麼疏離，我知道她們吃了不少苦頭。我們彼此從來不曾惡意相向，但一直有種安靜的悲傷，要是我當時懂得方法，我希望能有更好的表現。我會多陪在她們身邊。

我想你不能懷著遺憾過活，那樣只是徒勞。但你必須有那個肚量，承認自己的脆弱，尤其隨著歲月流逝，你會思考過往的種種。我會對年輕自戀的那個我說：「你就像個傻瓜，把屁股伸進篝火，卻假裝自己不會燒傷。」我的行為肯定傷了我的家庭——我滿懷愛意，但我的人生當時卻在一個我脫離不了的軌道上。

我想到彼得．格林（Peter Green）[85]的時候，有時會很傷心。他當時正在吶喊。聽聽〈Man of the World〉和〈The Green Manalishi〉，後面這首歌就像魔鬼的誘惑，將他生吞活剝[86]。他提過使用迷幻藥，他原本就很敏感，處於質疑一切的狀態。他來自艱辛的勞工背景，是我毫無概念的。我家境雖然不富裕，但我所處的世界跟他迥然不同，我有過很棒的童年——我沒有藉口。有些回憶是彼得想逃離的。我想他確實逃開了，然後因為自己得到過往一直想得到的一切而心存愧疚。

如果我當時像我現在這樣懂得心理疾病和危險訊號，我對彼得就能當個更稱職的朋友。可是我當時不懂，後來為時已晚，我當時很自私。我花了幾年時間一心想找回以前的彼得，而他一直沒回來。他變了，但活著。我必須放掉我過去擁有的關係，但我的一切都要歸功於那個男人，以及他從一開始對我抱持的信心。

我會告訴年少的米克，他以後會福星高照。他覺得課業很困難，但我會告訴他，「別擔心，繼續抓住自己的感受，麥可，那才是最重要的。永遠不要放手。」我想對他說——這點我至今依然不見得都做得到——「對於口才不好這件事，不需要覺得沒安全

85 佛利伍麥克（Fleetwood Mac）樂團的創團成員，他長期苦於心理疾病，最後在1970年離團。

86 格林說那首歌是在嗑藥完做了夢之後寫的，主題是金錢，由惡魔來代表。

感，只要一恐慌，就會影響自我表達。」我知道我現在能夠表達自己，不過在當時，我只是想確保大家知道我不是什麼他媽的白痴。

米莉安・馬格里斯 Miriam Margolyes

英國演員

二〇一四年十一月三日

十六歲的時候，我想成為熱門人物。我在女生當中相當熱門，但不怎麼受男生歡迎，因為我胖乎乎，我暗地氣他們看不出我有多棒。我對學業不大拿手，我很希望我是，但我懶惰又調皮。

我和父母之間的關係就像活在溫室裡。我的家庭就像個無堅不摧的碉堡，只有我和爸爸媽媽可以進去。好一陣子之後我才明白其他小孩不是這樣。以前父母害怕我丟掉小命，不肯給我腳踏車，我當時有點受不了。

打從離開母親的子宮那一刻以來，我就是個表演者。如果沒有觀眾，我就自己去找。不過我當時不知道自己想當演員，一直要到離開大學之後，我才知道自己當時有多棒。為了離開父母身邊，我刻意就讀劍橋，這點讓他們相當苦惱。但我很高興我這麼做了。

我以前不覺得自己像母親，但現在我看出我跟她有多麼相似。看到士兵行軍，我會哭。聽見歌劇歌手，我會哭。她也是那樣，非常情緒化。我爸恰恰相反，她很外向，他很內向。她信心滿滿、很外放，但他在所有的社交活動都很害羞緊張，只除了在自己的開刀房之外。他是家庭醫師，他在自己的診所至高無上，但一踏出診所，他就有點萎縮了。我想他總是躲在她背後。只要出了問題，他得跟人講電話的時候，他總是說：「妳來說，露絲。」這點讓我很火大。他應該挺身面對事情，但他從來不。

我會奉勸年少的自己，不要跟母親說我是同志。有些人可以應付那樣的資訊，有些人就沒辦法，她沒辦法，對她來說負擔太大。我想，同志認為人人都得承受他們的同志認同，這種想法太過自溺。如果那是個負擔，能夠自己承擔起來，不堅持要向其他人傾吐，也是種幸運。

我對母親中風一直有點愧疚；我跟她說我是同志之後不久她就中風了。大家告訴我，我不應該那麼想，但我就是這麼覺得。我們的關係一直很親密，但當我認識我的伴侶時，我不曾跟母親挑明說她就是。我很高興我沒說，因為母親滿喜歡她的，雖然沒辦法開口跟她說話。這滿有趣的，但我覺得如果母親沒中風，可能會阻止我跟我伴侶在一起，而那會毀掉我的人生。所以也許這是注定的。但我母親是受害者，不得不受苦，而這點讓我很過意不去。

父親要我按著《聖經》發誓，我永遠不會再跟女人上床。他把我帶進會客廳，那個房間我們家在肅穆的社交場合才會使用，我捧著《聖經》，對它發誓。我想我當時是真心的，但我在說那些話的當兒，也很清楚自己無法信守諾言。因為性愛是很強大的東西。

如果可以回到過去，我就不會那麼常拈花惹草。我曾經對伴侶不忠；我們沒住在一起，所以很多時候她都不在身邊。因為我對自己的吸引力向來沒自信，有人想跟我上床是多麼美好的驚喜，我往往順勢而為。現在，我年紀大了，當然沒辦法再遊戲人間。現在沒人想找我上床了。

有很多事情我希望我做過。我希望我學過外語。希望我可以好好打字。希望我會溜冰和跳踢踏舞。我甚至不會游自由式。我都七十三歲了，卻連自由式都不會，我想這有點令人難為情。

年少的我會很訝異我沒結婚。也許她內心深處知道，自己永遠不會結婚。我一直知道自己不會生養孩子。我想，知道自己依然肥胖，她會非常失望。如果我的人生可以改變一件事，那就是我的身材。我一直很懶惰貪婪，那就是我肥胖的原因，滿丟臉的。我滿健康，但有膽結石和腎結石，不得不喝大量的水，所以整天一直跑廁所，滿煩人的。

如果我想打動年少的我，我就會告訴她，我用自己創作的東西做巡迴表演。《狄更斯的女人們》(Dicken's Women）這齣戲在全世界斷斷續續巡迴，前後將近二十五年之久。年少的米莉安讀了很多狄更斯的作品，她當時最愛的是《遠大前程》，不過現在最喜歡的是《小杜麗》。她會覺得折服：我曾經受邀到女王別墅桑德林漢姆宮（Sandringham）度週末，也得到大英帝國官佐勳章（ＯＢＥ）和英國影藝學院獎（ＢＡＦＴＡ）。

我每天都會在腦海裡聽到父母的聲音。他們總是陪在我身邊。有時候我會覺得有點煩人，納悶他們會怎麼看我。他們不會同意我對以色列處理加薩走廊的評論，會認為我應該閉上嘴巴。我知道那就是莫琳・李普曼（Maureen Lipman）的想法，她也常這麼跟我說。

如果可以回到過去，那就會是校長告訴我，劍橋錄取我的那個時候。對那一刻我記憶猶新。我們一夥人被叫進校長的辦公室，她讀了我母親傳到學校的電報。她大可以等我回家、享受通知我的樂趣，但她知道在所有的學伴面前，親耳聽校長說出口，會讓我雀躍無比。我想那就說明了她是個多麼神奇的女性。我當時就知道我的人生即將永遠改變；我即將與很有份量的人為伍。確實如此。

Chapter 12

Fulfilment

成就

羅傑・班尼斯特爵士 Sir Roger Bannister

英國運動員

二〇一四年五月五日

十六歲的我的心思都放在進牛津上。家族沒人在那裡讀過書，當年那裡門檻很高。我當時急著想離開中學，為了我現在不確定的理由，但我很想踏上醫學之路。

我會跟年少的我說，他可以也應該從父母身上學習更多。我確實從父母那裡得到鼓勵，但我當時還滿獨立。我非常活躍，參與很多事情。我在中學全心投入一切，上了大學還當上運動社團的社長和學生聯盟的主席。我一直覺得一定要徹底利用父母不曾享有的機會。而牛津是個美妙的地方。

在牛津大家似乎很流行投入一項運動，所以我去參加田徑，付了團費，加入運動社團。起初我跑得不快，是因為有人看到我勤奮地剷雪，才讓我加入團隊。在我參加的頭一場大比賽，我是排名第三的跑者，大家只是叫我別擋路。但是當時還有兩百碼要跑。我覺得我還能跑得更快，所以繼續往前，超越了每個跑者，最後以十到十五碼贏得比賽。

一九五四年五月六日在溫哥華，那天風很大，我去跑「帝國運動會」。當時狀況並不好。我在賽前半小時才決定要參加。教練跟我說：「如果你碰到機會不好好把握，可能會後悔後半輩子。」最後我跑了三分鐘五十九秒。我聽到「金氏世界紀錄」創辦人諾里斯．麥克沃特（Norris McWhirter）透過擴音系統宣布時間。他講到「刷新世界紀錄，以三分……」群眾高聲歡呼，沒人聽到秒數。

我想世界紀錄對英國來說滿重要的。戰後有種英國氣數已盡的感覺。我們向美國借了鉅款，必須清償大筆債務。我們失去了帝國。於是投入種種活動。一九五一年舉辦英國慶典（Festival of Britain），一九五三年登上珠穆朗瑪峰。我們一九五二年在赫爾辛基奧運沒得到任何獎項，所以大家對我和其他人非常失望。我知道我不能在這麼沮喪的情緒下隱退，所以我必須再多跑一陣子。

我在醫界的頭十年，是一場吃力的苦戰，要向其他人證明我全心投入在醫學上，不會轉戰體育界。對我來說，我從不懷疑醫學，我想走的是神經學這條路。夢想是能對大腦的認識有點小貢獻。後來在我擔任會診醫生多年後，我才考慮接受第一屆獨立運動委員會的會長職位。

妻子總是陪在我身邊，協助我從事的一切。我們生養了四個孩子，一個女兒是畫家，一個是聖公會牧師，兒子一個在美國銀行界工作，另一個是鳳凰保險集團的執行長。他們都有滿高的成就，但一律將家庭擺在第一位。我有十四個孫子。長孫是英國的動力滑翔機冠軍。

我寧願大家記得我在神經學界的工作，而不是我的跑步[87]。如果你給我機會在自律神經系統的研究上有重大突破，我會立刻放棄那個一英里跑四分鐘的紀錄。我在醫界從業六十年；跑步大約八年。我現在很享受自己的生活，但行動不大方便。我患了帕金森氏症，遺憾的是，這個病限制了我，但儘管有這些障礙，我還是盡情享受人生。

87 羅傑・班尼斯特於2018年3月以88高齡過世。

瑪莉・畢爾德女爵 Dame Mary Beard

英國古典學者和作家

二〇一四年七月二十一日

我十六歲時，身上結合了可怕的小書呆子、自以為很酷又激進的傢伙，沒辦法判定自己是哪一種。我在學校修拉丁文、希臘文和古代史，但迫不及待想進入繁華世界。我當時住在舒茲伯利（Shrewsbury），渴望投身大城市和政治。

我想成為考古學家，已經參加過幾場考古挖掘活動。跟父母說你要去幹正經事，實際上卻在營地上跟其他年輕人一起生活，玩得不亦樂乎。那種活動就像考古學界的格拉斯頓柏里草地音樂藝術祭，有時候也一樣泥濘。

我十六歲妝化得很濃，投資不少錢在外表上，但我想大家都是這樣。我想，說「某某人不在乎自己的外表」是不對的說法。比方說，不染頭髮代表我以不同方式在乎自己的頭髮。

我當時也很看重男生。沒有比交男友更性感的事了。我們學校距離舒茲伯利中學還滿近的，所以有很多機會跟那些男生嘗試交往，但通常結果都不怎麼令人滿意，其實頂多只是擁吻，寫幾封熱烈的情書。我會告訴十六歲的自己，那些卿卿我我不會有什麼結果。

即使在舒茲伯利，也有人企圖嘗試一些溫和的違禁品，如果你原本就不抽菸，就不會輕易去嘗試，所以抽菸也不是壞事。當時也有點流行大麻，但不能吸進體內。

我當然喝酒，以前會去酒吧。我記得母親會喝健力士，感覺滿怪的，父母家裡有雪莉酒，我會跟他們一起喝。以前不像現在家裡會常備葡萄酒，當時冰箱不會放這種東西。

我以前上女子中學，生活滿封閉的。我會告訴十六歲的瑪莉，以後會有人認為你生了孩子就該放棄工作，他們告訴你有些工作是女人不該做的。我就讀劍橋時，發現那裡就有這樣的人，而我感覺很矛盾。我心中已有抱負，卻沒意識到那注定會是一場掙扎。

羅馬人和希臘人並沒有「青少年」這個類別，你直接從童年跳到成人，長大成人之前沒有那個曲折冗長的過程。想到古代人跟我們之間的差別有多大，總是有趣的事。我們認為青少年很難搞是很自然的事，但就某種程度來說，他們一定是我們塑造出來的。你在古典世界，不會聽到多少叛逆青少年的事。

對一個在舒茲伯利成長的女生來說，美國政治活動家安吉拉．戴維斯（Angela Davis）很令人興奮。我家裡貼了張她的海報，她是激進革命家的理想典範——女性、黑人、美麗！我深愛歌手珍妮絲．賈普林（Janis Joplin）、認為巴布·迪倫非常酷，但安吉拉．戴維斯才是我的英雄。我不記得自己當初怎麼對「黑權運動」燃起興趣，但我就是有了興趣。

如果有人對十六歲的我說，我以後會成為古典教授還上電視，我永遠都不會相信。你永遠記不清自己的抱負是什麼，因為總是在改變。但我知道，年輕的我對我做過的事會很滿意。

柯姆．托賓 Colm Tóibín

愛爾蘭作家

二〇一八年四月二日

父親在我十二歲時過世，我中學頭三年讀的就是父親生前教書的學校。多年之後，當我必須接受心理治療，我才意識到，就學時我總是選擇坐在旁邊沒人的位子。我會直接走進教室最後面自己坐，不再跟以前的朋友往來。基本上，有兩三年時間我切斷跟別人的關係。沒有老師注意到這位剛剛喪父的小男孩，每天獨自坐著、獨自走路回家。但是當時沒人真正理解十一歲孩子可能會有的感受。也許更貼切的說法是，無人理解十一歲孩子感覺不到什麼。我真希望當時我或是我周圍的人，對於未曾探索的傷痛有些理解。我當時就是不懂自己經歷了什麼。

姊姊在我爸過世後離家就學，家裡只剩我、弟弟和母親。我們就是避談這件事。這是不能提出來談的事。屋裡一時擠滿了弔唁的人，後來他們全都一一離去。我想念他，但不只如此，我就是不知道該怎麼面對如此強大的失喪感。我們都應付得不大好。如果我可以回到過去，我會對母親說：「欸，我們必須面對這件事。」我反而對詩詞著迷不已。葉慈、奚尼、希薇亞・普拉絲——當時在愛爾蘭，小男生裡一定只有我在讀「你站在黑板那裡，爹地，在我手上那張你的照片裡」[88]。我開始在筆記本寫滿詩，一本接一本。也許我原本就會這麼做，但詩詞在情感上撐住了我。至今依然如此。

到了十六歲，表面看來，我是個合群的男孩，擁有不少朋友。我有很多朋友都喜歡女生，我也喜歡跟女生聊天。我當時一定知道有些朋友對女生**真的**興趣濃厚，心想，「唔，等我遇到對的人，自然也會起興趣。」我花了好些時間才想通那一點。是這樣的，關於同志情欲的重點就是，起初你不會知道，你不會明白到底怎麼回事。我當時一定察覺了，只要有機會看到赤身裸體的男生，我都覺得滿享受的，但我那時依然不大明白，我只是把自己的想法劃分開來，不去處理它們。我沒有可供參照的對象。我是說，你聽過「酷兒」這個字眼，但身邊卻不見酷兒，正如「鬼魂」這個字眼。

我上大學的時候，確實認識了一個賣弄性感的男人。我就像避瘟疫一樣閃躲他，直到有一天我發現自己就坐在他隔壁，沒想到他滿有意思的。他轉向我並說：「你也是同志吧？」我們開始一起活動，但我當時依然不確定自己的身分認同。後來我去巴塞隆納，有兩個俊美的男生開始跟著我走。我的語彙裡有不少字眼，但「找床伴」並不在其中。所以我當時只是想，「這些小伙子人也太好了。」然後我到他們家去，過程非常刺激。

上了大學，有很多人寫詩和短篇故事，都寫得比我好多了。其實狀況一直都是如

88 摘自希薇亞・普拉絲的詩〈爹地〉（*Daddy*）。

此。我寄了詩作到當地報社，他們從沒登出來過。我讀了朋友寫的詩，可以看出自己的作品有點不大對。我從西班牙回來之後，開始擔任記者，但我依然有創作的衝動。我想，「天啊，我就是那種悲哀的人，有寫作衝動卻沒天分。」我開始寫短篇故事，但也被退稿，寫得並不好。我試著寫小說，但花了幾年時間才被接受，我發現這件事的那一刻，真是美妙極了。十八個月之後，我收到我的第一本成書。然後我搖身成了全新的人。

我沒辦法帶十六歲的我去參加奧斯卡，因為他會很失望。他不會見識多少演藝圈。你看過小說家去參加奧斯卡頒獎典禮的嗎？你的位置會在非常、非常後面。你不會從正門進去，不會有紅毯可走。我覺得整件事很滑稽。我從側門進去，但我想跟參與那部電影的人打招呼，像是作家尼克・宏比（Nick Hornby）和演員瑟夏・羅南（Saoirse Ronan），所以我在前廳等待。但有個男人一直煩我，說：「你，先生，現在就進場，你擋到路了。」我離開後又溜回來，他就是不放過我。後來我去參加《浮華世界》舉行的派對，我進場時，艾爾頓強正要出來。我差點對他講了點話，但轉念一想，「我知道他所有事情，但我確定他根本不需要認識我。」我走進去，大家似乎正對著某個女人大驚小怪，所以我問別人她是誰，原來是女神卡卡。奧斯卡對寫小說的人來說不是什麼大日子。

要是可以跟任何人做最後一場對話，我會找我父親。我想跟他說發生過的一切。我沒機會跟他以成人身分對話和爭論，談教會——我父親是天主教徒，或談政治——他是個民族主義者。我想跟他說，愛爾蘭有了多大的轉變。

我後來進入新聞業，移往西班牙，又遷至美國。然後又回到老家。我從來沒什麼生涯規畫。現在我每年在紐約哥倫比亞大學教一學期的課。我的男友住在洛杉磯；他泳技高超，但我的網球比他厲害，他比我年輕。你不知道這點對我多有意義，要是他知道我在正手拍投注過多少心血就好了。經歷多少痛苦和輸掉多少場比賽。老實說，跟一九六七年那個坐在基督兄弟會中學教室後面的男孩說這件事會讓他很訝異：「五十一年後，人生會變得很美妙；你早上會在加州醒來，窗外有石榴樹。你從花園的橙樹上摘柳橙，打早餐要喝的果汁。你會跟一個年輕些、運動型的男人一起打網球，而你會打贏。」

多明尼克・魏斯特 Dominic West

英國演員

二〇一八年十二月二十七日

十六歲的我一心只想喝醉。噢，我也在學校戲劇活動扮演哈姆雷特。我的心思都放在上頭，其餘時間就到酒吧喝違禁的酒飲。我成長背景優渥嗎？唔，我在沼澤附近成長，就在雪菲爾（Sheffield）外面，有六個兄弟姊妹。家裡養了幾隻狗和幾種寵物，有倉鼠、魚還有一堆有的沒的。我大多時間都在路上來回騎著單車。我們當時自給自足，因為有那麼多兄弟姊妹。我們是有朋友沒錯，但我不記得自己常出門，我只跟手足一起玩。所以是的，我的童年過得還算優渥，成天跟那個鬧哄哄的大家庭在沼澤地區度過。

我青春期並未經歷非常叛逆的階段，而我並不後悔。我十三歲被送去中學，非常不快樂，因為我好想家。但到了十六歲，我釋懷了，我發現了演戲，演戲占據我大半的思緒。它幫我適應我身處的這個不可思議的大學校，找到自己的立足點。所以我十六歲還滿快樂的。

我有五個姊妹，所以即使我上的是男校，我對異性沒有任何恐懼。也許我還滿想念身邊有女生的，但我們有不少女性朋友過來學校拜訪我們……其實我當時沒交女友，我只希望我有。我有過幾次單戀。但到了十七歲，我開始投入戲劇，參加愛丁堡藝術節，然後一切在此開始。

我想青少年我跟媽媽比較親近。我二十多歲，也就是他們離婚之後，才更瞭解我爸，跟他度過美妙的時光。所以我最後跟他們兩人都滿親近的。我媽生性浪漫，而我對愛爾蘭的事物、音樂和詩詞，也抱著相當浪漫的想法。我在那方面心還滿軟的。對於童年、單純生活、住在鄉間，我有浪漫的懷想。我想我的幽默感是從我爸那裡來的，他是個很有趣的人。另外，我對父職的看法相當維多利亞時代，我滿嚴格的，也來自於他。我嚴格限制孩子看電視的時間，堅持他們準時就寢，主要因為我們有五個孩子，我總是筋疲力盡。趕快把他們趕出視線範圍，我們大人才可以開始喝酒。可是我也很愛他們。

我想，當我開始演戲，便深知那可能是我唯一能做的事。我想我對演戲還算拿手。我不知道我當時是否認為自己能從演戲中賺錢。我從演戲得到莫大樂趣，做這件事竟然能拿到錢，我還覺得有點荒唐。我以前對未來並不會多想，但我確實盡可能到處遊歷。我十八歲搭便車橫越歐洲，後來去南美洲，在阿根廷的畜牧場工作。

在伊頓中學，他們看出我擅長的事是演戲，給我工具和機會持續追求。我想很少有學校能這麼做，因為缺乏資源，很多有天分的演員得不到機會。我無比幸運，就讀的學校能夠供應這些資源。伊頓中學也能給人信心，但那是一把雙刃劍，因為那份自信往往放錯了地方。有些人認定自己最適合發號施令，這點滿惹人厭還冒犯人。

在我做過的所有事裡，我想年少的多明尼克對電視劇《火線重案組》（The Wire）會最為佩服。我順利參與其中，會讓他很驚奇，他也會很喜歡看。我媽熱愛劇場，不瞭解我為什麼會想做其他事。我在劇場的每場表演她都會來捧場，她以前總會說：「你幹嘛上美國電視啊？真是浪費時間。」我想因為她婆婆是美國人，所以她對美國不是很有好感。年少的我也不會料到後來會生養五個孩子，更沒想到我有個孩子會得到南安普敦足球隊的試用機會。他才十歲，只是為了進足球學院，但因為我對足球很不拿手，我根本想像不到會有這種事。年少的我會對他深感佩服。

我回顧人生，可能會對年少的自己說：「別這麼懶惰，大膽一點，追求遠大的目標。」我不知道那是因為自我懷疑或純粹只是懶惰，但我覺得我常找簡單的出路。就工作來說，我認真看待自己的工作和才華，卻老是讓別人替我做決定，讓別人的想法蓋過我自己的想法。以前經紀人要我接什麼工作，我就乖乖接什麼，真希望我以前不是這樣，因為那些工作往往不怎麼有趣。我二十歲出頭想做的是實驗性、激進的劇場，但我沒踏上那條路，因為我跑去找樂子嗨翻天。也許我參加太多派對，早知道就……不，管他的，我就是愛派對。

孩子成長期間，我常常出外工作，我對這點有點懊悔。我只為了工作奮鬥過，而我想我通常把家庭放在優先位置。我並未漫不經心，每個週末都會飛回家。我拍《火線重案組》，常常離家在外，有時候滿痛苦的，因為想念女兒[89]。我後悔自己缺席了，但我已經盡力。

我生命中有個美妙的女性叫做凱．伊頓（Kay Eaton），我幼年生病，她很照顧我。她是我祖父的祕書，幫我很多忙。我們以前總開這個玩笑：說我們是男女朋友，我當時才四歲。她一直沒結婚。我滿後悔在她過世前沒陪在身邊。我當時出外工作，我想她在雪菲爾的療養院並未得到善終。我真希望我當初去找她，向她致謝。她在我兒時生病為我帶來很大的慰藉，我真希望在她臨終時可以為她做同樣的事。

我剛剛四十九歲，常常思考剩下的時間。就我的職涯來說，我確實後悔沒在年輕時飾演莎士比亞那些重要角色，因為我真的很愛莎士比亞的劇作。雖然我並不希望自己依然年輕。我沒有多少覺得愧疚的事情，我已經盡力善待他人。天啊，說得好像我就要死了！我不知道⋯⋯我一直有點害怕死亡。我想，除了死亡的那一刻，以及你死時的真正景況，我真正害怕的是後悔自己並未徹底發揮自己的能力。可是說真的，重點在孩子身上。我強烈意識到我走到一個階段，這是我能在他們人生中扮演要角的最後機會。我明年要花很多時間來做這件事，好讓親子有緊密的互動，共享快樂的時光。老實說，當我一想到這件事，真的好想把工作丟到一邊去。

我這輩子從來沒有像過去十年這麼快樂。一切似乎漸入佳境，因為我和孩子為彼此帶來極大的喜樂。去年聖誕節，我們到南加州去看巨木。我對那一整天記憶猶新：把大

89 瑪莎（Martha），跟當時的女友波莉．阿斯特（Polly Astor）所生。

家弄下休旅車，走進林子裡。當時四周沒多少人，森林的霧氣逐漸散去，太陽正要現身，我們就在那些三千年的驚人巨木之間。我當時有種無比快樂和平靜的感受。

我強烈希望時間能夠放慢速度，好讓我處於那種狀態久一點。我對未來沒什麼重大預感，但我確實覺得自己正處於人生的盛夏。而它無法永遠延續下去。

艾迪・伊薩　Eddie Izzard

英國喜劇演員

二〇一七年七月三十一日

我十六歲明確地跟自己做了個協定：要嘗試演戲。我在七歲決定這件事，但十六歲再次確認，就像大家更新婚姻誓言那樣。當時有上大學的壓力，我通過了十二項普通中學教育文憑考試，所以大家一直追問我打算做什麼。我腦袋想的答案是表演。我在學校戲劇扮演不錯的角色，頗有斬獲。我飾演僕人，跟其中一個主角（飾演公爵）銬在一起。我當時戴頂巨型頭盔，可以像變魔法一樣讓面甲上上下下。我不停這麼做，一面和那個公爵坐在酒吧，試著在面甲的反覆升降中，偷空喝啤酒。我老師說：「這不算莎士比亞吧？」但得到觀眾的熱烈反應，大家哄堂大笑。那是我首次的喜劇體驗。

母親在我六歲過世，我七歲在克里斯多夫．弗來（Christopher Fry）的劇作得到第一個角色。回顧過去，我想當初開始表演，是為了從觀眾身上得到情感。感覺就像一種交換。我媽喜歡業餘劇場，我爸很有幽默感，所以也許我融合了他們兩人的認同。我不想去思考，如果我媽沒過世，我是不是會長成不同的人，因為如此一來，我的腦袋會花大把時間去想有她的種種情節，這樣我會太痛苦。

我對童年早期記憶鮮明。我想那是因為我媽過世了，往後幾年，我時時沉浸在那些回憶裡。我沒跟兄弟談這件事，但我會在心裡一一重溫：「然後我們放學回家，她就在那裡……然後那年聖誕節，我們寫了那些信，她把那些信貼在煙囪上……然後我們到瑞典度假……」我只是持續重繪這些回憶，把它們都鎖在心裡，永遠跟我在一起。很多人告訴我，他們不記得六歲以前的事情，但我都記得。我在那些回憶抹上鮮亮的色彩。

我開始把化學課當成練習喜劇的工具。那位老師說話慢條斯理、有條不紊，我開始替他把句子講完。「我們有鈉，也有氯化物，我們把它放……」「進袋子裡？」「不，不是袋子。我們把它放……」「進你的帽子裡？」「不是帽子——閉嘴就是了。」我換來大家的笑聲。直到近來，我才發現兄弟對同一個老師也做了同樣的事。一看也知道我不適合飾演浪漫故事的主角，但好笑的是，我卻自以為適合，真是不自量力。

雖然我是跨性別者，但我是蕾絲邊，所以三年後當女生回學校來，我滿興奮的。但我完全打動不了她們。「嘿，我跟大家有點不一樣，除了偶爾演點戲，沒做多少事，想跟我約會嗎？」我根本不讀書，試著裝成很酷的叛逆小子，但那也打動不了她們，因為她們都很用功。而且我的外表也沒什麼有意思的地方。我不大會打扮，只是勉強應付青春痘。我才剛發現有吹風機和梳子這種東西，可以阻止頭髮往一個方向竄。

我會用「情緒已死」來形容十六歲的自己。我可以運作，可以跟人廝混，可以通過考試，但如果有人被霸凌，我永遠無法勇敢挺身介入。我會袖手旁觀，希望有人能前來阻止。然後我就會覺得很羞愧。不過，要是有人霸凌我，我從來都不哭，只是麻木無感。

我很想告訴年少的自己，他不只有機會演出，還會用多種語言演出。他想加入軍隊，所以我得告訴他：「你不會從軍，但你會參加多到數不清的馬拉松。你知道自己有點與眾不同，雖然你還不知道那叫跨性別者，你後來不只會公開宣布，還會競選國會議員。大部分人都能接受。你會投入競選活動，而大多數人都不會問你為什麼塗口紅或穿洋裝。他們會問起學校和醫院的事。不是每個人，有些人就是充滿恨意，但其他人會叫那些人閉嘴。」我會投入二〇二〇年後的第一次普選。

我認為我的職涯歷經幾個里程碑，都是我有所突破的時候。兄弟總是對我誠實以對。他來看我大學的秀，覺得不怎麼樣。然後有天他來海布里（Highbury）的Town and Country Club 2看我，他說：「哇，你現在真的滿行的。」後來在一九八八年，我單飛，開始做街頭表演。我會去愛丁堡，在土墩（Mound）那裡演出自己的東西。有一天當我忙著架設小舞台，有個男人走上來說，「噢。」然後拔腿跑開。接著他拖著一家大小回來，他們全都坐下來看我表演。他的意思顯然是說，「這一定很精采。」我突然意識到我有「魅力」無誤，只是要把表演場域帶進室內。然後在一九九一年，我得到「畢雷喜劇獎」（Perrier Award）的提名。

在喜劇脫口秀裡，我想不是在扮演角色，而是以更鮮亮的色彩來呈現自己。以我們以前所謂的「變裝癖」（transvestite，縮寫為TV）的身分出櫃，是個冒險的作法，我滿以自己為傲的。在八〇年代，我說我是TV，我必須跟人解釋，意思不是說我是電視。我拿回「transvestite」這個詞的詮釋權，因為原本非常負面。雖然我談到「男生模式」和「女生模式」，但我會避開電視。我依然不做短劇、情境喜劇或團隊擂臺秀——我只做訪談。我不想被強行分類。

如果我可以回到人生的某個時候，會是我們住在北愛爾蘭班戈（Bangor）的時候，或者說是「奇幻之地」，我以前都這麼叫。那是在政局開始動盪以前。媽還在世，我會跟貝利宏小學的一幫朋友在一起。我會吃一頓甜甜的早餐，然後媽會把我的提袋遞給我，陪我走路到學校。我會畫張圖，然後在操場上玩耍，然後我們會喝小紙盒裝的牛奶，後來柴契爾夫人取消了這項政策，她真是糟糕的人。那些日子很美好，接下來又有更多美好的日子，而我們沒想到後來會有所改變。

哈利・希勒 Harry Shearer

美國演員

二〇一〇年十一月二十二日

我是童星出身，但到十六歲上大學，打算成為正經八百的人。我主修政治學，副修俄文。我以前俄文還滿流利的，妻子聽膩了我說自己以前用俄文讀《卡拉馬助夫兄弟們》[90]。我在學校有點自以為是，跳級兩年就讀，表示我比大學的其他人都小兩歲。所以我在社交上很遲鈍，完全格格不入。

我不是個隨和的孩子。脾氣不小，以前可能比較容易衝動行事。如果我現在遇到那個小鬼，我會覺得他乳臭未乾，但我會看出他滿聰明的，我可能會喜歡他。他在信念上比現在的我傳統許多，他相信有一方全盤掌握了政治智慧與真相。不過，我改變的幅度也沒那麼大，只是，認識我的人聽我這麼說可能會很震驚，我現在可能稍微圓融一點。

大學畢業之後，我試著做了幾件正經事，一路以來，有幾個朋友在好萊塢經營一家電影商城，我參與了他們的廣播廣告，做了些滑稽的廣告。我在那裡結識某個投入新話題喜劇廣播秀的人；我寄了錄音帶給他們，回到家時，電話上有個留言問我能不能隔天

90 杜斯妥也夫斯基複雜到聲名狼藉的千頁傑作。

上工。所以我不用多想。能夠加入其中非常刺激，在商業搖滾廣播電台上，針對非常嚴肅的新聞做諷刺節目，完美結合了我的興趣。我們每天做三場為時十分鐘的秀，每三個小時就是截止期限——很荒謬，但樂趣橫生。

我向來試著遵循幾個守則，主要的一個是「不做劣質的東西」。我試著遠離彆腳的東西，這麼一來，要是有人看到我的名字跟某個東西連在一起，他們對那個東西的品質會有點信心。以那個為基準，我會告訴自己，不要拍那部可能是史上最糟的籃球電影《匹茲堡的救世魚》（The Fish that Saved Pittsburgh）。這部電影選角極棒、構想不錯，但受到製作團隊那種下班後享樂主義作法的詛咒，最後的成品糟糕透頂。

我想演很多角色，所以試著不要固著在某種角色或調性上。我很快就知道我這輩子都想在演藝界發展，所以我做選擇時，都以延長演藝壽命、避免被定型為目標。我不介意定下來的唯一角色是偽紀錄片《搖滾萬萬歲》的角色德瑞克．史莫斯。我不在意《搖滾萬萬歲》短短時間就走紅了，但結果相當不錯。我們沒告訴自己，我們會拍出史上最好笑的電影，但我們清楚自己拍出了理想中的電影。我想它有不錯的機會可以成功，因為我想我們說的故事相當正確。但是票房雖然不錯，發行狀況卻不好。我總是刻意不參與暴力電影，我一直覺得自豪，由我角色所啟發的唯一不祥事件，就是前任職業籃球選手在機場穿過金屬檢測器時遭到逮捕，因為他用錫箔紙包住大麻、藏在長褲裡。

我通常有話直說，但以《辛普森家庭》（The Simpsons）來說，幾年來我學會讓觀眾決定節目的走向[91]。我的意思是我學會閉嘴了嗎？算吧……

　　十六歲的我會很驚奇地發現，他後來竟然會在皇家亞伯特音樂廳、溫布利球場、格拉斯頓柏里等地表演吵鬧愚蠢的搖滾秀。那可能會讓他大吃一驚。可是他無法體會現場觀眾和表演者之間那種神奇的交流，比起在喜劇節目演出，現場演出的能量層級高出許多，好似被自然的魔力擊中，有如你乘過的最大浪濤。

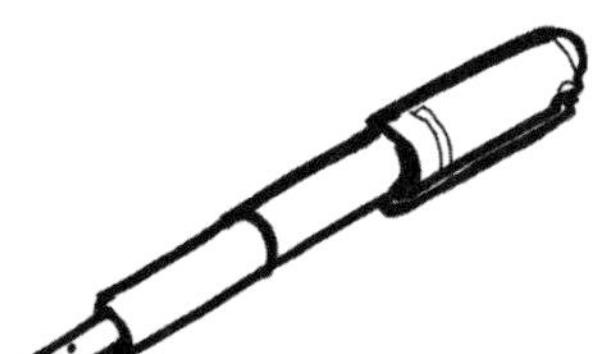

91 2004年有人引述他的話：他認為這個節目的品質正在走下坡。

約翰．里頓 John Lydon

英國樂手

二〇一〇年七月五日

十六歲時，面皰是我主要的煩惱。青春痘簡直惡夢一場。我老覺得自己很沒魅力，覺得不會有人想再跟我講話。十六歲的時候，竟然會沉浸在這麼負面的想法裡，真是神奇。你會陷在那些不怎麼重要的憂慮中。

我十六歲被踢出學校。我被當成問題孩子，因為我不停發問，講話的方式像在羞辱人。我學會弦外之音、偽裝的挑釁，但說真的，我只是想多懂些事情。被退學的那天，我穿著皮製長外套（我時常這麼打扮），騎著機車姍姍來遲，老師不肯讓我進教室。我不肯離開，因為那是我熱愛的英國文學課，我們正在讀莎士比亞。老師指控我是地獄天使，是啦，我騎著機車的模樣是滿悍的，所以我得改上問題孩子的學校。

當時我很少跟父親說話，他從來就不懂我。但中學畢業後，我想繼續到大學接受教育，所以為了籌錢，我要我爸在他的建築工地給我一份差事。之後，我們的關係就變好了，因為我工作很賣力，而他喜歡這一點。但他無法理解我為何為了出外讀書而存錢，他想不通這一點。

如果我現在可以回到過去，會對父母更好。他們為了我吃了不少苦。我童年生過幾場重病，其中一次還陷入昏迷，後來就失去記憶。我七歲到十一歲都在努力回想很多事情，包括我父母是誰。那些事情他們全都吞忍下來，我讓他們的生活變得很難捱。我並不是偷竊或說謊的慣犯，但他們不知道我的心思和想像會將我帶到哪裡去，我想這種狀況嚇壞他們了。

我在適應「性手槍」樂團（Sex Pistols）上滿吃力的，找不到太多志同道合的人。他們不明白我對一首歌的概念，或是我會挑選的主題。我的意思是，有些人對我的作法不以為然。他們各有交情，全都互相熟識，席德和保羅、馬爾坎和格蘭。他們在倫敦國王路看到我穿著「我討厭平克佛洛伊德樂團」T恤，就跟我搭話，馬爾坎覺得很有意思，其他人則一頭霧水。

我的父母來自愛爾蘭，我在英格蘭長大，天生就愛反體制。我總會意識到身邊潛在的右翼價值，尤其當我住在芬斯伯里公園（Finsbury Park）那個文化和種族的熔爐。依我的想像，比起這個國家的其他地區，我成長的地方更自由，較少仇恨，心胸開放得多。性手槍的成員都來自西倫敦一個追求時髦、附庸風雅的地帶，相較之下心胸非常狹窄。他們都執著在打動觀者上，總想做出正確的打扮、結識正確的人。真是一堆屁話。

我寫歌，因為其他幾個都不大懂得怎麼處理文字。我越寫越得心應手；我一直很感謝他們幾位，因為他們給我機會創作歌曲。我總是特別在意弱勢族群，因為我自己就是，所以當我寫歌，我會讓自己扛起這樣的角色：捍衛那些缺乏自保策略的人。預期你替他們當砲灰的任何制度，自然都是我的敵人。我對皇室家族沒有個人的敵意。我為他們覺得難過，因為他們生在自己幾乎無法理解的制度裡。但有個簡單的出路——只要宣布放棄頭銜就可以。

我寫的歌曲使得我在「叛國法」（Treason Act）底下，在國會受到公開的討論，當時是可能判死刑的。我在所有正確的地方樹立敵人。我愛極了那一切，但我的經理並不[92]。所以他透過不同的詭計，試圖創造各種愚蠢的醜聞，聲東擊西，藉此將注意力從現狀轉移開來。但我想要政治上的衝擊。我的心態調整良好，覺得自己應付得了那種熱議。我想我不曾寫過任何錯誤的歌曲。我相信言論自由是最美妙的事情。

組成「公眾形象樂團」[93]，我就能選擇成員，跟性手槍的狀況不一樣，就藝術和人道的走向上更有收穫。重點不放在抨擊社會議題，我想這點我在某張專輯已經做得不錯，我想我要轉而分析自己的內在思想歷程，試圖理解自己。性手槍以一種奇怪的方式剝奪了我童年的末段，你在那樣的壓力下無法看清自己，那些理應幫助我們的經紀人和成人其實根本起不了作用。所以在公眾形象樂團裡，我進入了自我分析。

你不能永遠是憤怒的少年，所以何必？你會成長。我期待活到一百歲。我很想在老人院當個老混蛋，把大家都逼瘋，「我的尿布溼了！我的防漏褲呢？」那些老愛大呼小

92 馬爾坎・麥克勞倫（Malcolm McLaren）。
93 里頓更具實驗性的後龐克樂團「公眾形象樂團」（Public Image Ltd.）。

叫的老傢伙就是要讓你知道他們還活著！你應該扶持他們，而不是排斥他們。他們是試著告訴你事情。

可惜的是，當我想到自己做過的一切，我寧可拿來換取將一個新生命帶進世界。那是最不可思議、最美妙的事情。我很想當爸爸，但我和諾拉沒辦法生孩子。我在我住的地方還頗有名，因為我會替小孩辦不錯的派對，像萬聖節、火藥節，我很愛這麼做。我總想照料些什麼。如果我在鄉間散步，就會找到五、六樣想帶回家照顧的東西。我就是這樣，眨眼間就能在灌木底下找到斷了一邊翅膀的小鳥。

保羅．吉馬蒂 Paul Giamatti

美國演員

二〇一六年六月十三日

我不大想得起自己年少時期的樣子。回顧過去，我這個人平凡無奇。我不是小圈子裡的一員，我有不少各式各樣的朋友，過得還不差。我想我很典型。我就讀寄宿學校，但不住那裡，我循規蹈規矩。我對年少的自己懷抱溫情，回顧的時候心裡不帶羞愧或苦痛。

我想我是個書蟲，什麼都讀。我們在班上得讀《兒子與情人》，我雖然不想，但那本書很不錯。《裸體午餐》把我嚇壞了。我有個哥哥和姊姊，所以我從布萊恩．伊諾(Brian Eno) 聽到怪雷鬼（weird reggae）和斯卡（ska），從平克佛洛伊德聽到歡樂分隊樂團和大衛．鮑伊，無所不包。我想如果要形容我當年的特質，那就是對一切敞開懷抱。

信不信由你，我中學參加游泳隊。我泳技非常好。我很投入，那是我主要的社交團體。雖然不是人高馬大運動型，不過我就在那個團隊。回顧中學生活，那是我主要會想起的事。

我在大學城成長，我爸的朋友都是知識份子，那可能是我生性好奇的原因。我總是想像自己可以當老師，就像兩邊家族的大多數人，好幾世代都是如此。可是我當時並未放眼未來。我有段時間甚至考慮去讀海軍學院。我不知道自己當時在想什麼。

我會要年少的自己不要老是這麼害羞，提到感情，我以前總是太過害羞。我會要他別擔心，一切都會否極泰來。我會說：「多享受點樂趣吧。」我在十八歲才克服害羞的個性。

年少的我比成年的我更放鬆。成人的憂慮會朝你撲襲而來，人生和責任會迎面襲擊你。我現在要比年少時期多做規畫。父母鼓勵我們孩子多方嘗試，我試著將這點傳承下去，雖然可能不容易，但要確定你在人生投入自己所愛的事。幸運的是，我兒子似乎對演戲不抱興趣。我並未勸阻他，但如果他有興趣，我也不會覺得高興，雖說演戲一直很適合我。

我會要年少的自己對於成為演員三思而後行，事情會比他想得困難。我在大學接觸演戲，但當時並未想到那會成為我的工作。這一行是我漸漸踏進去的。我順勢而為。但我向來喜歡看電影。彼得・謝勒（Peter Sellers）很棒，我真的很欣賞亞歷・堅尼斯（Alec Guinness），有不少英國演員都是我喜歡的。他們現在都過世了。

我很快就實現了我在演藝上的目標。如果我確實有個目標，那就是在百老匯演出好配角。我當時想，如果五十歲以前能辦到，就不錯了，但那個目標早早就實現了。所以現在我該怎麼辦。我運氣挺好的，之後不管發生什麼事，我順水推舟就是了。

在《尋找新方向》（Sideways）之後，很多事情來得很突然。我以前沒拍過那樣的電影，然後他們開始給我有份量的角色，都是之前不曾碰過的。《小人物狂想曲》（American Splendor）是我鍾愛的另一部電影。我有機會跟了不起的人共事，我很享受和凡妮莎・蕾格烈芙（Vanessa Redgrave）對戲，我很想再跟羅素・克洛（Russell Crowe）攜手合作。

我沒料到自己會成名。我大概在四年前才真正意識到有人知道我是誰，我很慢才明白這一點。如果這種狀況在我更年輕時發生，我可能會非常不安。

對於我拍過的一些電影，孩提時代的我會想，「噢哇」。我拍過一部叫《魔幻至尊》（The Illusionist）的電影，裡面有艾德華・諾頓（Edward Norton），孩提的我會覺得那種電影很酷。兒時的我要是知道我後來會加入《唐頓莊園》（Downton Abby）那樣的戲，也會很開心。只要有時代劇來找我，我一定都會接。

我會奉勸年少的我永遠不要開始抽菸。我戒了但吃了不少苦。家族有人因為抽菸而喪命。有好長一段時間我菸抽得很凶。

年輕的時候，我不大在意政治，現在會感興趣，因為我覺得我必須多多關注。比起孩提時代，現在的我更悲觀，感覺我們現在好像活在黑暗時代。美國的現況一團亂，政治就像有毒的輻射區。直說好了，全世界現在亂成一團。

洛・史都華爵士 Sir Rod Stewart

英國樂手

二〇一八年九月十七日

我十六歲就已離開學校。我爸替我在肯迪什鎮（Kentish Town）找了份網版印刷的工作，負責印刷壁紙。但我做得非常不快樂。大約在同一時期，我失去處子之身，所以有了〈Maggie May〉這首歌，講的就是那件事。十六歲時，我正在發掘自我。信不信由你，面對女性，我很害羞，我現在還是，我想那在以前算是加分。我的新專輯有首歌叫〈Look in Her Eyes〉，談的就是這件事；談的是那種會對女性死纏爛打、誤讀女人眼神的傢伙，尤其跟酒精扯上關係的時候。我十六歲那時的狀況很不同，但我從沒對女性窮追不捨。我知道這樣說很肉麻，但我很享受追求過程的浪漫，以及整件事的浪漫情懷。

我十六歲到賓福特球隊（Brentford）試踢。我想成為足球員，但結果失敗了。如果你當時問我想當什麼，我可能會說足球員，但內心深處知道自己球技沒那麼好。我只是為了逗我爸開心，他是希伯尼足球隊（Hibs）的大粉絲，真心希望自己有個兒子可以成為球員。我有基本的技巧，但不夠投入。我對足球沒有熾烈的熱情，不像對音樂那樣。

我家沒什麼錢；事實上我們捉襟見肘，但家人關係緊密。我們依然如此，史都華一家。我的原生家庭充滿愛。我爸不大會表達他的愛，但我一直知道那份愛的存在。我有點算是由我姊姊瑪莉帶大的，今年的節禮日她就滿九十歲了，祝福她。我想我媽有點厭倦孩子，我算是個小失誤。我不該出生的。就像哥哥們說的，我是家裡最昂貴的失誤。

我是個快樂的小孩，什麼都不缺。偶爾會拿到一雙新的足球鞋，但我大都沿用哥哥的東西。我們有顆踢爛了的足球，因為我們老在街上玩。我們就跟其他小鬼一樣，在街頭踢足球。我現在試著在家裡的球場教兒子怎麼踢，我家有個一半大小的人造草皮球場，真美妙。但他們希望我出去跟他們一起玩，我大多時候都能配合，但我告訴他們：「聽著，你們老爸小時候就在酒吧外頭踢球，一面等爸爸媽媽。」我爸以前會把網球漆成白色，好讓我夜裡可以看清楚，我以前一面等他們從酒吧出來，一面把那顆球踢來踢去。

我十六歲第一次在小收音機上聽到山姆．庫克，我從海格特（Highgate）到肯迪什上工的路上，會把收音機貼在耳邊聽。然後突然間我成了傑克．凱魯亞克風格、漫無目標的披頭族，留起長髮，開始聽當時所有偉大的民謠歌手。我想那時伍迪．蓋瑟瑞（Woody Guthrie）剛過世，巴布．狄倫才推出第一張專輯，對我帶來重大影響。美國感覺像個十分浪漫遙遠的地方，我記得自己聽著那張專輯，腦海浮現美國、紐約的影像。

我當時不知道自己歌喉不錯。學校有個老師叫溫來德先生，我依然記得他該死的姓氏，他以前老是找我麻煩，逼我到教室前面唱歌。我根本不知道怎麼唱，但他就是一直逼我，最後我都會找藉口逃離他的課。有一年，我爸買了把吉他給我，他一定看出裡面有利可圖。一拍即合，一切隨之起飛。我一直有副好歌喉。一九六五年電視拍了關於我的節目「Rod the Mod」，秀出我十八歲在老俱樂部演唱的往日情景。我當年的歌喉真是了不得，我不得不承認。我邀請家族一起觀賞這個節目，大約有四、五十人，他們都說我的聲音真是美妙極了。

我很喜歡看凱爾特球隊（Celtic）打球。我總是會看凱爾特和流浪者（Rangers）對賽。上一次賽事，我在西雅圖演出完畢，就一路飛到洛杉磯，凌晨三點四十五分直接衝到凱爾特球迷俱樂部，那裡擠滿了人。我走進去說：「好，麻煩來一杯雙份大都會雞尾酒。」我一口氣喝光，結果宿醉一整天。哈！

我愛車子，但從沒真的通過駕照考試。我們當時在傑夫貝克樂團（Jeff Beck Group），有個叫彼得．山德斯的巡演經理，他以前都會在演出完載我們回去。伍迪住機場附近，我則住在海格特，傑夫住在南邊。開車載送讓彼得飽受折磨，於是他說：「我跟你們說，我們要怎麼做，我去幫你們考駕照。」以前那個年代還不用貼照片，所以他就這麼做了，我們都有了駕照，可以自己開車到處走。

從我十六歲以來不曾改變過的一件事，就是我對藍調的熱愛。我在Smooth FM電台做了個節目，我告訴他們：「聽著，我不打算播卡本特兄妹或唐納文，我甚至不會放愛黛兒（Adele），雖然我覺得她很棒。我來這裡是要向那些啟發我的傢伙，穆迪．沃特斯（Muddy Waters）和山姆．庫克致敬。我從那個文化獲益良深。」我以前都會笑我兒子尚恩，因為他總是想打扮成黑人的樣子，掛一堆飾品，長褲掛在臀部一半高度。我告訴他：「你弄錯膚色了吧，老兄！」他說：「爸，你以前還不是想學奧蒂斯．雷丁（Otis Redding）和山姆．庫克的唱腔。」一聽他這麼說，我就閉嘴了。

如果你現在遇到年少的洛，你可能會覺得他是個自負的混帳，覺得他太喜歡自己。但就某方面來說，那還滿迷人的。然後你會想，「靠，他還滿會唱的。」十六歲的洛不會相信我在七十三歲還在唱，他可能會很訝異，我現在依然跟以前一樣享受表演。他也會很佩服，我跟以前一樣熱愛足球，我把自己對足球的一切知識都教給了四個孩子。他會很折服，一個七十三歲的人依然滿腔熱情，會上場跟孩子踢踢球。他會想，「我希望我以後也能這樣。」

想到自己多年來老是上八卦小報，年輕的洛並不會覺得困擾。他會喜歡受人矚目。他天生就愛現。長著那副鼻子、頂著那種髮型，除了成為搖滾明星別無他途。我總是對羅尼．伍德（Ronnie Wood）說：「不然我們還能做什麼？」我們總不會去連鎖超市工作，這是肯定的。順道一提，在連鎖超市工作並沒有錯。

從六〇年末期到七〇年代中期的那些年非常忙亂，有六張單飛專輯和三張「臉樂團」（Faces）的專輯。我唯一不喜歡的事情就是必須寫歌詞。我記得朗尼連恩（Ronnie Lane）

和伊恩．麥克拉根（Ian McLagan）[94]將我鎖在旅館房間，直到我寫完歌詞才放我出去。但對音樂的熱愛幫我撐了過去。「臉樂團」的歌裡面，我最愛的是〈Ooh La La〉，雖然這首歌不是我唱的，是朗尼連恩或伍迪。那些日子真美好，樂趣滿滿，我怎麼都不願錯過。置身其中跟從外面看來一樣好嗎？更好！跟臉樂團的人在一起，就像每天晚上都在過聖誕夜。

我和蕾秋結束婚姻[95]，一直要到親身經歷這種事，才會知道那是什麼感覺。你永遠沒有正確的因應方式。直到人生的那個時間點，我一直以為自己是活蹦亂跳的年輕人。然後她離開了我。我記得我姊瑪莉說過：「你知道她總有一天不會在你身邊吧？」我當時說：「她當然會在我身邊！」但蕾秋在我跟她結婚時才二十一歲，而我當時四十好幾。這件事擊潰了我。如果要給年輕的我建議，我會說：「欸，老兄，無論怎樣心裡都過不去的時候，只要記得所羅門國王說過：一切終會過去。」確實會過去，久而久之就會釋懷。生活會繼續運轉。

做《我的情歌簿》（The Great American Songbook），我再次加快工作步調。這張專輯是為了樂趣而做，現在銷售近三千萬張。然後我又做了另一張專輯，再來是自傳，這一來就像打開防洪閘門似的。我只是在想，「老天，我爸我媽真的過世了」，我這也才明白，我有多麼想瞭解自己的家族和自己的過去。我的兄弟姊妹跟我說了戰爭的故事，好友們跟我說了種種軼事，跟我一起玩樂團的那些傢伙也是，我想，「我有好多東西要

94 朗尼和伊恩各自在「小臉樂團」（Small Faces）和「臉樂團」擔任貝斯吉他手和鍵盤手。
95 杭特（Rachel Hunter）在1999年離開他，兩人在一起九年。

寫。」我又開始寫歌。我現在徹徹底底享受寫歌這件事。

我從來不曾寫了首歌，然後認為那是經典。從來不曾。〈Maggie May〉原本沒有要收進專輯。我們有九首歌，唱片公司來找我說：「欸，才九首歌沒辦法出專輯，還有沒有別的東西？」我說：「唔，我是有這首歌啦，可是還沒有歌名，不過我可以取一個。」如果那首歌當初沒收進專輯，我今天就不會在這裡跟你聊天了。唔，也許會。

如果可以回到人生的某個時刻，可能就是我在臉樂團的時候。當時我開著一輛老勞斯萊斯，正要到倫敦的瑞士屋區（Swiss Cottage），聽到BBC廣播宣布〈Maggie May〉衝上排行榜第一名。我把車子掉了頭，開回我爸媽在海格特的社會住宅，穿過門口，跟他們講了這件事。我們熱情擁抱一番，全都哭了。然後我說：「唔，我現在得走了，我要跟幾個朋友碰面。」然後我就出門去了。那可能是我這輩子最喜悅的時刻。但相信我，我還有很多、很多喜樂的時刻。

Chapter 13

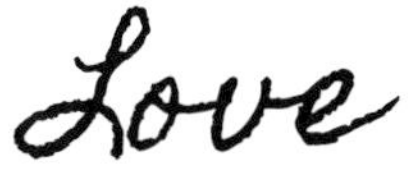

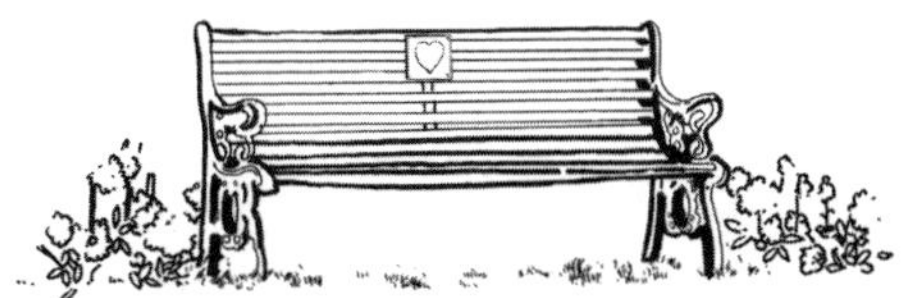

阿里安娜・赫芬頓 Arianna Huffington

希臘裔美籍企業家和作家

二〇一六年七月十八日

我十六歲住在雅典，在學校十分用功。年少的我非常專注，對於上劍橋就讀滿懷希望。我對劍橋一無所知，只在雜誌看過照片，但就愛上了那裡。我考完試就去英國，路程遙遠，我很緊張，不知道自己能否進得去劍橋。當時完全支持我的只有母親。她讓我覺得我可以嘗試看看，如果進不了劍橋，她也不會少愛我一些。她總是讓我覺得我可以放手冒險。

大家很難相信，但我年少時期很內向。有好多事情讓我擔心。我有一頭很毛燥的髮髮，身高就希臘裔女生來說高得不得了，十三歲就快長到一百七十八公分。我的同學大多是一百五十多公分，所以我高得嚇人。我還有青春痘要處理，也有一堆青春期的問題，這可能就是我選擇埋首書堆的原因。如果我可以回到過去，我會告訴那個女生：「阿里安娜，如果妳除了用功讀書之外，也懂得放鬆休息、重新充電和更新自己，妳會更有生產力、更健康、更快樂。這樣可以讓妳省下很多沒必要的壓力、心力交瘁和疲憊。」我也會要她放心，她的膚質會好轉，也能學會怎麼吹頭髮。

我向來對政治有興趣，會關注任何種類的選舉結果，連對我一無所知的國家也是。我到劍橋就讀時，沒想到要怎麼掌握權力，但我熱愛辯論。起初，我的口才很差，什麼都得用念的。然後，漸漸地，我學會怎麼講話，那成了我在劍橋的主要熱情。我主攻經濟學，很花時間，但我的時間大半都投入學生會。

成為劍橋學生會的會長[96]是個很大的轉捩點，這時有家英國出版商跟我聯繫，提供我寫書的契約。我從沒想過要寫書。我申請了哈佛，計畫在劍橋畢業之後到那裡就讀。所以我會成為作家真的是命運使然。我寫了第一本書《*The Female Woman*》，當時我二十三歲，立刻知道自己想當作家。

如果我可以回到過去重寫《*The Female Woman*》，我確定寫出來的東西會迥然不同。我也希望如此，因為我想我從那之後對寫作有了諸多學習。但我依然認同那本書所傳達的訊息，我們需要尊重女人在人生中所做的選擇。在當時，如果女年選擇成為全職母親和妻子，沒有事業的女人會受到嘲笑和貶低。我向來爭取所有女性的平等。那本書得到的一些回應，以及媒體呈現那本書的方式，都很傷人[97]。經過扭曲誤傳之後，要說真相會變得困難許多，當時我對這點學習甚多。

我的青春時期有不少關鍵時刻。有些是外在的——進劍橋就讀，得到寫書邀約，那本書成了暢銷書，翻譯成多種語言。但也有一些重要的內在時刻，像是二十三歲的危

96 有史以來第三位女性會長。

97 很多人批評這本書是對1960年代女性主義的攻擊。

機，當時我問自己：「我的人生以後就會是這樣嗎？就這樣了嗎？」我第一次踏上新書發表巡迴，我意識到我想跟自我有更深連結，而不要只專注在事業上。那件事因此開啟了我在人生對更深意義的追求，從當時一直延續到現在。我總是受到靈性生活的吸引，在高中畢業後花了幾個月在加爾各達的維斯瓦・巴拉蒂大學（Visva-Bharati University）研讀比較宗教。那對我是一場漫長的旅程。

許多年來，對於成功，我一直認同頗有瑕疵的定義，相信我們的集體妄想：心力交瘁是我們必定要付出的代價。然後到了二〇〇七年，我得到痛苦的警示：我因為缺乏睡眠和過勞而昏倒，一頭碰上辦公桌，撞斷了顴骨。從那時開始，我就知道我必須把睡眠擺在優先。

我想，我人生中最能打動年少自我的那個面向，就是以下幾點的結合：我深愛的兩個女兒，一群密友，為全世界幾百萬人創造一個平台，讓他們書寫自己有興趣的內容。年少的自我會喜歡我把母親耳提面命的事情化為行動——「失敗不是成功的反面，而是通往成功的墊腳石。」我一路以來讓自己失敗了多少次，我想這點應該會讓年少的我津津樂道，因為她原本害怕冒險、恐懼失敗的風險。

我母親在二〇〇〇年八月二十四日過世。我常常在腦海裡重溫她過世那天。那天早上，她告訴我和姊妹，說想到聖塔莫尼卡（Santa Monica）的國際食品市場走走，那裡對她來說就像迪士尼。所以我們帶她去哪裡，她脆弱嬌小的身體依然充滿對生命的熱情。內心深處，我們知道我們是為了最後一餐採買，但我們不肯對自己承認這一點。回到家，母親張羅了一頓不可思議的盛宴，姐妹艾格比重燃希望，看著我說：「看看她對食物、愛和分享還這麼有胃口！就要過世的女人不會這樣！」接著母親跌了一跤。她直視我的眼睛，用我好幾個月沒聽過、權威有力的聲音說：「不要叫急救護理員來，我沒事。」我和艾格比進退兩難，但我們都陪她坐在地板上，她的孫女騎著踏板車在房間進進出出，發出開心的鬧聲。護士一直在幫她量脈搏，但都好好的。母親要我開一瓶紅酒，替每個人斟一杯。後來，在她離去之後，我們在花園放了一把長椅，上面刻了她最愛的格言之一，體現了她的人生哲學：「不要錯過當下此刻。」

E．L.詹姆斯　E. L. James

英國作家

二〇一二年十二月十日

即使在十六歲，我就頗受男性歡迎。我想我並不是特別有魅力，我有點嬉皮味，戴著珠鍊、腳踩靴子、穿印度風洋裝，但是這麼說好了，身邊就是有男生「晃來晃去」。

我十六歲開始有點叛逆，但我想我並不是個焦慮不安的少女。母女關係雖然是個挑戰，但我想那個年紀都是如此。除此之外，我在學校還滿快樂的，我有不少朋友，在連鎖超市打工，所以身上有點錢。當時我可能覺得自己有點焦慮不安，但回顧當時，我想我只是個普通焦慮的少女，長成了同樣焦慮的大人。我當時認為自己體重超重，但說真的我並沒有。我會對年少的我說：「老天，現在別擔心妳的體重了，以後再擔心就好了。」

如果我現在回到過去，碰上年少的我，我會覺得她話有點少，但很逗趣。我們都會緊張又焦慮，試著要跟對方聊聊。她主要的苦惱是男生和考試結果。如果我告訴她未來有什麼等著她，她一方面會對自己出版作品覺得很得意，她從國小就一直在寫作。但另一方面，想到名氣，她會徹底嚇壞。如果我稍微暗示她成功的規模有多大，她會暈眩又害怕。老實說，我現在依然有這種感覺。

我會告訴十六歲的自己，「重視自己的隱私」。我不覺得自己是公眾人物，但大家會在毫無根據的狀況下對妳做出推斷。很嚇人。打從《格雷的五十道陰影》走紅以來，經歷過那整個歷程，我明白自己並不想要名氣。我沒有興趣做很多訪談、上電視，那類的事情。我想要能夠搭地鐵、聽我的 iPod，沒人知道我是誰。我在電視界的事業非常成功，是我真心享受的事，所以人到中年，突然經歷了這些事情，是個額外的紅利，非常有意思，但我幾乎覺得那是發生在別人身上的事。走訪好萊塢那一週眼花繚亂。真希望時光能倒轉，讓我用更緩慢的速度重溫一遍，好好吸收。我遇到了最有趣、才華洋溢的人。有點像旋風，雖然有點壓力。但真正的我會在晚上返家、洗晾衣服、跟孩子閒聊。其他事情都有點不真實。

我不會更動那些書的內容，我當初是為自己而寫的，要是更改內容都是虛偽的作法。可是如果我知道它們會有多成功，我可能會回去告訴自己，「永遠不要跟媒體的人談起這些書。」為了忠於自己，我很努力在跟媒體打交道，但我近來戒心變得很高，因為有好多東西都被斷章取義。大家對我的性生活執迷不已，這點也太詭異了——那明明是虛構的作品！

我兒子們老是調侃我，青春期的兒子總是這樣對母親。但他們對這一切表現得很沉著，非常支持我，也很以我為榮。他們也有點難為情，也不是那麼有興趣，因為他們忙著過自己的生活，這點很不錯。我知道他們沒讀那些書。他們對閱讀不是那麼有興趣，他們是男生，有電玩遊戲主機3s。我和尼奧都是作家，我們的孩子卻不閱讀，真是遺憾又諷刺。我父親在二〇〇二年過世，但那些書我媽前後讀過幾次，她非常喜歡，很以我為傲。

我相信我的讀者有興趣的大多是愛情故事，他們給了莫大的迴響。但媒體似乎只把焦點放在性愛上，但讀者想要的是愛情故事。女人喜歡讀激情的愛情故事，基本上那些書講的就是這個。我也收到好多男性讀者的來信，其中一封很棒的信是七十一歲的男性寫的，他說：「謝謝妳提醒我墜入愛河的感覺。」真是甜美。

我最愛的書就是捕捉陷入愛河感受的那些。《暮光之城》（*Twilight*），絕對是。《五十道陰影》的起源原本是《暮光之城》的同人小說。我想那是個美妙無比、美麗至極的愛情故事。我也喜歡《簡愛》還有《艾瑪》——奈特利先生！就是動人。艾瑪不明白自己陷入愛河，就像《五十道陰影》裡的克里斯欽，他也沒意識到自己戀愛了。

我丈夫很棒，他很重視家庭。關於男人，要給年少自我的建議是：找個逗妳笑的男人，這點勝過其他一切。幽默感可以帶妳熬過很多事情。妳需要一個能讓妳呼吸的男人。

我一直想為人母，雖然事情真的發生時，我還沒準備好要面對那麼多苦差事。但我覺得自己幸運無比。說來話長，我現在無法細說，但我們當年求子之路走得並不順。當我們終於有了孩子……我不會把孩子當成天經地義的事。我好愛他們，他們棒極了。長子的誕生很不可思議；能夠有小寶寶真是珍貴的贈禮。我當時簡直欣喜若狂。

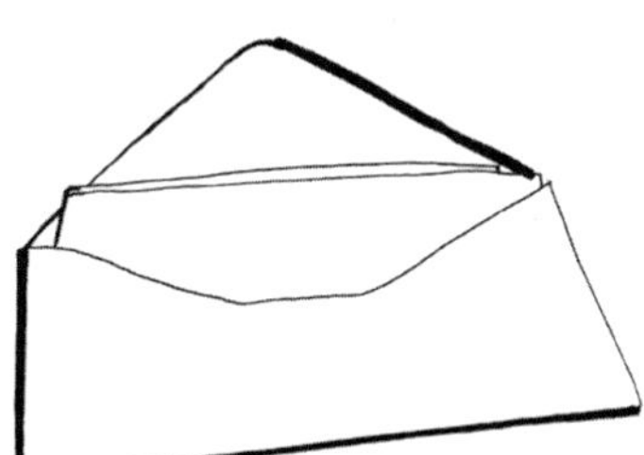

50 Cent

美國樂手

二〇一五年十月二十六日

十六歲的時候，我已經在街頭遊走好幾年了[98]。我個性剛烈，可以在街頭勉強存活，但我會回家，搖身成為外婆的小寶貝。我在外頭叫賣，但我還得說服外婆讓我獨自從學校回家。我對她說：「欸，我現在都長得比妳高大了。」

我來外婆家住，母親的八個手足還有幾個住那裡[99]。希薇阿姨討厭我住那邊。外婆的寶貝原本是她，這個地位突然被我取代。外婆會看著我，一時片刻悶不吭聲，接著她會說：「過來這邊，寶貝。」我跟希薇說：「妳有沒有注意到，她跟我講話以前，總是停頓一下看著我？」希薇說她注意到了，因為大家都注意到了。我說：「我想她在我臉上看到了我媽媽的樣子。」

我想母親過世的時候，用「震驚」來形容我當時的感受最貼切。我那時並不明白。當你只有一個家長作為監護人，那個人就是你的生命。我當時八歲，我的反應是，「這是什麼意思？」母親很少在我身邊，她總是忙著販毒。她在一堆男人之間周旋，個性非得

98 50 Cent，本名柯提斯 · 傑克森（Curtis Jackson），從12歲就開始販毒。

99 他母親販賣古柯鹼，在他八歲的時候被害。

很強悍不可，她必須調整適應。當時，政府沒有設立專案來幫助未成年單親媽媽。母親十五歲生我，她想要滿足我的需要，所以她沒辦法仰賴社會救濟。

外婆診斷出癌症的時候，我嚇得半死。阿姨老是打電話通知我最新進展，她總是說：「別擔心，她沒事。」我從沒跟人說過這件事，但兩年前她打給我……當時一大清早，我正在健身房的跑步機上。我趕去醫院，全家人都在。阿姨告訴我，醫生說外婆中風，他們已經束手無策。他們帶我去看她，我從沒看過她這麼弱小的樣子。我說：「哈囉？」我看到她聽到我聲音時，眼睛動了一下，彷彿努力要看我在哪裡。其他人先迴避，我跟她小聊一下，然後他們全又走回來，她的心跳開始下降。阿姨說：「靠，她原本在等你。」我在街坊看過不少人過世，不管是因為機車意外、爭吵或毒品，可是它們對我帶來的衝擊，都比不上外婆的過世。她是我這一生的愛。

我覺得不管什麼能幫我撐過去，我都必須做。我出門在外，從我口中跑出來的話，會讓別人感覺，哇，那小鬼瘋了。我是我那幫人裡最小的一個；其他人至少都十六歲了。大家跟我外婆告狀說我幹了什麼好事，她會說：「不可能，我寶貝不會做那種事。」大家都想要好東西、好衣服，因為我們都想吸引女生。所以我們得要販毒才買得起。

當你跟我一樣傷得那麼重[100]，你就會變得怕東怕西，因為你知道隨時都可能發生事情。我在下午時分，光天化日之下遭到槍擊，所以我怕了起來，我變得比以前更加剛硬。只有在我不在乎的時候，我才會覺得自在。所以我只是說，「操它的。」當你握著手

100 2000年，50 Cent近距離中槍九次。

槍找人，注意力就會轉移。當你再也不害怕，就會覺得，「我希望現在從街區走來的**就是**他們。」

一九九七年，我開始寫歌詞。我遇到嘻哈團體Run DMC的傑伊（Jam Master Jay），他有個品牌，專門培養人選進入大品牌。傑伊教我怎麼數樂譜的小節，副歌何時該開始、何時該停下，我持續練習。有時候下苦工可以勝過天分。我總是寫個不停，所以我功力越來越強。

我想傑伊喜歡我，因為我看起來就像那些歌詞。我身上掛滿飾品，一副毒販的樣子。我在街頭混了好久，久到大家都尊敬我。老實說，在那個時間點上，毒販是街坊的領頭羊，比饒舌歌手還有錢。饒舌歌手LL Cook J和嘻哈團體Run DMC想要的東西，那些販毒傢伙早就已經擁有。現在，當然了，藝術家比毒販有錢得多——嘻哈文化成長不少。

阿姆充滿競爭的精力，使得所有饒舌歌手都很擔心[101]。從早年開始，他就是了不起的戰將。那些跟他不對盤的人費盡唇舌修理他，但他會早一步拿那些話來說自己，讓他們使不上力。他寫的都是很個人的東西。我從來不走那個路線——我是懷抱寫歌的企圖進入樂界，因為那樣才有錢賺。

如果我可以跟年少的自己講講話，我會要他以更大的強度聚焦在音樂上。他可以不用經歷我體驗過的那些事情，依然能夠享有這份事業。想到關係，我回想我跟某人在一

101 2002年，阿姆將50 Cent簽進自己創立的嘻哈唱片品牌Shady Records。

起，而那個人原本可以是跟我共度終身的人，但我當時沒有參考座標，不知道有什麼特別的地方。那就像我在外婆過世之後，可以把她看得更清楚那樣。有些人比我更擅長那種事；如果我看著歌手Jay-Z，我會說他比我更會利用人。

如果可以回到過去的任一時間點，我會回到《要錢不要命》(Get Rich or Die Tryin)[102]初登場的第一個星期。當時我坐在巡迴巴士的後面，只是想著「哇」。我簡直不敢相信。拿到銷售數字的時候，我從那時起便知道，我不用再等其他人批准，我自己就能決定。但我也知道，那種氣勢如虹的感覺、那種確認——一生只會感受到一次。我知道我永遠都無法再有同樣的感受，因為一切都要改變了。

102 2003年，他的首張錄音專輯衝上告示牌排行榜第一名，在頭一週賣量超過87萬張。後來又賣了1300萬張左右。

約翰・克里斯　John Cleese

英國喜劇演員和演員

二〇一五年一月五日

我青春期很單純，運動對我來說無比重要。我的學校盛行英式橄欖球，但我的體格不大適合打這種球，而且這種球也不吸引我，這項運動強調的是蠻力，而不是腦筋。但我的確熱愛足球和板球，如果可以替布里斯托城足球隊（Bristol City）或索默塞足球隊（Somerset）打球，我就死而無憾了。我最快樂的時光之一就是在預備學校的最後一年。我當時十三歲，那是個光輝燦爛的夏天。我有自己的一小群朋友，擔任板球隊長。我開始有了信心，覺得自己可能對某些事情相當拿手。

接受堅信禮過後不久，我就判定宗教是一堆垃圾。我以為會有金色薄霧降臨在我身上，這件事並沒發生，我怒沖沖地放棄了宗教。我為了堅信禮研讀，帶領我走過那些靈性議題的過程很可悲。我更希望有人問我，我是不是覺得有來生？來生會是什麼樣子？而不是直接把教義推給我，要我非得相信什麼。

如果我現在遇到年輕的約翰，我會試著引發他對更廣大議題的興趣，也會建議他閱讀哪些書。我人生中有個令人失望的地方，就是在年少時期缺乏智性的刺激。我對人生的意義那類的事，隱約懷抱著興趣，但學校或父母都並未促進那些興趣的發展。我母親讀《每日快報》和關於醫生護士陷入愛河的書，我爸讀小說家內佛．舒特（Nevil Shite）那類的作品，但他們並未涉獵歷史或哲學書籍。我的父母不是很好的模範。但我從母親身上確實學到一件事，那就是她有很棒的幽默感，我們溝通狀況最好的時候，會同聲歡笑，這時我們的關係最為親近。

我想我這輩子花太多時間做自以為該做的事，而沒有享受足夠的樂趣。我在劍橋就讀期間的問題是我太守本分。我很佩服史蒂芬．佛萊（Stephen Fry）那樣的人，他們只是說，「唔，我才不要去聽課呢」，然後把時間花在自己想做的事情上。在別人眼中我看起來可能有點奇怪，因為我相當內向，在劍橋，我常常坐在自己的房間，藉著檯燈的光看書。劍橋有個團體叫「蛋頭」（Eggheads），他們不曾邀我加入，因為別人從來不覺得我很正經。但我在那裡滿快樂的，直到我頭一次墜入愛河，後來我心碎了，有好多年都無法釋懷。

我在戀愛生活的發展上慢得出名。因為我做的選擇不見得明智，我將開始約會以前原本並不存在的壓力，帶進了我的生活。我跟女性犯下一連串的錯誤，這麼說好了，那些女性對我做出諸多要求，是我常常無法實現的。我發現跟女性說話很吃力，因為我上的一直是男校。而我跟母親的關係，跟她相處我總是戰戰兢兢，讓我跟女性相處起來難上加難。我在關係裡的表現非常類似。對女性我總是傾向息事寧人，如果我對什麼事情不滿意，很可能就是藏在心裡不說。久而久之，我對這點越來越拿手。就這方面來說，我有點像我爸。我會遇到某人然後想，「要是能逗這個人開心，會滿不錯的。」遺憾的是，不快樂的人通常會不快樂下去。

在劍橋的那段時間，我開始發展出更狂野、更有創意的那種幽默。我先做了「The Frost Report」，其實這個節目中規中矩，之後我做了「At Last the 1948 Show」，那就是我的幽默變得更狂野更傻氣的時候。當然了，那等於是個完美的序曲，接著引進了《蒙提巨蟒》。《蒙提巨蟒》是個冒險，但我們人多勢眾有安全感。我們都覺得內容很滑稽，雖說我們不知道其他人會不會有同感，因為我們所見略同，所以比獨力行事更有信心。如果我沒遇到他們，我可能會繼續當個寫手。我必須在團體裡才能表演。這就是為什麼我從未做過約翰克里斯單人秀。

無心插柳，我進入眾所矚目的行業。如果我當初去當律師，我從劍橋畢業時原本可能走上法律這條路，我就不會時時受到報紙的檢視，這種事情應付起來並不輕鬆，尤其在年輕的時候。我記得牙醫說我的下頷輪廓改變了，因為公眾的矚目讓我開始焦慮地磨牙。

浪漫關係以及我與女兒們的關係，對我的重要性向來遠遠高過我的工作。我記得導演泰瑞・吉連（Terry Gilliam）有一次對我說：「你總是說工作對你不是特別重要，可是當《笨賊一籮筐》（A Fish Called Wanda）走紅，看看你有多麼開心。」可是那是因為我當時跟某位女性的關係狀況良好。我花了好長一段時間才找到一段好關係，但我現在非常快樂。如果你問我，我現在最喜歡什麼，我希望有人能留給我兩百萬英鎊，這樣我就能在倫敦買個有花園的房子，我和珍妮就能多養幾隻貓和狗，接下來的九個月我可以什麼都不做只管讀書就好。

野心對我來說重要性很有限；「榮耀的道路只會通向墳墓」，有如湯瑪斯．格雷（Thomas Gray）的偉大詩作說。我十九歲學到那首詩，從此一直放在心上。最後結果會如何？你可能是個國王或坐擁金窟，但那有多重要，那會讓你多快樂？美國人給我們的最悲哀的錯誤訊息就是，一切的重點都在功成名就；那就是為什麼他們會變得這麼可憐、神經質又充滿競爭心。

我不需要很多就能覺得快樂：貓、書、美食、好天氣。有不少人對我表示肯定——「你能不能來這裡做這件事？」我心想，「以前可能有段時間我會因此覺得受寵若驚，但現在我就是不需要。」我的專業傳承是什麼，對我來說並不重要。我更看重的是，當我死的時候，我親近的人會認為我是個正派善良的傢伙。

尼爾・蓋曼 Neil Gaiman

英國作家

二〇一七年一月三十日

我十六歲那年是一九七七年，我當時是個龐克。我說服三個中學朋友組了個叫XXX的樂團，我是主唱，也負責寫歌。我當時……用「蒸蒸日上」這個字眼來形容並不正確，但我正要擺脫怪咖的形象。多年之後，我到BBC Radio 4去錄喜劇，忙完以後巧遇喜劇演員史蒂芬．龐特（Steve Punt）。他說：「噢，你是尼爾．蓋曼！」我等著他說他孩子喜歡《第十四道門》（*Coraline*）這本小說，但他卻說，「我看過你以前的表演喔。」這個小小的一瞬間，我看到他滿眼星星。我真希望我可以回到當時，將這個時刻送給那個在中學禮堂做第一次演出的少年尼爾。我真希望我也可以告訴少年尼爾——他最終放棄了成為搖滾明星的幻想——未來會有個詭異的時刻，他會在塔斯馬尼亞的舞台上對著觀眾朗讀自己的詩作，而搭配演出的樂團包括歌手大衛．伯恩（David Byrne）。或者告訴他，他在卡內基表演廳的演出票券會銷售一空，而在朗讀之後，他會在弦樂四重奏的伴奏下，高唱鄉村歌曲〈Psycho〉。說到底，他還是有機會實現成為搖滾明星的幻想。

龐克一直是驅策力，也就是「先行動再說」這樣的概念。你不需要知道自己在做什麼，因為你可以從做中學。那就表示，當我以作家的身分起步，我將藍調樂手馬迪．沃特斯說過的話貼在打字機上：「不要讓你的嘴開出你尾巴無法兌現的支票。」我知道我可以憑著三寸不爛之舌說服別人，但我必須實際動手做才行。我十六歲以為透過魔法一切都能發生。我當了半年的自由寫手，拿到兩本書的預付稿費。我不知道自己能否寫得出書來，我只是在有人開口要求的時候說好。

近來我跟年少時期結識到現在的朋友聊天，真的很有意思。朋友近來畫了個漫畫，將年少的我四周恐怖混亂的狀況呈現出來，而我正平靜地穿過走廊讀著《異鄉異客》（*Stranger in a Strange Land*）或《黑暗的左手》（*The Left Hand of Darkness*），開心地活在書本的世界裡。我當時肯定並不覺得自己可以融入那個環境。在現實生活中，我彆扭、不自在，不大快樂，但埋首書中我快樂似神仙。我以前把書當作生存指南，也是逃離現實的管道。我夢想成為作家，但狀似不可能實現，就像夢想自己可以隱形或有超級速度。

如果我真的想向年少尼爾炫耀一番，我會讓他看看我那五個雨果獎座。對他來說，那些科幻小說獎會比卡內基獎章或其他獎項來得重要。我和科幻小說家哈蘭．艾里森（Harlan Ellison）合作過，或是和樂手盧．里德（Lou Reed）曾經共進晚餐，都會讓他覺得滿不錯的，但知道成年的尼爾獲頒雨果獎，年少的我會想，「哇，耶，我熬出頭了。」

如果我可以跟十二歲的尼爾說，總有一天他會負責寫一集《超時空博士》……哇，尤其是「博士的妻子」來自我八歲看這部影集時冒出來的構想。

二〇〇九年，我父親在商務會議中過世，當時我正要到紐約舉行簽書會，我在計程車上接到姊妹的來電，說爸爸剛心臟病發過世。我停下車，稍微步行一陣子，然後才去參加簽書會。現場大概有一萬兩千人，我在一點左右開始簽書，在晚間九點結束。然後我回到家。答錄機上有我爸的留言。只是個歡樂的訊息說：「昨天是我跟你母親的五十週年結婚紀念日，天氣很好，五十年前的那天也是天氣晴朗的好日子。總之，只是打來說聲哈囉。結果你不在。」那是我接獲父親死訊以來第一次哭。我聽到他的聲音就崩潰了。早知事情會這樣……有好多事情，當我回顧過去，都會想，「真希望我問過你那件事，真希望我當初把那件事記下來，真希望我當初錄下了那段對話。」

我以為永遠都會在身邊的朋友，就是離開了，像是作家道格拉斯．亞當斯（Douglas Adams）。我愛道格拉斯，他這個人兼具慷慨、複雜、惹人心煩、美妙無比。他過世的時候，我正在接受電話訪談。電腦螢幕上突然閃過：「道格拉斯．亞當斯辭世。」一個月後，有個記者打電話給我，說他正在謄寫那場訪談，但是我讀到道格拉斯過世的消息後，講出來的話都無法用進訪談，因為我的心魂根本都飛了。有很多人曾經參與我的生活，是我人生風景的一部分，我真希望可以回到過去，多花點時間跟他們相處，從他們身上學習更多。不管何時有人過世，我都覺得自己被宇宙踹了下屁股。

時間真是惱人，我真希望當初知道時間過得有多快。真希望自己曾經細細品嘗。一九九二年在波士頓，史蒂芬．金（Stephen King）——要是十六歲的尼爾也能夠到場就好了，他肯定會樂翻天——來參加我的簽書會，事後我們到他下榻的飯店。他給了我最棒的建言。他說：「你知道吧，你要好好享受這個。這是魔法。你辦簽書會，有幾百人出席。你是全世界最受喜愛的漫畫作家之一。好好享受。」但我從來沒有。我總擔心這一切都會消逝不見。我擔心我會失敗。而一直到我四十八歲，認識了我妻子阿曼達[103]，我心想，「噢，妳過人生的方式跟我截然不同。妳做妳喜歡的事情來填滿生活，跟妳喜歡的人碰面，吃妳喜歡吃的東西。我想我也可以試試看這樣生活。」

我依然會擔心。我懷疑我天性如此。害怕自己辦不到，可能就是讓我持續寫作推動力。那部分的我其實也在我的書裡，我還滿會呈現「威脅隨時都會出現」的狀態。我的小說《萊緹的遺忘之海》（*The Ocean at the End of the Lane*）其實並不是自傳性質的，但那個孩子是我。我回到七歲的我那裡，給自己一種我不曾擁有的特殊之愛。那本書是我在對他說：「沒關係的，一切都會好轉。」我不曾覺得過去已逝，也不覺得年輕尼爾再也不在了。他還在那裡，躲在某處的某間圖書館，尋找一道門，可以帶領他通往安全的某處，在那裡一切都運作如常。

如果可以重溫某一天，我會選我在紐奧良的五十歲生日派對。早上妻子——當時還是我的未婚妻，誘騙我到帽子店，替我買了頂大禮帽。然後她說她要去茶室，說找到以

103 美國藝術家阿曼達．帕爾默（Amanda Palmer）。

後會發簡訊給我。十分鐘過後，我出發去跟她會合，路上越過一個大廣場。阿曼達就在那裡，打扮成新娘，裝成人體雕塑。接著我們有一大堆朋友從群眾裡走出來，我朋友傑森主持了這場不具法律效力的婚禮儀式，替頂著大禮帽的作家和打扮成新娘的人體雕塑證婚。整件事美妙極了。我環顧四周我所愛的人，心想，「好，這就是人生活到五十歲的收穫。」

阿曼達很不可思議。到了某個時間點，我想，「我想跟妳結婚，因為我永遠不會再覺得無聊。」她跟我滿相像的——我們來自同個星球。但她會做這些不可思議、令人訝異、奇特無比的事情，都是我沒想到可以做的。碰到這些事情時，你會想，「真的假的？妳真的要那樣？好吧，我就站在這裡，替妳捧著衣服。要是妳被逮了，我會把妳保釋出來。我愛妳。」

奧莉薇雅．柯爾曼 Olivia Colman

英國演員

二〇一三年四月十五日

十六歲的我滿腦子都是男生。儘管情勢不利，但我還滿受男生青睞的。要是一整個房間都是女生，我不確定他們會挑中我，但我一向跟他們相處得不錯，我想他們覺得跟我在一起很有趣。我要求不多而且不愛鬧事。

我對學業向來不怎麼拿手，總是害怕上學。學校對我來說從沒容易過；我老覺得一定還有別的事情可做。多了幾歲後，我才開始對學校多了點好感，因為老師開始更把我們當大人看待。到了十六歲，我第一次在學校演戲，扮演《春風不化雨》(The Prime of Miss Jean Brodie)的女老師珍．布洛蒂，我馬上想，「這就是我想做的事。我不想做別的。」我還算幸運，因為我也沒有條件做別的事。

身為青少年，我私底下擔心好多事情，但我很會假裝。我擔心學業、擔心自己的外貌、擔心頭髮是不是有點太過這樣或那樣。但我從來不是那種面無笑容的陰沉青少年。我可愛的教父說，看到我總是很棒，因為只有我這個青少年有笑容。我很敬畏他，我想那是別人跟我說過最棒的話，讓我更想符合他的期待。大家都很喜愛他，他有點像酒喝得比較少的演員奧列佛．里德（Oliver Reed）。他很風趣機智、英俊、討人喜歡。我飾演珍．布洛蒂的時候，他說我「了不起、了不起，媽的棒極了。」

我青春期過得滿愉快，但即使最理智的人，在荷爾蒙發威的時候，都會有點瘋瘋癲癲。有段時間我有點厭食的問題，對自己體態的信心搖擺不定。但我繼續對著每個人微笑。我經歷過低潮，現在依然有。我成長期間，總是知道自己何時就要陷入黑暗，但黑暗終究會過去。我朋友和親愛的丈夫都知道，他們明白，只要喝點茶、擁抱一下，最後都會過去。我生下第一胎之後有產後憂鬱症，但我知道我愛我的寶寶，我總是能夠看到自己人生中所擁有的東西。要是能夠回到早先那些黑暗時期，跟年少的我說：「妳不會有事的，這會過去。妳會被愛。現在不要做出倉促的決定。妳可以讓這個世界運轉，享受美妙的光陰。如果妳不夠瘦，那就算了。」基本上我這人還滿樂觀的。

我真希望我十六歲的時候衣服穿少點。我會跟自己說：「如果妳現在不喜歡自己的身體，等妳更老要怎麼辦。」我的身體在我生過孩子後有了變化，但現在我的自信反而加倍了。我想告訴年輕的奧莉薇雅：「妳很討人喜歡。妳是值得被愛的。人生待妳並不薄。」

我不會跟年少的自己預告她即將經歷的事，如果我告訴她，她會實現她的夢想，她就會停止嘗試。人都需要一種拚勁，真的是這樣。我依然有那種感覺。我知道不工作、陷入掙扎的感覺，因為我有一整年都沒工作，試鏡幾次，每回都失敗。我到今天仍感覺得到那股焦慮。我不想再回到那種狀態。不要擔心會比較好。

我做過的所有事情裡，我想年少的我對派迪．康斯丁（Paddy Considine）執導的電影《沉睡的暴龍》（Tyrannosaur）會最感興奮。我以前一心只想在上乘的作品裡演出。我以喜劇演員最為人所知，我最能引起大家共鳴的，向來是滑稽的那一面——年少的我不會覺得訝異。我熱愛《窺男誌》（Peep Show）、《Rev》和《二零一二》（Twenty Twleve）的每一秒鐘，羅伯特．韋柏（Robert Webb）和大衛．米歇爾（David Mitchell）是我在世上最喜愛的兩人。

我一直急著想當母親。向來對自己的情緒有清楚的覺知，我會是留在電影院啜泣的那個人。但是當我生了孩子，我就完全失去防禦力。現在，只要有點風吹草動，我就會在公車上哭。我完全沒有盔甲可言。丈夫跟我有點像。我們坐著看紀錄片系列《忙碌的產房》（One Born Every Minute），每次只要有個新生兒誕生，我們就會滿眼淚水緊抓彼此。拍攝《小鎮疑雲》（Broadchurch），我哭個不停。想到你的孩子可能比你早走一步，真是太糟糕了。我有一幕，他們說：「妳在這幕不用哭。」我會想，「對啦，只能祝我好運了。」

我想回到過去，重溫初次見到我丈夫，以及我們頭一次互訴我愛你的時刻。那是在一齣舞台劇的彩排上。我立刻想，「這就是我想結婚的對象。」我積極投入，完全沒有故作冷靜。起初他就是看不出來，他在理解事情上有時很遲鈍。我必須對他下工夫。我記得大約三個月之後，有一天他說：「妳在想什麼？」我說：「我愛你。」我知道那時我已經抓住他的心。我們在七年之後成婚，至今在一起已十九年。他是世界上最棒的人。

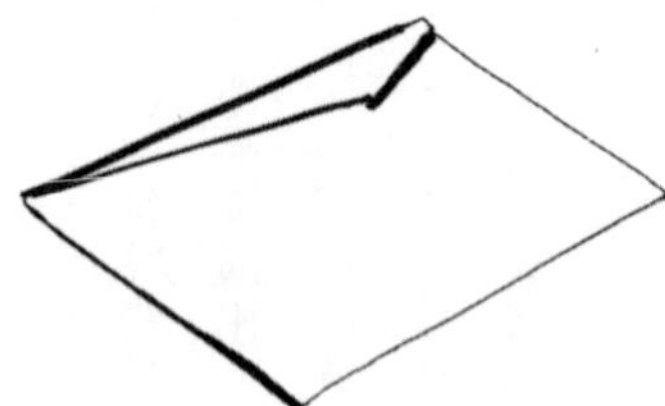

西蒙・卡洛 Simon Callow

英國演員

二〇〇九年十一月二十三日

十六歲的時候，我又矮又胖，渾身不自在，但其他人可能看不出來，因為我能言善道，吵鬧外向。以學術的角度來看，我的學校糟糕透頂，不過我有個很棒的老師，介紹我認識波特來爾、福樓拜、莫札特和雪利酒。如果我當初找到方法，能夠享受運動賽事的樂趣就會好得多，但是那種文化那麼霸道，充滿侵略性，我就是覺得厭惡。

我想我青少年不快樂，部分原因來自性，我想我是同志，但不知道該怎麼因應；我當時認為，我認識的人都無法理解。一般來說，我就是討厭十六歲的時候。事實上，我討厭童年，痛恨死了。我覺得那是一段乏味到難以置信，不得不咬牙熬過的時期，就像住院一樣。你只能仰賴成人，沒有自己的錢。我急著想到世界上闖蕩。我覺得受到禁錮。

我真希望青春期有更多做愛的機會。我很想回到過去，讓年少的賽門進了公學校，只是因為他可能在那裡認識人、有一段美好的韻事。結果我一直要到二十一歲才有了段情。

我以前跟母親同住，我十八個月大的時候，她和父親仳離。我們住在窄小的公寓裡，相處得並不融洽，因為我們性情迥異。她個性古怪，滿腹理論，她喜歡瑞典改革料理，那就表示有很多沙拉，小孩當然都討厭沙拉。她下廚很有實驗精神，卻缺乏料理的天分。她非常嚴格，喜歡法條和規章以及體罰。如果我沒在忙功課，就必須做家事。不過我們倒還滿常一起大笑的。

我有兩個很棒的祖母，足以抗衡我母親。祖母是強悍勤奮的女性，她很愛我，會帶我去劇院和看電影。外婆對於形塑我的人生可能影響最大。她的個性極為慷慨、豐富、寬大，溫暖包容，喜愛派對。她沒受過多少正式教育，但她篤信人性的優勢。她總是塞一堆軟糖、香菸和抗生素給我，毫無節制可言。她認為如果她自己喜歡這些東西，十三歲的男生怎麼會不喜歡。

如果我現在遇到年少的賽門，我會覺得他很吵鬧、過動、堅持己見又愛現，雖然不是不聰明。我可能會很驚訝他讀了不少書。我也可能會很意外他人還滿善良的。十六歲的我要是發現我後來成為演員，會滿震驚的；他原本想成為作家，時時寫作不輟。但是，我中學畢業後，常常上戲院，還寫信給勞倫斯・奧立佛（Laurence Oliver）。他回信說，如果我那麼喜歡劇場，何不到劇院找份工作？所以我接受他的建議，到舊維克劇場的售票處工作，最後轉去攻讀表演。

我確實會想，如果我當初跟著《阿瑪迪斯》（Amadeus）到百老匯，會發生什麼事。我飾演莫札特[104]，當時扮演薩里耶利、跟我對戲的保羅．史考菲（Paul Scofield）並不想去，所以我也沒去，不過我滿希望我當時去了。那可能會改變我的人生，因為那是那個十年間賣座到不可思議的戲。我開始演戲的時候，預計自己會成為古典演員，扮演莎士比亞筆下所有偉大的角色。結果那個目標我幾乎都沒實現，但我做了其他很多事情；我導戲、寫戲、演了情境喜劇和電影。我做過些滿棒的客串演出，像是《阿瑪迪斯》和《窗外有藍天》（A Room with a View）。可是我想拍更多電影、飾演更有份量的角色。

母親總是持續刺激我的心智，這點我滿感謝她的，因為我從不覺得無聊。我想我天性並非追求快樂的人，我不大能放鬆享樂，因為我總是想要工作。如果我必須從快樂和動腦筋當中選擇，我永遠會選擇動腦筋。

我很以《你是我今生的新娘》（Four Weddings）為榮。當時是愛滋疫情的高峰，能夠扮演不是罹患愛滋垂死的男同志真不錯。那部電影可能改變了很多人對同性戀的想法。劇本寫得很高明；有些人可能一直要到電影的那場喪禮才注意到我和約翰．漢那（John Hannah）是情侶。事情來得如此突然，充滿了溫情、機智又歡喜，我想以前不曾推出那樣的作品。休葛蘭（Hugh Grant）在電影裡說：「我們從來不曾注意到，我們的人生已經有過一場完美的婚姻。」他指的當然是我們。我們就是偉大的愛情故事。

104　1979年國家劇院（National Theatre）的節目。

威可・強森 Wilko Johnson

英國樂手

二〇一五年七月六日

我年少有寫日記的習慣，現在讀起來還挺折磨人的，我對某些事情急躁不安。我真想坐上時光機，回頭去找那個少年，給他腦袋一掌。「你這個小笨蛋！你根本沒概念。這些事情全都無所謂。」可是話說回來，偶爾你會發現小小的端倪演變得頗為重要，就像你買下來的唱片。

我討厭上學。噢天啊，討厭死了。中學很可怕，不是嗎？由那些手肘縫著貼布的平庸之輩所支配，你真正受到的是壓迫。總是有些名人聊起某些老師改變了他們的人生，這點往往令我驚奇。我對遇過的老師除了輕蔑之外別無他想。

我以前對音樂所知甚少，我十五歲幻想能夠彈吉他來吸引女生。透過學吉他，我開始發掘識音樂。我聽到滾石樂團，心想，「哇。」然後我去查什麼影響了他們。於是發現了美國藍調音樂。我不曾有過當搖滾明星的野心。當初只是為了好玩。我永遠無法相信自己會有幾十年時間在搖滾樂的世界活出夢想。

每個人一定都問過自己，「如果醫師告訴我，我就要死去，我會怎麼反應？」二〇一三年我被告知癌末無法開刀，這個消息迎面襲來，我立刻鎮定下來。我決心不要沉溺在虛幻的希望或尋找奇蹟療法。雖然這個腫瘤最後重達三點五公斤，大小有如嬰兒，在我體內生長，但我依然覺得自己健康如昔。我並未減輕體重，也沒有痛感，所以我並不想浪費僅存的丁點時間。

確診之後的一整年，我都相信生命到了盡頭。我進入一種奇怪且強烈的意識狀態。非常有趣，我看待一切的眼光都不同了。我思考得如此熱切，對人生有了真正的洞見，我甚至無法訴諸於文字。我當時全然相信自己就要死去，而我徹底接受這件事。我開始覺得充滿生命力。

確診後一年，我認識了一位頂尖的外科醫師，他告訴我他能夠開刀，說我之前被誤診了。我記得這位令人折服的男性坐在我病床旁，告訴我這場複雜的大手術牽涉到哪些層面，當時我只是看著他暗想，「這個傢伙真的在跟我說，他可以把我醫好？在我接受自己藥石罔效一年過後？這只是今年要發生的另一件瘋狂事情嗎？」我還來不及弄清楚自己身在何處，就在醫院裡轉醒。接著幾天過後，外科醫師到病房看我，說他拿到實驗室的報告，說他們「都處理好了」。我跟我兄弟坐在一起，我們不禁鼓起掌來！

如果我可以回到過去，在我確診絕症的那一刻，對自己耳語說我其實會活下來，我會老實說嗎？不，我想我不會。那一年間發生了那麼多不可思議的事：我的告別巡迴、製作專輯，一切都飽漲著情緒。大家會在街上朝我走來，和我握握手。我記得京都的一場表演，場地擠得水洩不通。噢老天，在〈Bye Bye Johnny〉這首歌末尾，我往下望去，看到大片人海的臉龐都含著淚仰頭看著我，一面唱著「掰掰、掰掰」。這種情景並未讓我悲傷。我認為能夠感受到如此的深情，是很不可思議的事。我帶著一袋袋的信件回家，信來自那些真正在乎我的人，以破碎的英文寫成，使得那些信件更加感人。要不是我曾經面對死亡，那些事情都不會發生。有時在舞台上，氣氛熱烈到令人難以招架，我不禁想，「你知道怎樣？這幾乎值得了。」

我現在空降回到了生者之地。有一陣子我還滿怕大聲說他們已經把癌症清除，說我痊癒了。可是我現在可以這麼說了。當我回顧那一年，幾乎像是一場逐漸淡去的夢。現在我又像其他人一樣，害怕去看醫生，免得他們告訴我得了癌症。我不會想，「噢，那不要緊，這條路我走過一遭。我會有充滿洞見的絕妙時光。」過往的那些恐懼全都湧回來了。我知道我現在真的變好了，因為悲慘再次降臨在我身上。我恢復了舊我的樣子，老是悶悶不樂。

如果可以回到過去，重溫人生中的某段時光，我會回到七〇年代中期。當時我諸事順遂，想要的都到手了：金錢、性愛、毒品、搖滾。《爽快博士》（Dr Feelgood）這張專輯成績斐然。我有自己的小家庭。我總是備有一架攝影機，錄了好多家庭影帶。我看這些影帶時，會看到妻子愛琳，我不覺得難過，她在影片裡，這樣很棒。然後我看到兒子在後花園，小小的學步兒，噢天啊，看到他我心都碎了。你有孩子，你那麼愛他們。有什麼比三歲小娃能讓你湧現更多愛意？可是時間漸漸將他們帶走，離你越來越遠。那個三歲孩兒，你永遠再也看不到了。

我從來不擔心交女朋友的事，因為我十九歲就結婚了，而且非常幸福。至今依然如此。我和老婆長相廝守，直到她十年前死於癌症，我呢，唉……我依然愛著她。我真的還是很想念她。我十六歲頭一次在坎維島青少俱樂部遇見她，我還能想像她站在那裡的樣子。接著我的樂團負責在學校歡送派對上演奏，我跟她共舞。她朋友告訴我，我那晚一直跟愛琳跳個不停。那是我第一次聽到她的名字。幾個星期以後，我有機會陪她走路回家，我在她家柵門外吻了她。我簡直神魂顛倒。我覺得自己就像炸開了似的！當她過世，我記得我到太平間去看她。她躺在平台上。天啊，老天爺……她看起來就像個聖人。我吻了她。她冷冰冰的。我記得最後的那個吻，而在此之前我們共度了美好的四十年。

The Big Issue雜誌由約翰・柏德和戈登・羅迪克(Gordon Roddick)創辦於1991年。目標清楚簡單:提供社會最貧困的人,如無家者、邊緣人、失去財產的人、流浪街頭或可能行將無家可歸的人,賺取合法收入的機會。他們會藉由工作打造自己的未來。這是一個提供釣竿而不是直接給魚的行動。

創建這種未來的手段就是一本追求正義、堅毅不屈、勇於挑戰、積極動員、慈悲為懷的雜誌,由The Big Issue團隊製作,再由那些生活困難的人以半價購入,帶到街頭上販售。差價就是他們賺取的收入。

將近三十年來,這種認同與工作手段一直深植於我們的核心。這本雜誌由專業的記者團隊所製作,持續保有局外人的議程。我們提供發聲機會給那些在一般媒體受到忽略或沒有平台的人。我們不**代表**那些被拋下的人說話,而是邀請他們替自己發聲。然後我們再挑戰那些有權有勢者起而作為。

內容是關鍵。有趣但不過時,犀利且有憑有據,能接觸到知名人物,讓他們吐露平日不輕易跟人分享的事物。就像讀者,他們也信任The Big Issue。

在街頭販售這種作法深具革新精神。從倫敦起家,The Big Issue已經在英國售出超過2億1000萬本。前後讓攤販得以賺取超過1億1500萬英鎊,那筆錢原本會來自非法手段或施捨救濟。有大約92,000千名男男女女自立更生,藉由販售The Big Issue得以脫離貧困。

這個作法啟發了全球性的網絡。全世界現在有一百多種類似的街頭雜誌,包括澳洲、日本、南韓、臺灣和南非的The Big Issue。目前在英國,The Big Issue也有個成功的社會投資支部,叫做「Big Issue投資」(Big Issue Invest)以及一家商店。

The Big Issue挑戰不對的事。我們挺身支持對的事。

保羅・麥克納米(Paul McNamee),The Big Issue英國版編輯